讓教育
走進靈魂深處

借鑑中國教育的成長歷程

劉躍紅 著

崧燁文化

讓教育走進靈魂深處——借鑑中國教育的成長歷程／

目　錄

淡泊寧靜看花紅 6

教海拾貝 8

博觀約取　厚積薄發——例談如何做名師教學課例研究 9

從名師課堂實例看語文課堂提問設計的優化策略 17

語文教學應給學生深度思考的力量——審辨式課堂教學例說 ... 21

讓心靈於沉醉中學會思考——從同題材不同挖掘的經典影片中學作文立意 .. 26

談談高中名著導讀課應遵循的幾個原則 30

談語文教學中學生審美能力的培養途徑 35

在閱讀教學中培養學生寫作的個性 39

近年高考詩歌鑒賞題命題類型及答題技巧 43

把握文言文教學中少教多學的度 54

慧眼精裁妙剪，巧用成就佳篇——高考作文論據一材多用方法探究 .. 58

新材料作文的審題與寫作 66

關注教師心理健康　促進學生全面發展 72

教材管窺 77

《登高》教學設計 78

《莊子：在我無路可走的時候》教學設計 86

林教頭風雪山神廟教學設計 94

突出學習主體　鼓勵體驗探究 102

《林黛玉進賈府》教學設計 104

《祝福》第三課時教學設計 113

《沁園春・長沙》教學設計 122

《兵車行》教學設計 130

說「木葉」 136

　　《琵琶行》教學設計 144
　　《長恨歌》教學設計（第二課時） 150

教育探驪 156
　　《中學生個性化閱讀與寫作實踐研究》課題結題報告 157
　　關於西安市第一中學語文學科減負增效的調研報告 183
　　《中學語文閱讀教學提問設計的優化研究》結題報告 190
　　《西安市第一中學中學生素質拓展訓練校本課程建設案例研究報告》. 197
　　教師應有專業化發展的自覺 206
　　教師專業發展的途徑 234
　　精心組織　穩步推進
　　突出實效　特色發展 239
　　高度決定視野 246

文苑擷英 248
　　人間大愛，始於細微——讀《美麗的微笑與愛》........ 249
　　西點軍校上空的號角——讀《責任·榮譽·國家》...... 253
　　英雄末路的一曲挽歌——讀《項羽本紀》.................. 258
　　老臣一片用心苦，一言一語總關情——讀《觸龍說趙太后》...... 260
　　不朽的靈魂——讀《巴爾扎克葬詞》.......................... 261
　　深味悲涼的吶喊——讀《燈下漫筆》.......................... 264
　　蒙羞飄蕩的靈魂——讀《漢書·李陵傳》.................. 268
　　苦難錘煉藝術才華——讀《柳敬亭傳》...................... 270
　　門的哲思——讀《門》.. 271
　　破碎中蘊含的美麗——讀《破碎的美麗》.................. 274
　　用微小的顆粒感悟人生——讀《沙漠》...................... 277
　　風雲變幻中的百態眾生——讀《殽之戰》.................. 280
　　借文學評論之慧眼，入藝術作品之雅堂...................... 281
　　滔天濁浪排空來，翻江倒海山可摧——說說演講辭的欣賞及寫作..... 284
　　振葉以尋根　觀瀾而索源——傳記文學的鑒賞方法..... 288

| 東輝西映，各有千秋——中西方小說閱讀鑒賞 | 293 |
| 情到真處文自美——古代抒情散文鑒賞 | 296 |

課下心語 ... 299

青春美好，歌聲永恆	300
行走在心靈的原野上	303
學生如腳，教育如鞋	305
沃土與大樹	306
專題學習——語文素養提升的催化劑	308
給學生必要的成長空間和時間	309
教師應追求教育的大境界——觀張思明報告有感	310
讓課堂與外界生活有一座橋	311
讓學生心嚮往之	313

淡泊寧靜看花紅

——為《簡靜躍紅》的出版而作

趙 明

打開電腦，螢幕上是《靜耕沃土待花紅》（原作初稿書名）的初稿。書名很個性，也很文藝。

我問作者劉躍紅，為什麼要取這樣一個名字？她說：「我喜歡簡靜的生活，也喜歡簡靜之人。簡靜才有真情趣，簡靜才能追求有意義的人生。在充滿誘惑的現實生活裡，有這樣寧靜的心態，是多麼美好！」

我忽然想到「淡泊明志，寧靜致遠」這句古話。54歲的諸葛亮在《誡子書》裡告誡他的8歲的兒子諸葛瞻說：「夫君子之行，靜以修身，儉以養德。非淡泊無以明志，非寧靜無以致遠。」諸葛亮對兒子的教誨，是傳統家訓的典範，是中華民族傳統美德追求的人生境界。我無法確認劉躍紅的「簡靜生活」是否源自諸葛亮的「淡泊明志，寧靜致遠」，但無需置疑的是，她的「簡靜生活」裡有著中華優秀文化傳統的基因。

翻開《靜耕沃土待花紅》，一頁頁讀下去，我們會發現，一個普通語文教師，是怎樣在普通的崗位上，以淡泊培育定力，以寧靜固守方向，去描繪自己的花樣年華，實現自己的教育夢想……

篇篇教學論文如海灘上閃光的貝殼；精心設計的教學方案顯示出對教學個性化的追求；課題研究引領實踐者到研究者的跨越；品讀鑒賞讓生命變得強大而高尚；教育隨筆則把一顆赤子之心捧給了學生，獻給了事業，吟唱著

一首愛的頌歌。

《靜耕沃土待花紅》涉獵廣泛，內容豐富，像一座簡樸的園林，撲面而來是一股自然、清新的氣息。

劉躍紅堅守著「教育就是引導人的靈魂走向高貴」的理念，這一理念使得她的教育教學活動，能夠超越知識傳授和技能技巧的層面，而上升到生命的高度。她說：「知識的傳播遠沒有與心靈的碰撞富有挑戰性。行走在教育教學的旅途，學生的心靈就像是姿態各異的風景……行走在心靈的原野上，時時感受著心靈的衝擊，你永遠無法預測下一站風景，這是教育教學的最大魅力所在。」有了這樣的認識和境界，就不會有絲毫的懈怠和厭倦，而是帶著快樂出發，去收穫新的快樂。從語文教師、班主任、教研組長、教務主任、教研室主任到兼職教研員、骨幹教師、省級教學能手、省級學科帶頭人，二十七年歲月，劉躍紅一路走來，勤勤懇懇，腳踏實地，如一株幼苗漸漸長大，並且開放出鮮豔的花朵。

《靜耕沃土待花紅》的出版是一件可喜可賀的事。它不僅是劉躍紅教育教學成果的結晶，而且是一個草根語文教師成長的見證。儘管《靜耕沃土待花紅》還算不上十分厚重，甚至有些地方還顯露出「原生態」的不加雕琢，但是，對於作者本人來說，這是一個鞭策；對於同行尤其是青年教師來說，這是一個鼓舞；對於任重道遠的語文教學改革來說，這是一個希望。

當然，從幼苗到大樹，從開花到結果，還需要陽光照耀，雨露滋潤，還有很長的一段路要走。但是，一個喜歡簡靜生活的人，一個視「簡靜」為真情趣、有意義的人，一定會認准一個目標，排除一切誘惑和紛擾，去追尋自己的美好人生，實現自己的美麗夢想。

簡靜，是一種修養，是一種境界。我相信劉躍紅會繼續努力的。

我期待更多的青年同行會像劉躍紅一樣努力。

教海拾貝

博觀約取　厚積薄發——例談如何做名師教學課例研究

一、名師教學課例研究的意義

　　學校是教育發生的地方，而課堂是教師成長的地方。研究名師的課堂教學課例，就是直接探究名師教育理念與教學實踐相結合的共同體，針對自身教育教學實踐的困境和薄弱環節，以名師教育教學藝術之長，反作用於自身，實踐、提高、再實踐，從而促使我們突破個人短板，走出教育教學困境，最終獲得自身專業成長。

二、名師教學課例研究的方法

　　名師的課例往往體現出豐厚的積澱，對所教學科的獨特理解和感悟，體現出一個優秀教師的技能和技巧及他們不同的個性和風格。這一切決定了一般教師對它的研究更多的是學習借鑒。課堂教學是複雜豐富的，所以名師的課例可供研究的內容極其豐富。如何進行研究？問題即主題，我們自身的短板就是研究的主題。我們需要確定一位元或若干名師為研究物件。對他的一堂課中教師的教學行為、學生的學習方式、教學內容等選取一個點進行研究，一課一得；也可以對一位名師的所有教育思想、教學藝術、教育風格縱向深入系統的研究；還可以橫向對教育思想、藝術風格相近相反的多位名師進行比較研究。借他山之石攻己之玉，找到問題的原因、解決問題的辦法。也可以像課題研究一般深入拓展，最終使自身短板變長板，哪怕使自身長板更長，都是成長，都是研究成果。邁克・富蘭說：「教育工作者個人是一個關鍵的起點，因為通過個人的努力，變革的杠杆作用會更大。」（《變革的力量——透視教育改革》）具體說來應包括如下幾點：

首先要確定名師課例研究的主題

　　研究主題的確定通常有兩種方式：首先研究主題應該來自自己教育教學實際中亟需解決的問題。教師可將自己亟需解決的問題一一列出、歸類，提煉出最貼近實際的典型問題為主題。它們應起點低，貼近自身能力，有一定

材料，跳一跳就能夠解決。如導課切入點的選擇，課堂提問的藝術，啟動學生思維的方法，教材的使用與拓展，咬文嚼字品文字的魅力，如何設計學生的活動等等都可以作為研究的主題。更多的教師研究主題的選擇往往是即興的，來自「觸文生情」。我們偶然看到一個課例，課例中的某一種做法引起我們思考進而產生探究的願望，就可確定為研修的主題。如：著名語文特級教師余映潮「學寫一篇遊記」（語文版八年級上冊第一單元）的一堂寫作教學實錄。教學過程如下：

第一步先分析一單元四篇文章：《巴東三峽》、《青海湖，夢幻般的湖》、《走進紐約》、《周莊水韻》構思的特點。《巴東三峽》移步換景，全程描述。《青海湖，夢幻般的湖》是定點觀察。《走進紐約》是淡化遊蹤，高低錯落。《周莊水韻》多次到，但詳寫了其中一次，移步換景寫的。

第二步給學生發四篇文章《頤和園》《觀潮》《長城》《海上日出》讓學生讀，自選一篇，說說給自己怎樣的啟迪。後又給一篇《羅馬速寫》，共同分析。

第三步教師引領學生分析閱讀文章各自的寫作特點，並深入點明《頤和園》：一處一處地寫。《觀潮》：一時一時地寫。《長城》：一層一層地寫。《海上日出》：一次一次地寫。《羅馬速寫》：一類一類地寫。

第四步：小結。遊記的寫法。一是游蹤明晰，移步換景。二是定點觀察，情景變化。三是略有遊蹤，先敘後議。四是暗示遊蹤，專寫一景。五是全無遊蹤，分類描述。

第五步：學生練筆，說出構思，教師指導。

這堂課先是結合教材梳理知識，然後讓學生運用知識研讀不同類型、典型遊記，在交流過程中引導學生消化知識，具體注意細節——段落的展開，最後將知識轉化為技能，學生構思練筆，教師指導。

木無本必枯，水無源必竭

文獻研究是課例研修的起點，它使我們掌握涉及的相關理論，懂得名師的選擇與突破，使我們的研究具有廣闊的視野、獨特的視角、深度的思考，從而獲得更有意義的價值。掌握的文獻越豐富，對文獻理解得越深刻，課例

研修的效果越明顯。一個優秀的教師應有收集、整理課例的良好習慣。

按照研修確定的主題，我們可以從中選出最具有代表性的一位或若干名師的課例作為研究物件，直接對其課堂教學解剖、分析、整合、提煉、昇華，概括出其特點或名師的共性、規律，對照、反思自身的不足，結合自己的教育教學實際提煉出改進自己教育教學的對策方法，吸收進而內化，就會轉化為自身的教育教學智慧。

如文言文的教學，既需要學生積累一定的文言知識，又要讓學生感受文章內在的美，但教法易死板，課堂易沉悶，不像現代文教學容易啟動學生的思維。以探究文言文的教法為研究主題，我們可以研究首都師範大學附中的李衛東老師執教的《陋室銘》。此課例他精心設計了學生的四層朗讀：一讀疏通字詞，搞清文章的句讀；二讀把握主旨，體會思考文章精妙之處；三讀懂得文章寫法，明白來龍去脈；四讀明白文章這樣寫的原因，體會作者匠心。這堂課以朗讀為主線，由淺入深，由外到裡，將語文的工具性和人文性和諧地統一在一起，提供了文言文教學的一個範例。

黃厚江老師執教的《阿房宮賦》，則另闢蹊徑。整堂課有四大環節構成：1、師生問答解決預習過程中的疑難、重點詞句；2、縮寫、填空、分組查找理解相關句子來感知內容、梳理層次；3、以聲傳情，以聲求義，以聲品味，教師誦讀、學生識讀來感受賦體文章的特點；4、通過「我」與杜牧比文章，來理解文章的主旨、寫作的意圖以及新的啟示。此課例，站在語文素養培養的高度，既重視字句落實、疑難辨析的文言積累，又注意從文體特徵出發決定教學內容，從章法鑒賞到文化傳承上拓寬了課程資源，增加了課堂的深度和容量。

這兩個課例既腳踏實地基於傳統，完成了文言文基本知識的積累，又落實新課改理念，頗具智慧，體現高遠，將學生語文能力和素養的培養與語文教學的價值取向有機完美地結合在一起，沒有一般賽教課的花架子，虛華浮躁的東西，質樸中寄寓深刻，務實中隱含技巧，值得我們學習和借鑒。

我們還可以找出不同名師的「同課異構」教學實錄，同一名師不同文言不同教法的課例進行研究，進一步探究他們課例設計中體現的教育思想、教育原則，探究其共性、規律。

紙上得來終覺淺，絕知此事要躬行

究竟哪一種課例的教法適合自己，既要看學情，又要看自己的個性、能力和語文素養。學習借鑒的目的是實踐創新，創新的前提是繼承、模仿。可是沒有哪一個名師的教法是為我們量身定做的，能夠直接全盤接收的。每個人的個性不同，語文素養不同，知識儲備不同，同樣的內容、同樣的教法會有不同的味道。生搬硬套只會是東施效顰，邯鄲學步，甚至會喪失了自己原有的長處。所以模仿之前必須結合個人實際與學情進行改裝，認真分析、吸收，演化為自己的教法。改裝的東西最終要經受教學實踐的檢驗。內化的教育智慧必須經自身的教育教學實踐的一再歷練，經過實踐——反思——再實踐迴圈反復的過程才會形成，而且需要實踐者的不斷修正，才能演變為自身真正的財富，才能真正的體現其意義和價值。

第四要做好記錄性的工作

規範的名師課例研究應該是嚴謹的，應有相應的記錄資料。這是我們成長的軌跡，厚積薄發，經常回頭看看，就會不斷修正成長的策略和方法，獲得突飛猛進的成長。我設計了這樣一張表格：

名師課例研究記錄表

時間		資料來源		研究物件	
課例名稱		研究主題		研究方法	
研究分析					
研究結論（啟示）					
實踐反思					
附件	名師的課堂實錄				
	相關教育理論資料、其它文獻資料				

總之，一個勤奮聰穎的語文教師會在名師課例研究中汲取先進的教學理

論，博採眾家之長，日漸形成自己的語文教學思想、構建獨特個性的教學風格，會把語文課堂演繹得豐富多彩、富有韻味，會以自己語文教學的個性魅力把學生引進語文的殿堂，並在這個殿堂裡登堂入室，漸入佳境。

附：我的研究記錄表（一）

時間	2018.11．20	資料來源	互聯網	研究物件	程紅兵
課例名稱	《我的叔叔于勒》教學實錄	研究主題	課堂提問設計	研究方法	文獻法、個案研究法
研究摘要	本課程老師的主要問題設計如下： 1. 課文中的人物是怎麼評價於勒的，包括怎麼稱呼他，怎麼說他的。 2. 請同學們把這些評價分分類，分類的標準是哪些話是在大致相同的情況下說的，並說說是什麼情況，他們對於勒又採取了什麼態度。請按時間順序說。 3. 如果我們把課文分成兩大部分的話，應該分在哪裡？我用一幅對聯概括兩大部分的內容：十年思盼，天涯咫尺，同胞好似搖錢樹；一朝相逢，咫尺天涯，骨肉恰如陌路人。前後之間構成了鮮明的對比，這一切因為什麼？這幅對聯少了一個橫批。請同學們來擬。 4. 現在我們再來作第二次分類，看看我們前面找出的評價分別是誰說的。這麼歸類以後，你們有什麼發現？由此可以看出人物的什麼性格？ 5. 若瑟夫與父母形成了鮮明的對比，這個對比有何作用？作者為何以「我的叔叔于勒」為題？				
研究分析	仔細研讀後，我認為程老師設計的問題作用如下： 問題一：文章的切入點，程老師的教授本課的綱。統領了下面的所有問題。 問題二：目的讓學生熟悉故事情節，梳理故事脈絡，為分析人物形象和主題奠定基礎。 問題三：對內容的初步分析引導學生歸納小說的主題。 問題四：目的完成人物性格分析。品味小說精妙之處。 問題五：進一步探究小說主題的深刻性、豐富性。				

研究結論	對於小說的一般教法，或從整理故事情節入手，或始於人物形象分析，而程老師卻另闢蹊徑，他把菲利浦一家對於勒的不同評價作為切入口。由於菲利浦一家對於勒發跡和落魄的不同的反應，是作品的主要內容和情節，也最能顯示人物的思想性格，因此，程老師抓住這一點引導學生閱讀、分析和討論，不僅有利於學生正確把握主題，認識到資本主義社會世態炎涼和金錢至上的醜惡本質，而且有助於學生對人物形象、情節結構乃至語言文字的全方位理解，進行整體感悟和整體把握，避免了肢解作品的弊端。充分調動語文因素。既然是文以載道，我們當然應當以文明道，那種貼標籤，或是不著邊際的架空分析，都是不足取的。請看程老師的示範，他抓住一個「盼」字，引導學生聯繫小說中大量的細節進行分析，讓學生深切地認識到，菲利浦一家企盼於勒回來，決不是什麼親人團聚，而是在他們看來，於勒能帶來世上最為寶貴的金錢；程老師為了讓學生體會到資本主義社會的世態炎涼，又引導學生分析對於勒的不同稱呼所包含的不同的思想感情，以小見大，細膩至極。這樣的閱讀分析，把語文的工具性和人文性統一於一體，既使學生掌握了語言文字的表達作用，更使學生受到有益的思想教育。 一堂課的問題必須精要，牽一髮而動全身。程老師的五個大問題，包含了新課標對文學作品鑒賞的知識與能力要求，對文章的分析和品讀充分發揮了學生的能動性。五個問題環環相扣，淺入深出，一切水到渠成，沒有教師的刻意拉牽，只有學生的積極思維。語文的美感和情趣充分展現。看來選什麼問題切入，是涵養，是智慧，更是功力的體現。受教非淺啊！

我的研究記錄表（二）

時間	2018.11.26	資料來源	互聯網	研究物件	王君
課例名稱	《我的叔叔于勒》教學實錄	研究主題	課堂提問設計	研究方法	文獻法、個案研究法

研究摘要	本課王老師的主要問題設計如下： 6. 如果把題目的這個句子還原到課文當中去，你怎麼讀這個題目？「我的叔叔于勒」中的「我」是誰？ 7. 請你再次速讀全文，找一找，文中對於勒還有哪些稱呼？結合這些稱呼，回顧課文，請設計一條曲線來展示于勒的人生軌跡的起伏。在這條曲線上輔助畫另外一條線或者另外一個圖形，表示出於勒的稱呼反覆變化的原因。 8. 看著這些圖，結合你的預習，談談你的初讀感受讀《我的叔叔于勒》，你讀到了一些什麼？ 9. 什麼叫「糟蹋錢」？如果你有這麼一個兄弟，你會怎樣？ 10. 于勒先後來了兩封信都告訴我們他的經濟狀況發生了改變，我們重點來研究第二封信，請你仔細研究一下這封信，你發覺這封信有什麼破綻沒有嗎？ 11. 可是同學們，你讀了這封信，你怎麼評價於勒？同學們還能從字裡行間讀出於勒的什麼變化？他完全可以直接告訴哥哥嫂嫂自己又一貧如洗了，然後懺悔請求原諒啊為什麼非要這麼「繃」起呢？ 12. 我們從老船長這句冷冷的話中，你又看到了一個什麼樣的於勒？他為何不願意回到哥嫂身邊來？ 13. 借助文字還原於勒的形象。從起點到終點，請點評一下於勒。 14. 孩子們，如果你就是菲力浦夫婦，此刻你在船上遇到了於勒，你會如何選擇？故事中的菲力浦夫婦呢？他們是如何對待於勒的？你如何評價菲力浦夫婦？ 15. 難道菲力浦夫婦他們就不能看出於勒信中的問題嗎？這到底是怎麼回事呢？仔細品讀，菲力浦真的就相信於勒會回來嗎？那麼菲力浦夫人呢？除了憤怒之外，你發現到菲力浦夫人心中的一點兒秘密沒有？ 16. 既然菲力浦兩口子對真相都有所察覺，他們為什麼不戳穿於勒的謊言呢？他們幹嘛要欺騙自己啊？ 17. 這兩段寫的是菲力浦一家的生活狀態哪些關鍵字語要特別注意？這個陰霾的家庭卻有些細節很讓我們感到奇怪，看看這段文字描繪的情景有什麼蹊蹺沒有？菲力浦一家偏偏要衣冠整齊説明了啥？ 18. 你怎麼評價這段文字中的菲力浦？這樣高貴的活法對菲力浦有多麼大的吸引力啊！你怎麼樣評價菲力浦夫婦 19. 從哲爾賽島回來之後，菲力浦一家的生活會發生什麼樣的變化？ 20. 《我的叔叔于勒》被選進教材的時候被刪去了開頭和結尾，我們再來看一看你又會讀出什麼——
研究分析	此堂課提出的問題不少，仔細研讀後，我認為王老師設計的問題包含了四個層次： 一、對文章主旨的把握。（1~3） 二、對於勒人物形象的分析（4~8） 三、對菲力浦夫婦形象的分析（9~13） 四、延伸拓展思維能力的提升（14~15）

研究結論	一、這篇小說的主旨應是學生們較容易掌握的知識，王老師沒有簡單處理，讓學生畫出於勒稱謂及其原因的曲線圖，輕鬆解決問題，而且絲毫不貼標籤，結論的得出水到渠成。設計巧妙，而符合認知規律。 二、不論是於勒的性格特點還是菲力浦夫婦的性格特點分析，都充分體現了作品的豐富性，更深層次的內涵，站位極高，挖掘深刻，引導學生讀出了複雜的靈魂和艱難的生活。 三、研讀深刻，善於獨立思考，善於設疑。王老師從小說中于勒完全處於無知覺親情的「蒙昧狀態」，引領學生展開想像，探究「於勒」的象徵意義，探究菲力浦夫婦內心的渴望和夢想，從無疑處發現疑問，大膽設疑，超越傳統的文本解讀，帶領學生從另一個全新的角度重新審視作品和人物，讓學生通過這篇精彩的小說獲得對人生、人性的更加深刻的體驗，而不是簡單地去評判任何一個人或者簡單地去批判任何一種人生，這樣的高度、這樣的教學境界，正是我們每一個語文老師都應追求的大境界。 四、在教學過程中，王老師立足文本，通過指導學生深情並茂地朗讀和扎扎實實地咬文嚼字走進文本深處。體現了語文課堂的優美本質。她嘗試著不斷設置兩難處境，把學生一次又一次推到文字的「懸崖」面前，讓他們不斷地在山重水複無路之時，看到柳暗花明。「讓他們產生兩難處境，讓他們的靈魂顫抖每一個選擇都是掙扎，都是冒險，都是精神生命的參與」（科爾伯格）正因為此，師生的生命才能產生共振，才能獲得了高峰的體驗，才達到了教育的極致，生命的大美。

從名師課堂實例看語文課堂提問設計的優化策略

《美國教學創意手冊》中有一句名言：教師的責任就是動用一切有創意的方法讓學生被書本深深吸引。我認為教師的課堂提問就是讓學生被深深吸引，進而有所創造的最簡易的方法，當然前提是問得深入，思考深入，立足點高。北宋文學家王安石在《書洪範傳後》中說：「問之不深，則其聽之不專；思之不深，則其取之不周。」閱讀教學本是學生、教師、文本之間對話的過程。是在教師指導下的學生自主的閱讀實踐活動。學生在閱讀活動中具有自主性、獨立性，教師則起引導、點撥的作用。可教學實際中我們常常看到一些教師的課堂提問是盲無目的滿堂問，問題零碎單調不系統，層次混雜無情趣。表面熱熱鬧鬧，實則徒勞、低效，教師上得吃力失落，學生學得寡淡無味，一無所獲。相反，眾所周知的名師課堂提問往往是舉重若輕，一問激起千層浪，不僅僅激發了學生的興趣，更能抓住文本的靈魂，學生學得主動，意興盎然，教師教得輕鬆，渾然天成。

看似尋常一問，結果為何這般懸殊？其原因就在於名師問的背後是他們對所教文本的獨特理解和感悟，是他們對學情的充分瞭解和把握，是他們豐厚的學科積澱，是他們過人的技能、技巧及教學智慧。他們問得少而精，輕巧的點撥卻做到了「他熠熠閃光的思想」總是「溫柔地俯視不易調控的課堂」。雖然不同的文本、學情、教學環境等客觀因素決定了他們問題設計的不同特點，不同的理念、悟性、個性、風格更決定了他們對問題設計的不同選擇。雖然問得方式千差萬別，但其中的規律隱隱可循。研究眾多名師課堂提問設計，尤其是同課異構課的問題設計，必將有助於我們認識課堂提問設計的規律，把握課堂提問設計的優化策略，優化設計我們自己的課堂提問，進而提高課堂教學效率，提升我們的專業素養。

通過比較分析，我認為名師課堂提問設計有以下特點：

一、巧妙切入，牽一髮而動全身

打破常規，另闢蹊徑，尋找獨特切口，巧妙突破，是名師的第一高招。抓住小說三要素——人物、情節、環境分析歸納是通常教師解讀小說的路徑，這種做法難免會破壞小說的整體感，上得瑣碎、凌亂。特級教師程紅兵老師執教的《我的叔叔于勒》由小說中他人對于勒的評價、分類的方式設計了問題，切入文本，去帶動學生瞭解故事情節，展示了不同情況下人物的反應，自然而然地把握了人物的個性，小說的主題水到渠成地揭示。而特級教師王君老師執教的《出師表》則分別站在第三者、諸葛亮、劉禪的立場上採用角色換位元的方式設計問題，讓學生真實地進入了文本描述的情境，真實地揣測人物心態，真實地體驗人物情感，從而激發學生主動地品味咀嚼文言的熱情。都自然達成了教學目標。高處著眼，低處入手，牽一髮而動全身，啟動了課堂，問題設計角度獨特而巧妙。

二、獨具慧眼，於無疑處生疑

課堂上學生主動提出問題是學生關注當前的學習、主動參與的證明，固然令人欣喜，但我們應該看到絕大部分學生的提問是膚淺的低層次的記憶性問題，是個人的而非個性的認識，缺少廣度和深度。教師如能獨具慧眼，從無疑處生疑，必會推動學生深入思考，提高他們的思維能力。特級教師郭初陽老師執教《裝在套子裡的人》時問了這樣一個問題：「為什麼華連卡，這麼一個活潑可愛的女子，她竟然會愛上別裡科夫？你怎麼解釋？」為了利於學生思考，他補充了課文刪去的內容，讓學生找「它刪去了什麼東西，從而隱藏了什麼東西？」引導學生探究作品複雜的深刻的內涵。結果學生談到了契訶夫的創作觀，談到了作品的社會環境背景，談到課文刪除後缺少了現實感、人物不完整、情節不合理等缺點，甚至還談到了性愛與情愛等問題，思維的發散性之廣之深遠遠超出了我們的意料。給學生一個平臺，他們會給我們一個全新的世界。

三、無中生有，彰顯教育智慧

「文有不言者」（劉熙載《藝概》），「凡詩文妙處，全在於空。譬如一室內，人之所遊焉息焉者，皆空處也」（清・袁枚《隨園詩話》）。這「空」，

正是作者有意的「不著一字，盡得風流」的意義空白。教師若善於通過提問，讓學生展開想像的翅膀，對課文中的人物、情節、場景再造想像，或者編織插敘，或者續補情節，或者改寫人物，啟發學生的想像，讓學生學會在「空白處」有機填補，就會在聯想和想像中拓展學生的思維。當然學生的想像應該是合理合情合乎教學目標與教學內容，不是無中生有的所謂創造性閱讀。

　　特級教師王君老師執教《紙船》時無中生有，以杜撰的一封冰心奶奶的來信掀起課堂波瀾，以「詩歌評改會」作為載體，引導學生煉字煉句體會詩情。教師真正地把課堂讓給了學生，讓教與學精彩對接，活力無限，則更彰顯出教育智慧。教育家愛德華有一句名言：「教育就是教人思維。」若是有心人，訓練思維的方法則無窮無盡。

四、山重水複，紛呈無限精彩

　　「教育要介入學生的生活。讓他們產生兩難處境，讓他們的靈魂顫抖，每一個選擇都是掙扎，都是冒險，都是精神生命的參與。唯有這樣，師生生命才能產生共振，才能獲得高峰體驗。那是教育的極致，也是生命的大美。」站在這樣的高度，教師的課堂提問設計才有質感，有高度，有整體性。既貼近學生實際，又要跳一跳才能摘到桃子。學生在選擇、掙扎之後是一個個高潮迭起而又異彩紛呈的課堂。特級教師王君執教的《我的叔叔于勒》連續設計了這樣的幾個問題：

　　1.「同學們，如果把題目的這個句子還原到課文當中去，你怎麼讀這個題目？」「請你再次速讀全文，找一找，文中對於勒還有哪些稱呼？」

　　2.「結合這些稱呼，回顧課文，請設計一條曲線來展示于勒的人生軌跡的起伏」「標出表示於勒的稱呼反復變化的原因。」

　　3.（重點來研究于勒的第二封信。）「就是這封信，成為了菲力浦一家的福音書，成為了他們十多年的希望。但是，現在，請你仔細研究一下這封信，你發覺這封信有什麼破綻嗎？」

　　4.「從哲爾賽島回來之後，菲力浦一家的生活會發生什麼樣的變化？《我的叔叔于勒》被選進教材的時候被刪去了開頭和結尾，我們再來看一看你又會讀出什麼？」

學生從這些問題中讀出了冷酷的人與人之間的關係，讀出了親情的變異，到讀出一個壞人的于勒，到讀出有一些溫度的於勒，到讀出有一顆溫柔的心的於勒，到讀出對菲力浦夫婦的恨轉而變得同情，到對菲力浦一家生活的無盡的想像。正是教師精心設計的提問給了學生無限豐富的閱讀視角，才有了學生對人物內心、對現實生活的艱難無限豐富的認知。才能夠刺激學生去思考人生，思考生活，思考命運。體會到作品的「無限的豐富多彩」。

五、於矛盾處設疑，體會獨運匠心

有些課文的標題或內容看起來自相矛盾，實際上卻正是文章作者的匠心獨運之處。在這些地方提問，不僅可以化解學生的疑惑，而且可以使他們領會作者的獨運匠心，進而模仿學習作者高超的寫作技巧，甚至會給學生一種全新的認識事物認識生活的視角。對學生的影響將更為深遠。

被譽為「文化語文」教學流派的特級教師程少堂老師的經典課例《用另一種眼光讀孫犁：從〈荷花澱〉看中國文化》，程老師提出了一個問題「作品開頭寫很美的自然風光，抗日戰爭這麼嚴酷，有這麼恬靜優美的環境嗎？作家這麼寫是不是違反現實的呢？如果不是違反現實的，他的用意何在？」由此引發學生深入思考，學生從而感知到對了人民對這土地深沉的愛、所有抗日戰士戰鬥動力的源泉、作者深沉的愛國主義情感，更體會到中國文化中人與自然之間、人和人之間、人和內心之間的和諧統一的文化內涵，感知到「天人合一」適中和諧的文化對人思維方式、行為方式的影響，感知到中國文化的基本精神和基本審美觀念對文學的影響。小問題引發的思維的深度和廣度令人驚歎！

課堂提問的精彩設計千千萬萬，但大道至簡。還是語文屆前輩蘇立康教授說得好：教師只有把學生真正放在主體的地位上，他才能從學生的實際出發來設計教學；教師只有真正認識到教學的過程是一個通過對話實現溝通與合作的過程，他才能從這一理念出發來設計教學；教師只有把閱讀過程看作是每一個學生都要同文本進行對話的過程，他才會去尋找課文內容的共鳴點，並且選擇最能引發學生興趣的方式來組織教學活動。我想這才是教師問題設計優化策略的根本吧！

語文教學應給學生深度思考的力量——審辨式課堂教學例說

【摘要】

新一輪課程改革徹底顛覆了傳統課堂教師一講到底的授課模式,高效課堂、生成課堂、翻轉課堂等授課模式此起彼伏,它們已經將教師從講臺上拉了下來,把學生推了上去,但是教師從講臺上下來後幹什麼?學生上了講臺怎麼做?完成知識的傳授並不意味著教學任務的完成,各種模式的課堂上究竟什麼才是我們教學的根本?在借助互聯網的搜尋引擎,借助網路、現實中的各種課程,我們可以隨時隨地獲取所需知識的今天,掌握知識,「刷」出方法、能力已經不是什麼難題,但我們的課堂依然有所缺失。美國學者諾姆‧喬姆斯基說:「教育是培養獨立的思考者」。除了「人」的教育之外,我們還更需要培養出學生們審辨性思維的能力,我們的語文教學應給學生深度思考的力量。筆者以一堂精彩的語文課為例,概括了了培養學生審辨式思維能力的方法。

【關鍵字】 審辨式思維　能力　課堂教學　深度思考　例說

一、語文課堂教學應給學生深度思考的力量

新一輪課程改革徹底顛覆了傳統課堂教師一講到底的授課模式,高效課堂、生成課堂、翻轉課堂等授課模式此起彼伏,它們已經將教師從講臺上拉了下來,把學生推了上去,但是教師從講臺上下來後幹什麼?學生上了講臺怎麼做?許多教師是茫然的。完成知識的傳授並不意味著教學任務的完成,各種模式的課堂上究竟什麼才是我們教學的根本?在借助互聯網的搜尋引擎,借助網路、現實中的各種課程,我們可以隨時隨地獲取所需知識的今天,沉於題海、刷題、多見多聽,掌握知識,贏得高分,甚至找出規律,「刷」出方法,提升能力已經不是什麼難題。但我們越來越強烈地感覺到這種能力的背後缺少了靈氣、缺少了深度,變得那麼呆氣十足、那麼膚淺無力,學生們習慣了套用各種範本,變成了不會思考的機器。那麼當我們蜂起套用各種模式的課堂教學後我們的課堂是否缺失了什麼?看到美國學者諾姆‧喬姆斯

基的這句話：「教育是培養獨立的思考者」的確有醍醐灌頂之感，剝去了紛繁的課堂模式之後，除了「人」的教育之外，我們有沒有培養出學生們獨立思考的能力？語文同數學、物理等學科一樣同樣需要嚴謹、辯證的思維能力，語文的思維能力是理科思維能力的根基。如果缺失了縝密的思維能力的培養，那麼無論如何也不能真正學好語文乃至其他學科的。

要讓學生摒棄高考作文的各種寫作範本，摒棄華麗辭藻堆砌的空洞的淺薄的文字，有他們自己獨立思考的火花，有嚴謹邏輯性強的推斷，有哪怕語言稚嫩、表達並不完美，但感情真摯淳樸的篇章，我們教師就不能因為高考指揮棒的指向，訓練學生掌握應考的思維模版，或走向另一個方向——一味地模仿各種課改模式，而忘記了我們為什麼出發。因為一味的讓學生自己去悟的課堂，永遠不會自然生成學生的深度思維能力。我們清楚地知道這個不等式：

高分＜知識＜能力＜方式、方法＜思維能力

因此語文課堂上如何調動各種因素，運用各種手段，是否給力於學生深度思考，是否提升了他們的獨立思考、審辨性思維的能力，才應是我們評價一堂課好壞的最應有的考量標準。

二、語文課堂如何培養學生的審辨式思維能力？

所謂「審辨式思維能力」是指辨明事情是否合乎常識、常情、常理，是否理智、審慎、合宜的能力，是在此基礎上對具體事情做出正確判斷和選擇的能力。正如蘇格拉底對學生什麼是善行的回答，對善與惡決不輕易下斷語，而是用反問和反駁的方法引導學生在不知不覺中懂得真理是具體的，具有相對性，在一定條件下可以向反面轉化的道理一樣。審辨式思維能力培養的教學，就是要讓學生在課堂教學的過程中學會主動地分析、深入地思考問題，不斷提升他們的審辨性思維的能力。

審辨性思維課堂教學研究在中國還剛剛起步，西安交大二附中胡曉平老師上的一堂《愚公移山》，我認為是提升學生審辨式思維能力的較好課例。小胡老師三次提出了「你認為愚公是一個什麼樣的人？」的問題，但三次的問題層次不同。

第一次小胡老師先讓學生複述內容、梳理文脈，明確了移山原因、目標、方法（工具）過程、結果，引導學生分析了其妻和智叟不同語言中表現的人物的不同心理，為學生分析主要人物愚公奠定了基礎。學生討論出愚公移山的目的明確，對於移山的好處、移山的前景、利害關係心中有數，對移走這座山成竹在胸，更認識到了人力的無窮無盡，山「越挖越少」後，教師提出了「你認為愚公是一個什麼樣的人」。學生水到渠成得出結論：「愚公是有遠大理想、不懼怕任何困難、有堅強的意志和頑強的毅力、敢於鬥爭的人物形象，愚公站得高，看得遠，考慮問題周密、正確」。對文言文的教學來說，文言知識是重點，分析出人物、主旨就完成了主要教學任務，優秀的教師進而引導學生探究愚公精神在當代的意義也就完成了文言教學文化內涵的挖掘了。而小胡老師又拋出了問題：

「有人認為：愚公真的很愚。大山擋了路，自己去挖山本來就傻，為什麼還叫子子孫孫吃這苦頭呢？繞山開路或者乾脆搬家不就行了嗎？」

進而補充了兩則國外學生看愚公的資料：

「Andrew：他開始了一項他自己知道不能完成的工作，這令我覺得很奇怪。他的說法是：「子又生孫，孫又生子。子又有子，子又有孫，子子孫孫無窮匱也。」他指望這項工作能夠持續下去，他指望他的家人繼續他想做的事。在西方，至少如果是我的父親開始了這項工作，他不會指望我去完成，他會自己完成它。這是一個關於一個愚蠢的老頭的故事，他有一個荒謬愚蠢的想法——移山。首先我想說的是，如果在西方，我們不會想到移山，我們會繞道而行。」

「Ryan：也許我可以認為他是一個瘋狂的老頭，他有一個夢想，而且他會去說服他的家人追隨他的夢想。我很想問的是，為什麼他不在年輕力壯的時候做這件事呢？（而現在這麼老了，還要其他人來繼續他自己的事情）」

「你有沒有更好的做法？身為 21 世紀的我們當然有更多更好的辦法，現在你認為愚公智叟各是怎樣的人？」小胡老師第二次提出了同樣的問題。有了前面的引導，學生們認識到這兩個看法是有一定道理的，立刻感到了自己前面的回答似乎簡單化了，於是課堂熱鬧起來，學生們激烈的爭論，沒有了平靜。

教師沒有給學生們定論，接著讓學生們聽《愚公移山》這首歌，思考：為什麼愚公的故事流傳至今？愚公移山的「山」是什麼？學生回答出是困難。看起來像「山」一樣不能改變的事情、事物；認為不能實現的事情。認識到成語「愚公移山」的深刻含義，教師第三次提出「你認為我們該如何看待或者評價愚公？」學生們陷入了深深的思考中，應全面辯證的看待愚公和一切事物，不可輕易下結論。

一堂課結束了，而給學生的影響意義深遠。廣東名校長樊瑞先生說：「一節好課，不僅要解放學生的手、耳、嘴、腿，最最關鍵的，是要解放學生的『腦』，給思考的時空、氛圍、條件、促進、幫助、提升，讓孩子們具備深度思考的能力，是課堂從『雙基』通過『情感』走向『生命』境界的最佳催化劑。」小胡老師三次提出同一個問題，不是問題的重複，而是不斷搭建一個比一個高的思維平臺，助推學生深度的思考，在學生的自我肯定——否定——肯定中，他們學會判斷、辯證、審慎、選擇、運用，辨證性思維能力螺旋式地大大提升。

由此課我們可以得知審辨式思維的課堂教學要讓學生深度思考核心是提對問題。所以我們教師必須做到：

第一，重視學生提問以及我們給學生將設置怎樣的問題。學會提問，啟動學生思維，引導他們敢於質疑，是審辨式思維教學的第一步。在課堂教學中，教師要善與給予恰當的疑難情境，啟動學生的思維。其次要給予足夠的思考時間，讓學生真正進入對問題的深入思考之中。再次可以適當地提示引導，鼓勵他們從不同的視角進行發散式的思考，這樣才能引導學生思維向更深層次發展，教學向高層次提升。

第二，要善於抓住課堂教學中學生的不同觀點，甚至是對立的觀點。學生之間的對立觀點立論往往各有一定的依據和道理，有時都能成立，沒有一個絕對的定論。學生的個性化思維能力和思維的視野往往在對立的觀點中呈現，在對立思維的審辨中往往有利於形成學生自己的價值判斷和思辨能力，養成他們良好的思維品質，甚至形成教師個性化的課堂。

梁啟超先生曾經強調，「最要緊的是養成我們的判斷力」。語文課堂如果都能這樣培養學生獨立思考、自我判斷真偽的習慣和能力，對他人所提出

的看法或結論保留一個開放但是存疑的態度,即不輕信,但也絕不無端懷疑,而是客觀理性地評估。觀察是否全面,觀點是否明確正確,證據是否可靠,分析推理是否合乎邏輯,嚴密,結論是否科學、準確等,就能逐步培養出學生獨立思考的能力,如果長久地堅持,就一定有利於學生的個性發展,進而培養出學生的創新能力。

　　語文課程是與社會生活有著千絲萬縷聯繫的一門課程,語文知識也會隨著社會發展不斷變化更新,其內容包羅萬象,豐富繁雜,非我們一個教師在短短的幾年之內所能完全傳授給學生的,但我們可以培養學生面對紛繁複雜的現實問題去解決問題的思維能力和思維方法,有了這樣的思維能力和方法,才會讓學生面對任何複雜的現實不怯弱、冷靜思考選擇,進而行動去解決問題。擁有解決問題的頭腦和能力,才會成為學生一生受用無窮的財富。

讓心靈於沉醉中學會思考——從同題材不同挖掘的經典影片中學作文立意

寫作文是學生「三怕」之一，怕的背後是思想的蒼白、貧乏。寫作文不難，難的是有思想。沒有思想，作文就沒有靈魂，自然立意不高、虛情假意、宿構成風、造假成風。文章的品評在於立意、思想內容之高下，而立意、思想內容之高下又取決於學生思維能力、認識水平。因此想方設法培養出學生思維能力、提高認知水平，才能從根本上解決問題。我認為辦法之一就是教師要學會開發、利用教學資源，提高學生的鑒賞力。一個懂得品評文章的人，必然是有思想見底的人。儘管對同一作品仁者見仁智者見智，但從某種程度上說鑒賞力決定寫作能力。而學生的鑒賞力來自大量經典作品的薰陶，來自教師的研究指引。如果教師善於開發、利用教學資源，重視微型研究，如對同一題材不同主題的電影深入探究，重視加強對學生鑒賞能力的培養，就能療治學生生活空間有限、對生活認知有限、思想貧乏的致命硬傷，就會逐步提高學生的思維、認知能力，使學生的寫作水平有一個質的飛躍。

一、鑒賞力決定寫作能力

真正經典的電影，不但可以讓我們身心得到休息與放鬆，更可以使我們開闊眼界，激發想像力和求知欲，加深我們對自然、社會、歷史、生活的認識，給我們帶來獨特的生命體驗，是我們學習寫作的寶貴教學資源，它能寓教於樂，在放鬆中學會思考更是學生喜聞樂見的學習方式。每個人對同一作品的鑒賞力是不同的，評價有高下之分。而鑒賞力與人的修養、學識、認知、思維能力等密切相關。有較高鑒賞力的人一定是有思想深度的人，思想深度必然對寫作產生深刻的影響。教師如能指導學生學會用分析、探究的目光去審視經典，日積月累，必會促使學生形成一個雄厚、開闊的觀賞背景，培養出良好的思維習慣、敏銳的觀察力和較深刻的思維能力，進而就能形成獨特的審美情趣、審美標準，提高寫作水平。從這個意義上說鑒賞力決定寫作能力。

二、鑒賞力靠優秀經典作品培育

夏丏尊認為，文學鑒賞教學主要是為學寫文章服務的教學活動。那麼我們讓學生學會鑒賞經典電影，學會用比較分析的眼光去看、去品味經典，尤其品味同一題材不同主題或同一主題不同題材不同表現手法的電影作品，就能在比較中感受作品的不同深度、導演的不同思考，對學習寫作的立意大有益處。通過比較我們可以看出不同作品內容和形式上的異同：對不同導演相同題材不同風格的作品進行橫向比較，可以看出思想立意之高下；對同一導演不同時期不同主題的作品進行縱向的比較、剖析，如從題材、主題、結構、人物、形象、表現手法、語言、音樂風格等方面比同求異，就能更深刻理解作品的特色，為我所借鑒。歌德說：「鑒賞力不是光靠觀賞中等作品而是靠觀賞最好的作品才能培養成的。」這種觀賞就是比較、鑒賞。他強調要欣賞最好的作品，因為只有在這種欣賞中才能真正提高鑒賞力，從而對藝術創作有一個高度的認識。由此推知培養出了高品位的鑒賞力，就培養出了學生較深邃的思維能力和認知水平，進而會提高學生的寫作能力。一個沉溺於平庸作品的閱讀者很難寫出上乘作文；反之一個善於思考的人也決不會有寫不出作文的苦惱和煩憂。沒有比較就沒有鑒別，沒有研究就沒有提高，閱讀的深度廣度決定了作文的深度，鑒賞能力決定了寫作能力。

三、教師的「微型研究」有助於學生鑒賞力的培養

特級教師余映潮曾這樣說「學生收穫是與教師勞動成正比的，教師只有『採得百花成蜜後』，才有可能讓學生真有收穫、大有收穫。」他還說「提煉作文教學指導的資源，最好的方法就是從『微型專項研究』的角度去進行觀察、搜集、整合、命名。這種微型專項的研究，視點小、角度細、開掘深，進行的越精緻越好，越有指導性越好。」同一題材不同主題的電影鑒賞研究不就屬於這種視點小、角度細的「微型研究」嗎？即使同為經典，也會因導演的思維認知不同，而產生主題的不同、手法不同、風格不同的精彩。如反映二戰屠殺猶太人的片子，恐怕是難以歷數，藝術家們可謂「八仙過海，各顯神通」。而《安妮日記》、《美麗人生》《鋼琴家》《穿條紋衣的男孩》等因它們反映生活的深度不同，反映出導演對生活的不同層次的思考，讓我們的心靈受到震撼的同時也帶給我們更多的啟示。

《安妮日記》借助純真少女安妮的眼睛見證大時代的苦難，反映法西斯恐怖統治在一個成長的少女心理上投下的濃重陰影，是對納粹分子摧殘、扭曲人性的控拆。它不表現某人的魅力或偉岸，不呈現某歷史進程的曲折或宏大，不論及深層次的意義，只讓一個少女毫無理由的苦難成為最直白最無庸爭論的控訴。淡淡的描述、清新真切的畫面、動人心弦的悲痛、前後的強烈對比，不著一詞的控訴，成就了最深切的經典。是以小見大的手法。

《美麗人生》這部電影沒有大場面、太多的血腥，而濃濃的父愛含蓋其中。導演羅伯托·貝尼尼用全新的視角反映了戰爭的殘酷，從陳舊的創作素材中挖掘出了新鮮的東西，即在充滿鮮血和死亡的集中營裡也存在一種美麗。使觀眾在同情、憤怒、敬佩、熱愛和平的情感中油然而生一種美好——勇毅與堅強。它是一部黑色喜劇片，以喜襯悲，讓人在笑中深思，領悟到人生的真諦：生活是美好的，哪怕一時被黑暗所籠罩，我們依然能夠找到美之所在。它的思想深度、表現手法和風格上超越了《安妮日記》。

《鋼琴家》讓我們看到戰爭磨滅了人性，也摧毀了藝術。更看到人們對戰爭的反思，對人性的反思，對藝術的崇拜。整個影片場面恢弘，將大量屠殺史實的殘酷毫無修飾的滲入，刺人身心。戰爭冷峻，人性溫暖，形成反差，是作者對一段不能啟齒的歷史的深刻的靜觀與深思，表現了戰爭與藝術的對抗，殘暴與良知的矛盾掙扎。飽含了對戰爭深深的譴責，更讓我們感受到人性的光芒和生命的價值。同時也是表達了對那些永不放棄理想、永遠對未來充滿希望的人的致敬。影片闡述故事的角度、人物內心的刻畫、外在環境的表達，超越了前兩部。

《穿條紋衣的男孩》導演讓人世間的最美好——孩子的天真爛漫，與最醜陋——戰爭的無情殘酷，屢次交鋒，進行對照，從而激發觀眾強烈的情感起伏，這是戰爭題材影片常用的手法，但此片發揮到極致。美好脆弱的小生命被摧殘踐躪，善良的人性被扭曲，無不讓觀者頓生憐愛，觸痛靈魂地深思。導演還對人性進行了更深入的思考，他告訴我們：一是人性的善良美好是足以超越一切種族、政治、國家利益，正義善良會如清泉浸潤那已枯涸的人性秧苗，使之重新綻放出美麗的花朵。二是人類本不應有戰爭，一旦發生戰爭，沒有真正的贏家。

四部電影都以納粹德國在第二次世界大戰中針對猶太民族的清洗暴行為背景，反映出納粹的殘暴，猶太民族的不幸，抒發了珍愛和平、美好生活的強烈願望。都運用了以小見大、以點帶面的手法。《美麗人生》的主題還表現出人生的美麗是不可戰勝的內涵，後兩部影片在人性的認識上則進一步的挖掘，主題上更豐富、更深入、更耐人尋味，更勝一籌。在手法上，《美麗人生》最獨特，用輕喜劇的形式演繹濃烈的悲劇內容，是含淚的微笑。《穿條紋衣的男孩》對比手法則更為鮮明。

　　子曰：「取乎其上，得乎其中；取乎其中，得乎其下；取乎其下，則無所得矣」。教師如能這樣對學生喜愛的經典影視資源進行二度開發整合利用，從寫作學習的角度培養學生的鑒賞能力，實現觀寫的有機結合，引發學生進行獨立的思考，就能大大調動學生積極寫作的熱情，培養學生觀察問題、分析問題的能力，培養出學生較高的鑒賞力，就能逐步提升學生的寫作能力。那麼學生作文言之有物，有自己獨立的見解和思考，富有真情實感、個性鮮明的文章就會撲面而來。這種精神大餐是享受，是收穫，事半而功倍，我們何樂而不為呢？

談談高中名著導讀課應遵循的幾個原則

俄國作家赫爾岑說：「人類的全部生活，會在書本上有條不紊地留下印記：種族、人群、國家消失了，而書卻留存下去。書是和人類一起成長起來的，一切震撼智慧的學說，一切打動心靈的熱情都在書裡結晶成形，在書本中記述了人類的狂激生活的宏大規模的自白，記述了叫做世界史的宏偉自傳。」毫無疑義廣泛地閱讀會增長我們的見識和學問，豐富我們的人生閱歷，拓展我們的生活空間，改變我們的思維習慣。能促進個人進步，頤養性情，淨化心靈。它也許不能改變我們的命運，卻可以改變我們的性格；不能改變我們人生的起點，卻可以改變我們人生的終點，使我們更加理性地積極地看待現實。

然而現代人閱讀生活嚴重缺失，精神生活蒼白，讀書人不讀書成為一種常態。針對學生課外閱讀高度缺失的弊端，中國人教版新教材精心設計了「名著導讀」版塊，第一次將整本名著引入教學內容，打破了過去只選名著片段的慣例。古今相映，中外並舉，拓寬了學生的學習資源，為學生提供了一個全新的廣闊的閱讀平臺。但這一板塊在教學的具體實施過程中，存在許多偏差。不少老師思想不重視，準備不充分。認為新教材教學內容較多，教學時間緊張，無力照顧。有的認為名著多為大部頭著作，「導」的過程很費時間，所以採取置之不理冷處理的態度。有的聽命於高考指揮棒的指使，教學簡單粗略，只是走走過場。更有甚者，教師自己沒有讀過作品，也不願花費時間去讀，自然難以激發學生的興趣促使學生讀作品。在學生方面，由於課業負擔太重，很少有人靜下心來讀名著，再加之影視、網路等因素的影響，學生不喜歡讀文本，更不喜歡讀名著。他們對名著的瞭解大多來自影視，也只是停留於浮光掠影的被割裂的某些情節而已，根本談不上對名著的鑑賞。白白浪費了教學資源，枉費編者的一片苦心。名著導讀課是一種新課型，畢竟不同於閱讀鑑賞課，那麼怎樣上才能上好？我認為上好名著導讀課必須遵循以下幾個原則。

第一、必須重視教材對這一板塊的編排設計的目的來設計整個教學活動。

這一板塊由背景介紹、作品導讀和思考與探索三部分組成。編者設計的目的就是讓學生既能瞭解作者創作的時代背景、作家的生平事蹟、風格流派、取得的藝術成就等方面的情況,又能深入一個點,明瞭其某一代表作的故事概貌、藝術特色,進而引導學生學會鑒賞,學會思考,培養學生良好的閱讀習慣。達到豐富學生的精神世界,提高學生的文化品位和審美情趣,培養學生的健全人格的目的。所以導讀課的教學設計應以此為目標設計整個教學活動,偏離這一目標,名著導讀課的教學就如無的之矢,就是緣木求魚。

第二、必須遵循名著導讀課自身的特點及規律。

名著導讀課不完全是閱讀鑒賞課,也不是學生的自讀課,必須體現「導」和「讀」的過程。教師的任務是「導」,學生的任務是「讀」。「導」是引領,「讀」是途徑,「思」是目的,教師的「導」往往決定了學生讀的層次,決定了此課的成敗。「導」的內容應包含兩個方面。一是激發學生去讀作品,即激趣;一是培養學生的文學鑒賞能力,能感受形象,品味語言,領悟作品的豐富內涵,體會其藝術表現力,應有自己的情感體驗和思考。即得法。前者往往指向作品的內容情節,後者往往指向作品的藝術形式。其中藝術形式往往是學生在讀整本書時容易忽略的,教師應當在導讀課上有意識地培養。

第三、教師必須注意加強自身素質的提升,不斷豐富自己的文學素養。

教師「導」的水平與教師的教學能力、教學個性、教學風格、教師對課堂的把握能力、課堂教學的設計、教學方法是否科學有效等因素密切相關,成敗與否更取決於教師自身的文學素養。如果教師具有豐厚的文學素養,善於運用自己的教學智慧,善於創設恰當的教學情境,就會激發學生讀書的衝動,使學生走進名著。進而使學生在優秀文化的薰陶中,充分領略文學名著文化反思的力量和文化傳承的價值,培養學生的人文素養,提升學生的思想素質。

第四、教師必須熟悉名著，準確把握作品，找准作品的切入點。

名著的篇幅較長，導讀課不可能面面俱到，條分縷析。作品不同，在共同的大目標下，教師還應設有不同的教學小目標。小目標不同，教學的側重點不同，名著的切入點就有所不同。一篇名著的切入點既可以是作品的題目、題記、卷首語、寫作的背景，也可以是作家獨特的創作經歷；既可以是名著中的經典句子、精彩紛呈的情節故事，也可以是作品的藝術特色；既可以是作品中的主次對照性的人物、矛盾的焦點、行文的結構，也可以是他人對作家作品的評價、不同作品間的比較。恰當的切入點會提起整個課堂的神，會促成高效課堂的生成，取得良好的教學效益。選擇導讀準確的切入點可以說是一堂課的點睛之筆，會使一堂課充滿靈動之美，啟動課堂，會點燃學生的智慧之光，激發學生的無限潛能。切入點選取的好壞往往決定了一堂導讀課的成敗。

找准切入點的前提首先是教師熟讀、充分鑽研把握該作品。沒有教師的熟讀，就沒有對學生的正確引領。其次要盡可能廣泛閱讀相關參考資料，以修正、補充自身的認識，有效地增加自身教學思想的廣度和深度。這一點往往決定了切入點的高度。再次要研究熟知學情。導的物件是學生，不問物件需要的導，是盲目的導。即使教師說得天花亂墜，也不會喚起學生的共鳴。只有摸准學情的脈搏，切入學生的實際，教師的導才能逼近學生的盲區，引發學生深入地思考，是有效的導。

第五、教師必須尊重學生的個性體驗，提倡學生的個性解讀。

閱讀教學是學生、教師、教科書編者、文本之間的多重對話，是思想碰撞和心靈交流的動態過程。閱讀中的對話和交流，應指向每一個學生的個體閱讀。教師既是與學生平等的對話者之一，又是課堂閱讀活動的組織者、學生閱讀的促進者。教師要為學生的閱讀實踐創設良好環境，提供有利條件，充分關注學生閱讀態度的主動性、閱讀需求的多樣性、閱讀心理的獨特性，尊重學生個人的見解，應鼓勵學生批判質疑，發表不同意見。教師的點撥是必要的，但不能以自己的分析講解代替學生的獨立閱讀。

每一個生命的個體是有差異性的，學生的成長經歷、家庭教育、思維方

式、品行修養等因素決定了他們對作品的感悟力不同。教師對名著的解讀不可簡單一刀切，不能以某種權威解讀壓制學生的個性解讀，哪怕學生的解讀有些偏頗和幼稚。這種壓制會嚴重打擊學生閱讀的積極性。教師應以真誠平等的態度，帶領學生共同研討，積極搭建民主、科學、平等、和諧的交流平臺，鼓勵學生大膽質疑、探究、論辯，甚至應不急於得到結論。放開手腳，要學會讓學生自我成長。

學生是語文教育的中心，尊重學生的個性體驗，才能談得上關注生命個體，關注學生的發展。尊重學生的天性，發展學生的個性，啟迪學生的靈性，誘發學生的悟性，促進學生的主動性，激發學生的創造性，才能培養學生良好的語文素養、積極的情感態度、健康的審美情趣和高尚的道德情操。學生的健康發展是人文性最根本、最徹底、最成功的體現。因此，站在學生健康發展的高度，教師應為學生而教，為學生的發展而教，努力創設溫馨良好的閱讀情境，依照學生的學習規律設計教學，為生命個體的發展撐起一片自由、和諧、明朗而多彩的天空。

第六、教師要為學生提供充分交流的平臺並及時進行激勵性評價。

人的社會性，在於他有被同伴接受、肯定的心理需要。閱讀之後個性體驗的表現力，在短時間內會表現得極其迫切，學生是急切想與他人分享自己的成果，得到他人的認可，激起他人思想的共鳴。作為同一個集體的學習夥伴，互為存在的學習環境，學生個體又有許多相似性。這使學生易於以一種開放的心態吸納其他人的閱讀經驗和成果，易於虛心聽取不同意見與想法，借鑒他人經驗來完善自己，而且能結合自己的實際，將別人的成果吸收內化為自己的思想，並轉化為自己的行動。因此教師為學生搭建的充分交流的平臺，是導讀課的需要，也是對導讀成果檢驗的必要手段。在和諧充分的交流中，可以讓學生們的思想交匯碰撞，優勢互補，形成合力，可以啟動學生的思維，激發學生的靈感，觸發學生的想像，挖掘學生的潛能，讓學生體會到潛心研究某些問題的成功與快樂，可以多角度、多層次地調動學生思維的主動性。這種交流往往打破了原有的對原著的認知平衡，會達到新的平衡。會激發學生的創造性思維，調動起每一個人參與的積極性，促進每一個人的進步提高。反過來這種和諧交流也能促進教師完善自己的教學設計，促使教師

自我反思,與學生共同成長。

教學評價具有診斷、激勵、調控等功能。針對學生正處於成長發展階段,心理上極易產生「追求疲勞」、自信心減弱、自尊心「麻木」的特點,教師應持誠懇積極的態度,善於運用評價的導向性,多鼓勵,有時甚至可適當高於現實,使學生明白自己的優點、發展潛力,樹立自信。教師對學生的評價還應具有一定的前瞻性、及時性。在評價標準的掌握上,應注意不能用一個標準去評價不同的學生。既要讓他們充分看到自己思維的閃光點,又要清醒地認識到他們自身思維的局限性,明白自己前進的方向,利於今後成長。這樣才會使學生既感到溫暖親切、滋潤心田,又樂於接受,有所收益,從而使師生關係更加和諧,教師的評價發揮應有的教育作用。

總之,名著導讀課要充分體現教師「導」的功能,以導促進學生的「讀」,促進學生的深入思考,有利於學生汲取名著的力量,提升思維品質,提升自身的素質,有利於學生的健康成長。

談語文教學中學生審美能力的培養途徑

　　語文學科不僅是知識課、工具課還是文化的載體。這就是說語文教學不僅要提高學生聽說讀寫掌握知識、運用知識的能力，還應將道德規範、感情、意志、情操等文化要素注入語文課堂教學中，不斷提高學生觀察社會的能力，鑒賞審美的能力。要用真善美去陶冶他們的情操，美化他們的心靈，激發他們內在的積極向上的潛意識，使他們具有堅強的毅志、吃苦耐勞的精神，樹立正確的世界觀、人生觀、價值觀。一言以蔽之：是要在學生心靈的土壤上播下美的種子，讓它生根、發芽、開花、結果，讓學生在受到美育的同時，提高自己的整體素質。這是一個語文老師更為重要的責任，也是語文教學更高的追求。如何在教學中培養學生的審美能力呢？我採取了以下幾種做法。

一、以作品為依據，深入挖掘作品美的內涵

　　提高學生審美能力，首先就要以課本為依據。課本上不同形式、不同內容的作品都有它獨特的魅力，有著深厚的美的內涵。語文教學就是要充分挖掘課文內在的思想美、形象美、情操美、意境美、人情美、語言美等諸多美的因素，把它變成外在的、可感知的具體事物，讓學生用心靈去感悟它、接受它，進而變成自身不可缺少的一部分，並把自己培養成為既有知識、又有高尚的情操，能欣賞美、創造美的社會主義新人。

　　讀杜甫的《茅屋為秋風所破歌》，我們眼前就會出現一位白髮蒼蒼的老者在狂風中望著被卷走的茅草焦灼萬分而又無可奈何的情景，看到處處滲漏雨泥的茅屋中詩人不僅僅為自己更為天下寒士而憂、為國而憂苦挨漫漫長夜的苦痛之心，更感受到了天下寒士的苦痛、社會的苦痛、時代的苦痛。在狂風猛雨無情襲擊的秋夜，詩人腦海中翻騰的不僅是吾廬獨破，而且是天下寒士的茅屋俱破，他那種熾熱的憂國憂民之情感，寧願犧牲自我換來天下寒士幸福的崇高品德，博大的胸襟，偉大的人格，怎能不讓人體味到作品的深厚的思想美、形象美、情操美？

　　讀歸有光的《項脊軒志》，特別是補敘那短短百餘字，對亡妻的思念之情被渲染得淋漓盡致。夫妻的同讀同學，情深意切在寥寥數語樸實無華的敘述中浸透了字裡行間。最後庭中枇杷樹的描寫，如電影中的特寫鏡頭一般，

看到樹，就看到了人，就會想起往昔一幕幕歡樂的情景，而今物在人亡，內心的哀痛又豈是語言表達得出表達得盡的呢？作者寄情於景物描寫之中，給人無窮回味的餘地，拓展了深遠的意境。那濃濃的人情美、人性美，通過這景物的描寫得以充分表現。

這樣的作品俯拾皆是。散文或素淡朦朧，或清心亮麗，或絢麗多姿的意境美、語言美，政論文、雜文思想深邃、文筆犀利的哲理美，眾多小說中性格迥異的人物形象美等等，無不給人以美的享受與陶冶，不論是何種文學樣式，它都能揭示出美，都需要我們教師充分挖掘，無須刻意拔高、說教。要如淘金者般，將金子客觀地呈現在學生的面前。讓學生去品味、評價，課本中美的內涵如此豐富，人非草木，孰能不為之所動？

二、調動學生的生活體驗，讓學生自己去發現美

美感的特質是情感。在美育過程中進行知識傳授、思想教育都經過了審美情感的過濾，賦予了強烈的情感色彩。沒有情感的活動過程就談不上審美。審美的主體是學生，客體是作品，主客體間是有一定距離的。由於學生年齡較小，經歷較簡單，思想不夠成熟等因素的影響，有時對作品本身美認識不夠或認識不到，不能產生共鳴。這時教師若能調動學生已有的生活體驗，去體味他們沒有注意、未知的美，他們就會將作品的美的內涵體會更深，甚至主動去發現生活中其他的的美，體嘗到無盡的快樂。

學郁達夫的《故都的秋》時，有學生說作者只寫藍色的牽牛花，槐樹的落蕊，秋蟬的殘聲，秋風秋雨等景物，把故都的秋寫得那麼清靜、悲涼，怎麼就表達了對故都的眷戀之情？我用他們的體驗啟發說：你們也有過得意、失意的時候，當一些喜事充溢我們心中時，我們看到秋天是收穫的季節，絢麗多彩的季節。即使下雨也會覺得空氣清新了、濕潤了，秋高氣爽之類的詞語會湧上心頭，仿佛感到一切景物都充滿了詩情畫意，讓你倍覺賞心悅目，你會情不自禁地生出一種眷戀之情，這是一種愛。相反當你非常努力而結果慘敗之時，你在天宇低沉、烏雲翻滾陰雨連綿的天氣裡漫步，看到樹葉在雨中飄零就會感到那雨、那葉不是落在地上，而是落在心裡，心緒低落，一如天空雲層般壓抑，你會感到這雨下得好極了，會有種極強的欲望——丟掉雨傘置身雨中，讓雨把你澆透，讓心中的苦痛隨著這雨水傾瀉而出。由此你也

會愛這雨、這天，也會產生一種眷戀之情，因為這一切與你的心境相符。一切景語皆情語。這樣學生就不難理解作者為何選這些冷色調景物來寫秋了，因為作者通過秋的清靜、悲涼寫出了他的憂慮、苦悶和寂寞，是他心聲的寫照啊！就這樣我讓學生通過自身的體驗，推己及人，體會到了作品深層次的美。

三、課外美文閱讀——必要補充手段

平時，如常將些好文章讀給學生聽，讓學生自身去感受美、發現美，教師稍加點撥，學生就能領悟透，這對他們自覺、自律，甚至對他們寫作都有極大的影響。

學生都學過朱自清先生的《背影》。父親那胖胖的身軀，穿著黑布大馬褂，深青布棉袍，步履艱難，蹣跚的爬過鐵道為兒子買橘子的笨拙的背影，那間使作者感悟到父親深沉的愛，以前對父親言語和行事的不以為然全化為了一行行熱淚滾滾而下。我又給學生讀了三毛的《背影》。在她生命中最摯愛的親人荷西死後的一段日子裡，她完全沉浸在自己哀痛的世界中，父母為她所做的一切她都視而不見，聽而不聞，仿佛自己也隨荷西去了一般。直到那一天，她去荷西墓地的路上，看見「在風裡，水霧裡，躊躊獨行的母親」，「母親腋下緊緊的夾著她的皮包，雙手重沉沉的各提了兩個很大的超級市場的口袋，那些東西是這麼重，使得母親快蹲下去了般的彎著小腿在慢慢一步又一步的拖著。她的頭髮在大風裡翻飛著……」這漸漸遠去的背影讓她從自己的夢中驚醒，讓她想到父母這些天的辛苦和傷痛，感受到「母親踏著的青石板，是一片又一片碎掉的心」，知道「只要我活著一天，她便不肯委屈我一秒」，也禁不住熱淚如傾，發出「愛到底是什麼東西，為什麼那麼辛酸，那麼痛苦，只要還能握住它，到死還是不肯放棄，到死也是甘心」的慨歎。我對比著點評，就調動了學生自身的生活體驗，引起了他們的聯想，由此發現人世間普普通通而又彌足珍貴的美好感情，增進了他們對天下父母心的理解，進而也懂得寫人記事要抓住動情點，寫出自己感受最深的東西，才會寫出好文章。在陶冶學生性情的同時，也提高了寫作思維能力。

總之，提高學生審美能力，必須抓住審美活動的兩個特徵形象性和情感性，以客觀作品為依據，以學生為主體，調動學生已有的生活體驗，採取多

種形式作補充,才能循序漸進,達到我們育人的目的。那種片面強調語文學科知識性、工具性,忽視它的人文性的作法;那種一味追求人文性,脫離作品刻意拔高作品思想內容的作法,都是錯誤的,不可取的。它只能使學生對語文失去興趣,只會讓人感到假大空,最終談不上能力的提高,只會將語文教學引向死胡同,走上反面道路。

在閱讀教學中培養學生寫作的個性

劉躍紅　高麗文　苟福寧

閱讀教學是語文教育的重要部分，也是學生學習寫作的重要途徑。我們在通過閱讀教學培養學生寫作個性方面有一些初步探索。

一、以學生熟悉的生活為突破口，尋找閱讀教學與學生個性的切入點

一個班幾十個學生，其經歷、性格、教養及寫作水平各不相同；他們對課文的理解和寫作能力發展的起點、潛力和追求彼此各異；然而他們的生活卻都是豐富多彩而又各具特色的。學生個性的差異性和趣味愛好的多樣性，決定了他們喜歡閱讀不同風格的文章；不同風格的文章又會給學生帶來不同的影響，這些影響會滲透到學生的寫作中去。學生的閱讀面越廣泛，這種影響越大，滲透越深，其寫作個性特點也鮮明。這就要求我們在閱讀教學與作文教學的結合中必須因材施教。

我們在閱讀教學中，儘量面向全體學生，尤其關注那些沉默寡言的學生，自卑感較強的學生，及時發現他們的個性心理，以合作與交流的方式傾聽他們看法。我們逐漸發現，環境影響不同，家庭背景不同，閱歷喜好不同，思想成熟的程度不同，學生作文的個性化指向也明顯不同。那些農家孩子對放牛、割麥、收稻子有話說；城市學生對電腦、反恐、巴以衝突感興趣。有個男孩聯繫自己父母的經歷，對下崗再就業滔滔不絕；有的同學一提起足球，簡直就像換了一個人……瞭解了他們熟悉的生活，在以「我的生活」為話題的作文中，他們果真「八仙過海，各顯神通」，一個班五十多篇作文，就像五十多朵鮮花各呈異彩。一次作文教學活動就激發起學生的寫作慾望。這樣的作文，因學生的個性差異而表現出他們作文的個性追求。

二、追求寫作個性化，廣泛閱讀是基礎，課內外結合是途徑

現在使用的新教材，有許多文質兼優的美文。如《斑羚飛渡》，學生為斑羚的智慧而驚嘆，為斑羚的群體精神而感動。學生們受到一次愛護環境、愛護動物、愛護花草樹木的教育，認識到即使住在高樓大廈中或坐在轎車里，也要樹立親近大自然、熱愛大自然、保護大自然的觀念，並由此發散到去愛

親人、愛同學、愛學校、愛祖國。經過閱讀吸收，同學們再寫作文，就能寫得「文如其人」。請看張夢寒同學的一篇作文。

北美雛鷹遷徙記

噢，請別問我是誰！我現在也是中國人。不，是中國鷹。聽爸爸媽媽說，我們原來是北美洲的一種留鳥，不象候鳥那樣隨季節變化而遷徙，長年留在北美洲，為那裡的天空增添了詩的韻味，是農作物的保護神，老鼠等害蟲遇見我們就命喪黃泉。所以我們原來所在的國家將我們展翅的圖案當作他們的圖騰，將強有力的政治派別稱作「鷹派」。

可是請別以為我們在萬里長空，展翅翱翔瀟灑異常。不知從何時起，我的爸爸媽媽的爸爸媽媽們無端的患上了肺炎，死得真慘啊！經過爸爸媽媽的查證證實，原來是我們賴以生存的天空遭受嚴重污染，煙塵籠罩，空氣品質特差。聰穎的爸爸還知道，我們所在的國家排放的有害氣體最多，而且他們最近還拒絕在《京都議定書》上簽字，拒絕同世界上大多數國家公民合作，改善大氣品質。

爸爸非常氣憤，同媽媽商量了好幾天，最後決定全家搬遷到中國去。爸爸說過，中國的政府和人民非常文明友好，重視環保。中國西部正在「退耕還林」，漫山遍野一片綠色，動物們的生活健康快樂。

我相信爸媽的決定，心裡對中國西部非常嚮往。跟著爸媽經過半年的艱苦飛行，終於在2002年的夏天來到了中國西安。啊，這裡真美啊，我們終於找到了屬於自己的家。

又如《爸爸的花兒落了》：「是生活的浪潮將『我』推到了嚴峻的考驗面前。『我』不得不面對考驗，爸爸的花兒一落，『我』就不再是小孩子了，生活的磨難使『我』成長。」

再如《醜小鴨》：「醜小鴨」「正是安徒生一生的寫照。過去的某一個階段或某個方面被人當成醜小鴨，但只要夢想還在胸中湧動，醜小鴨的未來就有希望。」

當學生在你的引導下進入這些美文的勝景，他們心中波瀾的漣漪，一定會蕩漾在他們的臉上，而躍躍欲試地想要記下他們的經歷和感受的表情和動

作,也一定會感染得你蠢蠢欲動起來。

我們還以某篇課文為起點,向課外閱讀和寫作延伸。如:課文中,朱自清筆下的《春》是這樣的,我們眼中的春或者記憶中的春又是怎樣?經過引導,你會覺得學生的創造力無窮。學習了《我的信念》,再推薦閱讀《居里夫人傳》,課內和課外相結合,使學生瞭解了居里夫人之所以捨棄財富和青春,其信念來源於對科學事業和祖國的熱愛,因而她是一個為了理想而頑強奮鬥的美麗女人。這樣即使沒有佈置作文,學生也會在日記本裡添上新的內容。請看郭小龍同學學了《黃帝的新裝》後替國王草擬的一紙通緝令。

通緝令

國發字 2002 年 [1] 號

各州縣官衙悉知:

近期有兩名狂妄的騙子,竟肆無忌憚地騙到了皇宮,騙走了大量金子和生絲,並騙得朕裸體赤身招搖過市,致我泱泱大國大失國體。「普天之下,莫非王土;率土之濱,莫非王臣。」朕乃至尊之軀,豈容受辱?現已查明:誠實善良的老大臣和年輕的官員均屬受騙,且認錯態度較好,免於刑事處分。最可恨,一切皆由騙子引起。待禁衛軍前去捉拿時,騙子已裹挾贓物不知去向。朕現在詔令各地官署衙門捉拿欺君要犯,有藏匿騙子者,與騙子同罪;有生擒並獻上騙子者,可授高官;有提供騙子藏匿線索者,能得重賞。騙子體貌特徵一人身高體胖,肥頭大耳,能當面說假話,一點不臉紅,表面慈眉善目,轉臉就玩「空手道」。另一人尖嘴猴腮,善於奉承,賊眉鼠眼,善於察言觀色,能信口雌黃撒彌天之大謊。望各地官衙不惜代價,將騙子捉拿歸案嚴刑正法,以平民憤,以振國威。

xx 國王(玉璽)

2002 年 9 月 11 日

廣泛閱讀為寫作個性化打下了基礎。「兩耳不聞窗外事」,只在應試試題裡兜圈子,是無寫作個性化可言的。

三、不同個性的文學作品對寫作個性的不同影響及其過程

「文學是影響人的理性和意志的有力工具」（高爾基《論文學》）。「藝術能在任何人身上產生作用，不管他的文明程度和受教育程度如何，而且圖畫、聲音和形象能感染每一個人，不管他處在某種進化的階段上」（列夫托爾斯泰《藝術論》）。優秀的文學作品作為一種意識形態，必然對學生的思想感情和精神面貌起潛移默化的作用。這種精神食糧能夠豐富他們的社會歷史知識和現實生活知識，提高他們觀察生活、認識生活的能力和思想覺悟水平，能夠培養他們高尚的情操和健康的審美觀念，從而影響他們的寫作風格。富有鮮明個性的文學作品，會打開社會生活的窗口，讓學生全方位多層次地體悟到生活的豐富內涵，從而培養他們敏銳的觀察力，提高他們感悟、理解生活的能力。這一切恰恰是寫文章的觸發點和基礎，是學生文章形成個性的重要因素。如：語言犀利潑辣、具有強烈諷刺力量的魯迅雜文，能促人深刻反省自身、認識社會；清新俊逸、蘊籍婉麗的楊朔散文，能激發人昂揚的戰鬥激情；剛健清新、汪洋恣肆的劉白羽散文，能引導人思索生活的意義；旁徵博引、涉古論今的秦牧散文，讓人在豐富知識的同時感悟寓含的道理等等。學生通過閱讀教學，形成寫作個性的一般過程如下：

1、閱讀富有鮮明個性的文章，是培養學生個性化寫作的準備階段。

2、學生調動生活體驗，深刻認識自己，把握自己的個性，是形成寫作個性的初步階段。

3、分析比較，重視那些同自己個性氣質接近、容易引起共鳴的文章進行閱讀、揣摩，是寫作個性形成的重要階段。

4、用心感受、深刻思考生活，努力發掘別人尚未認識或認識不深的方面，爭取達到感受與認識的新高度，是形成寫作個性的關鍵階段。在這個過程中，教師要允許學生在形成寫作個性的每個階段可能失敗或走彎路，這個時候正是需要教師正確引導的時候。

總之，我們通過閱讀教學，培養學生作文的個性化，充分發揮學生在作文中的創造性，讓學生在作文寫作中享受到成功的喜悅。在閱讀教學和寫作教學的結合中，我們從不搞劃一的模式和定式的思維，而是因學生而異，因作品而異，因不同的教法、學法而異。

近年高考詩歌鑒賞題命題類型及答題技巧

　　對古代詩歌的鑒賞能力，體現了一個人的審美情趣和語文素養，是每年高考的必考內容，它的難度係數最高，綜合性較強，得分率較低。如何才能正確理解和把握詩歌的豐富內涵、領悟和分析詩歌的藝術魅力、認知和評價詩人的思想情感呢？本文針對這些問題著重介紹高考古代詩歌題的類型、鑒賞方法和答題要領。

一、近三年高考詩歌鑒賞題變化趨勢

　　首先選材上，各朝代全部覆蓋，唐、宋詩詞是主選。體裁上，近體詩、詞為主陣地，間有元曲。作品上多為名家的非名作。能力要求上，全面考查各個考點，但有所偏重。相對而言對「情感」「表達技巧」考查尤多。題型設計上保持自我，穩中有變。賦分6分到11分之間。隨著新課改的深入，詩歌鑒賞更加重視個性解讀、自我探究，注重課本的延伸，課內與課外的結合。今後會成為一種趨勢。

二、近幾年高考詩歌鑒賞常見的幾種題型及解題技巧

　　鑒賞古代詩歌的步驟一般是由表及裡，由淺入深。先理解詩歌詞語的含義、句子的結構等表層意思，再進一步把握詩句的語境意義、詩人描繪的圖景背後所蘊含的情感指向與格調色彩等深層含義。通過對近年高考詩歌鑒賞題深入研究，筆者發現詩歌鑒賞常見的題型有八種，針對不同題型，筆者根據多年的高考複習經驗，將答題技巧及策略總結如下：

類型一　分析思想情感類

　　閱讀下面這首宋詩，然後回答問題。

　　夢中作[1]

　　歐陽修

　　夜涼吹笛千山月，路暗迷人百種花。

　　棋罷不知人換世[2]，酒闌[3]無奈客思家。

［注］①本詩約作於皇祐元年(1049)，當時作者因支持范仲淹新政而被貶謫到潁州。②傳說晉時有一人進山砍柴，見兩童子在下棋，於是置斧旁觀，等一盤棋結束，斧已爛掉，回家後發現早已換了人間。③酒闌：酒盡。

問題：這首詩表現了作者什麼樣的心情？

解題技巧：把握作者的情感，要注意以下幾點：

第一、要注意到他是哪一個朝代的哪一個作家，懂得知人論世。

第二、注意詩歌的題目。它往往揭示了詩歌的內容和情感。

第三、注意詩歌的「序」和後面的注釋。

第四、注意「詩眼」。所謂「詩眼」。它可以是一句詩或一首詩中最精煉最傳神的一個字，也可以是體現全詩主旨的精彩語句。

第五、審讀意象。不同的意象構成不同的意境，含蓄地表達出作者的思想情感。

這些都是解讀詩歌的密碼，是我們首先要關注的要素。

分析：這首詩是宋代大家歐陽修的詩，由注釋可知他因支持新政而被貶，心情自然抑鬱，最後一句點明情感——無奈、思家，是詩眼。由「夜涼」「路暗」等意象可知作者的心境是黯淡的、愁苦的。進一步探究作者為何無奈？為何心情抑鬱、愁苦？自然是仕途失意。路暗百種花迷人，實則是前途黯淡，內心迷茫的寫照啊！

由此可概括出答案是：

表現了①因仕途失意而對前途憂慮和無可奈何的心情；②希望脫離官場返回家鄉的心情。

如果是詠物詩所表達的思想感情還應注意：它最常見的表達技巧就是托物言志。作者要通過客觀描寫的事物，寄託、傳達出自己的某種感情、抱負和志趣。志與物之間往往有某種相同點或相似點。又常借用比擬、象徵等修辭手法。我們答題要抓住兩者的聯結點，由表及裡，即先答物的特點，再言作者的心志。

類型二　賞析語言類

它包含對詞語分析、句子分析、語言風格的分析。

（一）詞語分析型

如今年廣東卷，閱讀下面的宋詞，然後回答問題。

望江東

黃庭堅

江水西頭隔煙樹。望不見、江東路。思量只有夢來去。更不怕、江闌①住。

燈前寫了書無數。算沒個、人傳與。直饒尋得雁分付②。又還是、秋將暮。

［注］①闌：阻隔；阻攔。②直饒：縱使。分付：交付。

問題：簡析「隔」字的雙重意蘊。

解題技巧：題目考的是詞語的錘煉。需要注意的是，回答問題時，不能就字論字，應放回整首詩中，結合全詩的意境、題旨和詩人的感情來分析。

分析：詞的前三句展現了一片迷蒙浩渺的景象，寫出「江水」、「煙樹」等重重阻隔住人物視線，極目瞭望而茫無所見，體現出人物極度失望惆悵的心境。四五句寫他企望夢中能穿越阻隔，飛到思念中的親人身邊，深化了感情，反映出主人公渴望離別重逢，對遠方親人的懷念。下片寫他寫了無數信，而無人傳遞，托大雁傳書也難實現的惆悵、絕望。理解了這一點，對「隔」字的意蘊就需要有兩個層面——外在的和情感的。

組織答案一般步驟有二：

1、在具體詩句中解釋該字意義，展開聯想和想像，描摹景象；

2、點出該字用了什麼手法，烘托了怎樣的意境或具體表達了什麼感情。

參考答案：①（客觀）視覺的阻隔：江水、煙樹隔斷歸路；②（主觀）情感的阻隔：思念之情無法傳遞，親人不能團聚。

（二）句子分析型

題目往往要比較哪一句更好，我們可以從以下幾個角度來思考：

1、從中心來看，哪一句更能服務、證明中心，哪一句就更好。

2、從語境上看，哪一句能使上下句的對仗更工整和諧，意思上能互相映襯，哪一句就更好。

3、從手法運用上看，哪一句運用了某種表現手法，更為生動具體形象，

則哪一句就更好。

（三）語言風格型

風格是詩人在創作中表現出來的一種與眾不同的藝術特色和創作個性，不同的詩人自有不同的風格，同一位詩人在不同的創作時期所展現出來的風格也不同。因此要熟悉各個朝代一些典型作家的風格特點。

答題步驟：

1、用一兩點或一二句話，準確點明語言風格。

2、結合詩中有關語句具體分析這種特色。

3、闡述詩中用語表達了詩人怎樣的感情。

類型三　分析形象類。包括人物形象類和描述物象類。

（一）人物形象類

如今年福建卷，閱讀下面這首詩歌，回答問題。

訪隱者

[宋] 郭祥正

一徑沿崖踏蒼壁，半塢①寒雲抱泉石。

山翁②酒熟不出門，殘花滿地無人跡。

[注]①塢：山坞。②山翁：此處指隱者。

問題：結合第三、四句，賞析「隱者」的形象。

解題技巧：古詩詞的形象，一般指主人公形象、詩人「我」的形象和景物的形象。古典詩詞中的人物形象一般不如小說中的形象豐滿、完整，我們要善於從詩句裡精當的人物神態、動作、心理、細節等描寫中，把握人物的個性特徵。一般說來應注意逐句分析，不要遺漏。

答題步驟：

1、先概括形象的總體特徵或個性特點。

2、結合詩句進行分析論證。

3、概括形象的意義。

分析：這首詩對人物形象沒有直接描寫，而是描寫了人物生活的環境，這是人物性格特點的間接寫照。人物生活在遠離塵世喧囂之所，自己釀酒自己來飲，無人來訪，落花滿地而不清掃，可見主人生活得隨性、自由自在。

　　參考答案：通過描寫隱者獨飲自己釀造的酒，門外落花滿地，無人造訪、無人掃灑的隱居生活，表現了隱者避世脫俗，隨性自然的情懷。

　　（二）描述詩歌的畫面、情景等物的形象應注意：分析詩詞中物的形象，首先要抓住詩詞中的意象、意境的特徵以及情與景交融的特點，進而理解詩人寄託的思想感情，體會形象蘊含的哲理。形象的分析通常從形象的色彩、虛實、動靜等角度進行。

類型四　分析藝術手法類

　　（一）鑒賞景物描寫的方法

　　鷓鴣天　蘇軾

　　林斷山明竹隱牆，亂蟬衰草小池塘。

　　翻空白鳥時時見，照水紅蕖細細香。

　　村舍外，古城旁，杖藜徐步轉斜陽。

　　殷勤昨夜三更雨，又得浮生一日涼。

　　問題：本詞在寫景狀物上有許多可圈可點之處，請就其中一點加以賞析。

　　解題技巧：賞析寫景詩詞首先要從以下幾個方面考慮：

　　1、景物的層次感，即景物的高低遠近。只要景物按由高到低、由遠到近或相反的順序規則排列，景物就會產生層次感。

　　2、景物的動靜。或是以動襯靜，或是以靜襯動，或是動靜結合。

　　3、景物的色彩、聲音、形狀。寫景物一般都要涉及到它們，鑒賞時要對此做出點評。

　　4、虛實相生。寫景時常會既寫到眼前之景，也會有想像、回憶等，這也是點評的一個角度。

　　5、粗筆勾勒、白描與工筆細描。粗筆勾勒就是用寥寥幾筆簡煉、準確勾勒出人物或事物的主要特徵。如果不用穠麗的形容詞和繁複的修辭精雕細刻

大加渲染則叫白描。如果對細微處精雕細刻,這就叫工筆細描。

6、樂與哀。樂景反襯哀情,也是古人慣用手法之一。

答題步驟:一是抓住某一方面結合具體詩句解說;二是概括景物特點;三是分析運用的手法和作用。

參考答案:

1、描寫景物生動活潑,層次分明。先由遠到近:遠景如林、如山,「林斷山明」描寫遠處的樹林盡頭,高山清晰可見;近景描寫翠竹遮隱著圍牆,牆外小池塘旁長滿枯草,蟬聲四起,再由上而下地寫景:上寫白鳥在空中翻飛,下寫紅荷映水,散發著幽微的清香。

2、寫景動靜結合,形象逼真。詞中寫林、竹、山是靜景,但用了動詞和形容詞「斷」「明」「隱」,使這些近景頓時栩栩如生;寫動景(亂蟬、翻飛白鳥),形象活潑。動靜結合,生動地描寫出一幅夏末秋初美麗的圖景。

3、寫景有聲、有色、有香,相映成趣。亂蟬描寫雨後蟬的鳴叫;翻空白鳥與照水紅蕖紅白相映,色彩鮮明;細細香寫出花散發出的淡淡清香,富有情趣。

(二)分析詩歌所運用的表達技巧

如今年安徽卷,閱讀下面這首詩歌,回答問題。

歲暮[①]

(唐)杜甫

歲暮遠為客,邊隅還用兵。煙塵犯雪嶺[②],鼓角動江城。

天地日流血,朝廷誰請纓?濟時敢愛死,寂寞壯心驚。

[注]①本詩作於唐代宗廣德元年(763)末,時杜甫客居閬州(今四川閬中)②雪嶺:又名雪山,在成都(今四川成都)西,雪嶺臨近松州、維州、保州(均在今四川成都西北),杜甫做本詩時,三州已被吐蕃攻佔。

問題:這首詩使用了多種表達技巧,請舉出兩種並作賞析。

解題技巧:1、準確地指出用了什麼表達技巧。一般是先找出修辭手法,再找出抒情手法和表現手法。2、結合詩句分析,何以見得是用了這種手法,效果如何。3、這種手法表達了詩人怎樣的感情或旨意。

分析：此詩寫作者憂國憂民渴望奮不顧身報效國家，卻無從施展，只能獨自寂寞的情懷。頷聯以「煙塵」和「鼓角」來借代戰爭，戰爭的烽煙籠罩了雪嶺，鼓角聲聲也震動了江城。也較注意詞語的錘煉。一個「犯」字，一個「動」，寫出了詩人聽到外敵入侵後內心受到的強烈衝擊，把詩人心系國家百姓的那份真摯情感含蘊其中。另外「敢」「壯」字也富有深意。作者看到戰爭帶來的血腥，發出自己的擔憂之聲：「朝廷誰請纓？」尾聯用反問句表達出一個真正心系國家的人，是不會顧及個人生死榮辱的，為了拯救國家民族、天下蒼生，只會奮不顧身，投身於保家衛國的血雨腥風之中的豪情。

參考答案：

借代，如「煙塵」代指邊境戰事；與後文「鼓角」相應，從視覺和聽覺兩方面突出了戰爭的緊張，渲染了時局的艱危。

用典，如「請纓」，典出《漢書·終軍傳》；在詩句中暗示朝廷中無人為國分憂，藉以表達詩人對國事的深深憂慮。也可以分析反問句、詞語的錘煉的技巧。

類型五　比較鑒賞類

如今年的湖北卷，閱讀下面這首宋詞，然後回答問題。

鵲橋仙·七夕

范成大

雙星良夜，耕慵織懶，應被群仙相妒。娟娟月姊滿眉顰，更無奈、風姨吹雨。

相逢草草，爭如休見，重攪別離心緒。新歡不抵舊愁多，倒添了、新愁歸去。

[注]：爭：怎。

問題：對於牛郎織女鵲橋相會，此詞說「新歡不抵舊愁多，倒添了新愁歸去」，而秦觀說「兩情若是長久時，又豈在朝朝暮暮」。請簡要分析二者所表達的感情側重點有何不同。

解題技巧：比較類鑒賞題評分上往往會尊重考生對詩作的個性化解讀與評價，考生可以有不同的看法，只要言之成理，言之有據，自圓其說，就能

得分。但要注意：

1、立足詩作，言之有據。比較兩首同題詩或同題材的詩，要根據題目要求，扣住作品中的字、詞、句加以分析闡述，不能無中生有、任意發揮及隨意拔高；術語表述要正確，不能生搬硬套、張冠李戴。

2、抓住重點。即抓住形象、語言、表達技巧中的某一項或幾項（根據題幹要求而定），不要面面俱到，不要節外生枝，不必與試卷外的其他作品進行比較，不必引經據典。

3、鑒賞有別於翻譯和讀後感。不能寫成翻譯性的文字，不能用讀後感代替文學鑒賞。

答題步驟：先擺出鮮明的觀點，陳述理由。再圍繞詩歌的主旨、表達技巧、效果等方面闡述。

分析：此首詞的上片寫仙界女性之凡心難耐寂寞、眾仙女心生嫉妒，而反襯牛郎織女愛情之難能可貴。下片著力刻畫牛郎織女的心態。七夕相會，匆匆而別，如此一面，只是重新撩亂萬千離愁別緒罷了，深化了牛郎織女之愛情悲劇。

參考答案：範詞重點強調別離的舊愁與新愁；舊愁未去，新愁又添，雖有新歡，卻不抵思念愁苦。秦詞重點強調感情的堅貞與長久：雖然相逢短暫，但只要感情真摯，不在乎朝暮廝守。

類型六　仿寫類

閱讀下面兩首唐詩，根據提示，完成賞析。

<table><tr><td>與浩初上人同看山寄京華親故
柳宗元
海畔尖山似劍芒，
秋來處處割愁腸。
若為化作身千億，
散向峰頭望故鄉。</td><td>登崖州城作
李德裕
獨上高樓望帝京，
鳥飛猶是半年程。
青山似欲留人住，
百匝千遭繞郡城。</td></tr></table>

問題：兩詩寫作之時，作者都是貶謫之身，正值壯年的柳宗元被貶為柳州刺史，曾任宰相的李德裕則在垂暮之年被棄置崖州。從詩中看，兩人的處

境與心境是有所不同的。

1、兩詩都著一「望」字。李詩之「望」在首句，實寫登樓遙望帝京引領全篇，既表達了對君國的眷念與嚮往，又蘊含了對「帝京」遙不可及的感傷。柳詩之「望」，＿＿＿＿＿＿＿＿＿＿＿＿＿＿＿＿＿＿＿＿＿＿

2、兩詩都寫到了「山」。李詩曰「青山留人」，是面對群山阻隔欲歸不能的自我安慰。詩人運用擬人和象徵手法，抒發了看似平靜超然，實則深沉悲涼的情感。柳詩曰「尖山似劍」，＿＿＿＿＿＿＿＿＿＿＿＿＿＿

解題技巧：仿寫題的關鍵是要研究仿例的特點。第一題仿例中有五個要點，1、指出字眼：兩詩都著一「望」字。2、指出位置：李詩之「望」在首句。3、說出實寫還是虛寫：實寫登樓。4、在結構上的作用：引領全篇。5、用「既……又……」的句式指出詩歌所表達的思想情感：既表達了對君國的眷念與嚮往，又蘊含了對「帝京」遙不可及的感傷。抓住這五點。再根據第二首詩的內容，一一對應，答案就會迎刃而解。

參考答案：

1、在末句，虛寫置身峰頭，收束全篇。既表現了對故鄉的思念，更表現了對「京華親故」「一為援手」的急切期待。

2、表達的是在草木變衰的秋天，思念家國愁腸如割的痛楚。詩人在運用比喻手法的基礎上展開想像，直接抒發了迸發而出的強烈感情。

類型七　論證類

如今年江蘇卷，閱讀下面這首詩，然後回答問題。

送魏二

王昌齡

醉別江樓橘柚香，江風引雨入舟涼。

憶君遙在瀟湘月，愁聽清猿夢裡長。

問題：三四兩句詩，明人陸時雍《詩鏡總論》云：「代為之思，其情更遠。」請作具體分析。

解題技巧：論證性的詩歌鑑賞題，實際上是以詩歌為素材，論證命題者

給定的觀點的過程。

分析：詩人送別魏二是在一個清秋的日子。「寒雨連江」，寓情於景，逼人的「涼」意，雖是身體的感覺，卻也雙關著心理的感受。三四句從對面生情，為行人虛構了一個境界：在不久的將來，朋友夜泊在瀟湘之上，一輪孤月高照，如此淒清，行人恐難成眠吧。即使他暫時入夢，兩岸猿啼也會一聲一聲闖入夢境，令他睡不安恬，擺不脫愁緒。詩人從視（月光）、聽（猿聲）兩個方面刻畫出一個典型的旅夜孤寂的環境。這首詩運用了虛實結合的手法。第一、二兩句寫眼前實景。後兩句詩人以「憶」為行人虛構了一個典型的旅夜孤寂的場景是虛擬，月夜泊舟已是幻景，夢中聽猿，更是幻中有幻。這樣整首詩虛實結合，借助想像，拓展了表現空間，擴大了意境，使詩更具朦朧之美，深化了主題，更有助於表現惆悵別情。

參考答案：由眼前情景轉為設想對方抵達後的孤寂與愁苦，通過想像拓展意境，使主客雙方惜別深情表達得更為深遠。

類型八　分析結構類

　　　　　　　　　（2008年四川卷）[雙調] 雁兒落帶過得勝令　吳西逸①

春花聞杜鵑，秋月看歸雁。人情薄似雲，風景疾如箭。留下買花錢，趲入種桑園②。

茅苫三間廈③，秧肥數頃田。床邊，放一冊冷淡淵明傳；窗前，鈔幾聯清新杜甫篇。

[注] ①吳西逸：生平不詳，曾當過小官，終看破紅塵歸隱。此曲為歸隱前後所作。②趲：趕快。③苫：用草覆蓋。

問題：從歸隱角度看，這首元散曲寫了幾個層次？請簡要分析。

解題技巧：常用的結構特點有：

1、層層渲染、鋪墊。

2、首尾照應。在一些詩歌中，詩人往往採用今昔、他我、物我對照的方式，來抒發自己或他人的情感。

3、結構對比。對比手法在詩歌中運用較多，因其具有層次性的特點，結構性較強。

答題步驟：1、結構特點。2、具體分析。3、作用或好處。

參考答案：寫了兩個層次。

前四句為第一層次，主要寫嚮往歸隱的理由。由春花秋月引起光陰如箭之歎，由鳥啼雁歸生出人情淡薄之慨。

後幾句為第二層次，主要寫嚮往中的隱居生活。其中又分為兩層，「留下」句至「秧肥」句為第一層，寫歸隱後的物質生活：「床邊」之後的幾句為第二層，寫歸隱後的精神生活。

總之，解答古詩鑒賞題，一定要品味語言，披文入境。藝術創作往往藏而不露，「用意十分，下語三分」。我們在鑒賞時，應養成逐字逐句品味語言，在反復誦讀中把握作品的表現技巧及意境的閱讀習慣。「詩言志」，詩歌中既然滲透了作者的主觀情感，賞析時就要善於「體其情」，從而「知其意」。披文觀詩，不僅在於疏通字句，更要把握藝術形象中包含的情感內涵。

把握文言文教學中少教多學的度

「少教多學」是針對「教」支配、控制「學」,「學」無條件地服從「教」;教師怎樣教,學生就怎樣學;教師教多少,學生就學多少;學生的自主性、獨創性缺失,主體性被壓抑。教師越教,學生越不會學,越不愛學的現象提出的一種新的教學嘗試。這一做法一開始就受到了廣泛關注,許多學校大力提倡,積極推行,甚至為徹底改變過去教師一講到底、課堂死氣沉沉的局面而硬性規定一節課講不能超過 15 分鐘。我認為這種銳意改革的態度值得肯定,但做法未免過於荒唐了。少教到底少多少合適?教的深淺又如何?多學何謂多?拿什麼來衡量?少與多確確實實是有「度」的。但它不在於形式,而在於內容,在於客觀需要,必須辯證的對待,不可一刀切。

首先這度是由我們的教學目的決定的。

教材中的文言文因其年代久遠與現代漢語迥異,與學生生活有較大距離,不易為學生理解和接受。但它們卻是中國優秀傳統文化的典範之作,是經過幾千年歷史的淘洗而積澱下來的文化結晶,是中華民族寶貴的文化遺產和精神財富。所以文言文教學必然會因其獨特性而有別其他文學作品的教學,不僅是理解和接受,更應是傳承與發揚光大。因而文言文教學的內容一般應有三個層面:第一個內容是語言文字的層面,第二個是文章或者文學的層面,第三個就是傳統文化的層面。第一個層面是基礎,是我們進入文本的通道。第二個層面是感悟和品味,是登臨殿堂之門的咀嚼鑑賞,是文學素養的提升。第三個層面,是傳承與發揚,是登堂入室後對延續我們民族文化命脈、文化之根使命的擔當。「少教多學」的文言教學首先必須將它們有機結合起來,完成這一根本任務。如果一味的「少教」,將教學停留在第一、第二個層次,為「少教」而少教、淺教,那麼學生不僅難以達到「多學」,甚至是難以學到,這樣的「少教」又有何意義?相反,如果學生力不能達,教師的「多教」達到了理解、鑑賞、文化滲透的目的,能讓學生學得輕鬆,學的愉悅,收益最大化,這樣的「多教」又有何不可?

其次它是由我們的教學物件的客觀需要決定的

《禮記・學記》中說「君子之教，喻也。」「道而弗牽，強而弗抑，開而弗達。道而弗牽則和，強而弗抑則易，開而弗達則思。和易以思，可謂善喻矣。」意思是說要引導學生而不要牽著學生走，要鼓勵學生而不要壓抑他們，要指導學生學習門徑，而不是代替學生作出結論。引而弗牽，師生關係才能融洽、親切；強而弗抑，學生學習才會感到容易；開而弗達，學生才會真正開動腦筋思考，做到這些就可以說得上是善於誘導了。孔子也曾說，「不憤不啟、不悱不發。舉一隅不以三隅反，則不復也。」它們都揭示出教師在教學中要善於啟發學生，打開他們的思路，而不告訴他們現成的答案，以便給學生留下思考的餘地，從而使學生養成獨立思考的習慣，使智慧和思維能得到真正的發展。「道而弗牽，強而弗抑，開而弗達」「啟」與「發」都有個「度」的問題在裡面，都是有前提條件的，這個度和前提就是由我們的教學物件——學生的狀況決定的。

高中三年同一個學生，知識運用能力、思維能力是不同的，進入高三後，學生的學習能力有較快崛起之勢，與高一、高二不可同日而語。同一個人學習新知識與複習舊知識情況也不相同。一個授課班幾十個人，知識基礎、接受能力等差異更大。打基礎階段教就應多，領進門後學就應多；高一教師查漏補缺教的應多，高三溫故知新學的應多；單元教學第一課是示範，教的應多，後面幾課是學生模仿、比較、運用知識，學的應多。教與學孰多孰少，這個度應在於尊重教育規律，按照教育規律辦事情。

再次它是由我們的教學內容決定的。

文言文教學內容的深淺是不同的，一般來說，人物傳記類比寫景狀物類文章容易，寫景狀物類文章又比議論說理類文章容易。每一篇文言文的教學也存在難易不同的三個層次。

文言文教學的第一個層面是對文章意思的理解和把握。經過教師講解，經過一段時間的訓練，大部分學生可以掌握文言文的詞法、特殊句式等基礎知識，能夠借助工具書、上網查閱等手段達到疏通字詞、理解文意的第一個層面。這個層面若由淺入深，由課內到課外，日積月累就會形成學生文言閱

讀的能力。有了初步的閱讀文言的能力，教師就可以對學生們解決不了的問題點撥，少教、不教了。如一詞多義在具體語境中義項選擇，實詞推斷的技巧和方法，把握人物個性過程中學生容易忽視的細節，結合整個文章準確翻譯句子進行推斷等等。這是萬丈高樓平地起的奠基，是第一個層次上教師應有的教，沒有教師的教，學生就難以進入文言的大門，就不能準確理解和把握作品。當然，領進門後，學生們的學就有了基礎，少教、不教就會實現。

　　文言教學的第二個層面是對文學作品的品味鑒賞。學會對文學作品進行鑒賞是實現文化傳承的重要環節。沒有一定的審美、鑒賞知識，學生難以獲得欣賞作品的樂趣，難以真正讀懂作品。初中到高中是學生形成鑒賞文學作品思維的重要時期，對90%以上的學生來說，之前，他們頭腦中文學作品鑒賞的基本方法和技巧是空白，學生的能力遠遠達不到品出作品滋味的境地，需要教師引領他們去填補空白，這一階段教師的教也是必不可少的。如寫景狀物類作品的虛實結合、以動襯靜、點面結合、托物言志、多種修辭綜合運用、多種感官調動、色彩的相互映襯、正側面描寫、不同作品中塑造的各類人物形象、不同作品表現出來的思想情感等，這是學習文言文的較高層次，教師引入門、指明路的環節依然不可缺少，不能只是一味的讓學生自己學。否則學生讀不出門道，激情和興趣很快就會消失殆盡，學習借鑒文言的更高層次就難以達到。一些教師淺教少教文言文，將文言文教學停留在文意的理解和把握上，停留在高考的應試上，不僅僅影響了自己，更是貽誤了眾多的學生，值得警惕啊！

　　文言教學的最高層次是文化層面，這是許多教師躲著走的層面，它的內涵豐富，與教師的文化素養、專業素養息息相關，仁者見仁智者見智，且文章不同，文化內涵往往不同。如何教？如何引？的確是一個頗值得研究的課題。一篇文言文的文化內涵能否深入地揭示出來，考驗的是教師的功力。不同教師會有不同的視角，選取的切入點、深淺自會有不同。單憑學生的閱歷和能力是難以企及的，教師的教和引自然也是一種必然。例如王君老師執教的《湖心亭看雪》，王老師沒有因初中生閱歷淺、文本翻譯難度不大而淺教。開篇就設置了懸念：「詩人心中有一個春天，他筆下的西湖就春意盎然；詩人的心中有一份柔情，他筆下的西湖就溫柔纏綿。可是，如果詩人的心中寒

冰一片，他筆下的西湖會是什麼樣子的呢？」接著王老師以「癡」為感知全文的切入點，引領學生感知癡人的癡行，感知癡人眼中的清冷、浩大、孤獨的「癡景」，感知癡人張岱視世俗世界而不顧，眼中只有融入自己的宇宙自然的追求。進而感知張岱在這片山水中來尋找心靈的歸依、心智的獨一、凝寒獨立的人格。王老師巧妙拋出了引導學生發現問題、分析和解決問題的「毛線球」，讓學生的討論逐漸提升層次，不知不覺地走進了一類特殊的知識份子的心靈世界，感受到了一種別樣的審美情趣和人生抉擇，找到了揭示了文字背後的深刻文化內涵的「金蘋果」。這樣的教當然會餘音繞梁三日不絕，日積月累定會影響學生的一生。如此的教又怎麼能少呢？

總之，「少教多學」，不能以時間多少來論，而應該看教與學是否將學生放在主體地位，是否尊重了教育教學的規律，是否滿足了學生的內在需求，是否高效達成了教學目標，取得了最大效益，是否有利於學生身心健康的成長，是否有利於學生的終身發展。這就是衡量「少教多學」「少」與「多」的標準，教與學不是絕對的矛盾對立體，而應是和諧的統一的存在。

慧眼精裁妙剪，巧用成就佳篇——高考作文論據一材多用方法探究

　　作文的功力常見之於思想，而思想的深度常取決於讀書的數量。許多考生無暇讀書，遠離生活，企圖靠機械的刷題提升分數，自然思維停滯，語言乾癟，作文日漸蒼白，甚至有了思維的火花也難以用恰當的論據來論證，陷入巧婦難為無米之炊的尷尬。自然冰凍三尺非一日之功，讀書開拓視野是根本。只有大腦接受眾多資訊的衝擊，積累了素材，才有選擇的自由，思維的靈動。有時面對考生思維的一潭死水，需要教師做一顆小小的石子，激起千層浪，喚醒他們思考。經常對考生進行一材多用的作文思維訓練就是其中的一個行之有效的好方法。一材多用能讓考生關注和認識社會生活，改變他們程式化的生活，學會多角度全方位審視生活中的人與事，啟動考生思維，提升他們思維的能力，掌握運用論據論證觀點的不同方法，提高他們的寫作能力。就像那半死不活的鐵樹，需要教師給他們一根燒紅了的長鐵絲，給予他狠狠的刺激，捅個穿心，他們思維的鐵樹才會重新煥發生機。

　　使用素材論證必須緊扣題眼，扣合自己文章的中心論點，材料必須真實、新穎，文章才會有真情實感，文章才會有生命力。必須典型，以一代百，以少勝多，以小見大。要選擇最有代表性、有時代氣息的材料才會引人入勝。然而一則素材往往同時具有多個方面的內涵，可以同時證明各種不同觀點。這就要求考生慧眼選材，緊扣論點精剪妙裁，靈巧運用方能成就佳篇。能充分體現論點的就保留，否則就剔除。要有意識地選用素材中有用的部分，加以渲染擴充，甚至有時素材與話題的直接關係可能不大，這就需要在表述素材時儘量往命題上或觀點上「拉一拉、靠一靠」，為我所用。如下面一則新聞材料：

李小文：世間再無「掃地僧」

　　被中國網友驚呼為金庸小說《天龍八部》中的掃地僧的「布鞋院士」，就是中科院院士、中國遙感領域的泰斗級人物 李小文。2015 年 1 月 10 日在京去世。在他去世前三天，他剛剛當選北師大「感動師大」新聞人物。北師

大給他的頒獎詞是：

當喧嘩的網路將「布鞋院士」的盛譽簇擁向你，你卻獨盼這熱潮退卻，安靜地做一輩子「技術宅男」。夢也科研，成就「20世紀80年代世界遙感的三大貢獻之一」的是你；酒裡乾坤，三杯兩盞淡酒間與學生趣談詩書武俠的，也是你。還是那雙布鞋——一點素心，三分俠氣，伴你一蓑煙雨任平生！

而在學生眼中，他講課如行雲流水，讓聽者如癡如醉，且外表不羈但是有仙風道骨，維護了傳統知識份子的風骨、本色和隨性。

這則材料可論證的話題有很多，樸素、本色、堅守、淡泊名利、追求寧靜、風骨、敬業等都可寫。但不同話題，對材料的裁剪、突出充實的內容是不同的。

評論一：感謝布鞋讓我們認識了李小文（節選）

感謝那只布鞋，讓我們看到了一個在學生眼中的慈祥老爺爺的教授，看到一個因衣著質樸而被保安擋在學校門外的科學泰斗，看到一個愛酒且性情的可愛老學人，看到一個活躍在科學博客上的「黃老邪」。他既有武俠小說中人物的氣質，又有一份在價值變換時代人們所期待的學人范兒。人們對他的敬與愛中，既有對他本人平和淡定的人生態度的崇敬，也有對某些曾經風行，如今卻變得稀有的價值的懷念。無怪乎他去世的消息傳來時，微博和微信圈裡，一片「世間再無掃地僧」的哀歎。

抄襲、學術造假、官員賄選院士之類傳聞不絕於耳，讓人感覺學界也不再清純和值得尊敬。可以說，是人們心中某種不願熄滅的價值觀，造就了李小文作為掃地僧的傳奇，而且，他的形象，因為人們的期待的強烈，被增強至神化了——學界渴望掃地僧精神。這種精神包含不崇尚只重外表不重實質的包裝和做秀，不追逐與學養無關的內心狂躁，不迎合風頭做學術牆頭草，不以學術作惡或將其作為助紂為虐的工具，永遠遵從內心的真實需求，作一個外表簡單內心純潔的純粹的人。

這種被神化的「掃地僧」精神和氣質，可以說是對時下知識精英界「精緻的利己主義」的一種批判和反諷，也是對知識階層期許。

這則評論讓我們認識了李小文的慈愛、質樸、性情、可愛、活躍、泰斗、

平和、淡定，認識了他身上體現出的人們心中強烈期待的樸素踏實做學問、追求內心純粹的「掃地僧精神」。作者將李小文身上的閃光點一一擷取，鋪展評說，正面深入，表達出對李小文的敬仰之情。又將現實中追逐崇尚外表包裝、做秀、內心狂躁種種學術作惡現象予以批判，這是正向、對比結合運用材料的方法。

評論二：「布鞋院士」的樸素本錢（節選）

「布鞋院士」李小文去世了，他的那雙布鞋，他一生的質樸，以及這些與其身後偉業形成的巨大反差，讓看多了「表哥」「棉服哥」的民眾懷念。

穿不穿布鞋與是否是一位好教授之間，並無直接關係；愛喝咖啡與愛喝酒，也並不是好院士的評價標準。追求生活品質和關注生活品質，並不是學術與學術精神的敵人。事實上，在世界各大名校，穿得像演員且受到學生追捧的明星級教授，比比皆是。在憑弔李小文先生的時候，我們切不可以忽視這點。然而我們亦不可否認的是，物質生活的樸素、低調，一定有精神世界的豐富墊底，否則，前者就難免會張揚地展現後者的空虛，如同那些高調的炫富者。中國有古詩「腹有詩書氣自華」，這個「自」，就意味著穿著、氣質等個人的行為舉止，一定是內心水到渠成的自然流露。我們敬佩李小文身上的樸素氣質、低調品格，也希望更多的人擁有這種樸素的本錢。

這則評論由李小文的布鞋想到與之截然相反的人「表哥」「棉服哥」，更深入探究了低調的物質生活背後是一定有著豐富的精神生活墊底，這是李小文院士樸素的本錢，擁有了這樣的本錢，他才能在空虛張揚的高調的炫富者面前高貴得令人敬仰。由李小文的樸素外表自如徜徉於衣著顯赫的炫富者之間，探究其原因——腹有詩書氣自華。用了舉例、由果探因法。

評論三：「布鞋院士」不該成學術界「絕唱」

在學術行政化、功利化的時代，李小文大師級的學術成就、樸實純粹的學術態度以及仙風道骨的處世之道，可視為學術本性和學術良知的稀有證據。在「布鞋院士」面前，一些學者應該臉紅，一些學術機構應反思，一些學術制度亟待改革。李小文就像一面鏡子，照出了學術界種種亟待整治的亂象，其「神一樣的存在」正填補了人們對真學術、真大師的期待和飢渴。

「布鞋院士」註定無法複製，也無法模仿，但國家和社會應該盡最大努力去提供和營造產生「布鞋院士」的制度和氛圍。在學者以走穴撈金為榮的時代，在學術腐敗愈演愈烈的當下，「布鞋院士」的出現並不能成為整個學界的遮羞布，也不是整個學術界回歸本性的證明，學術生態的惡化狀況更不會因此而改變。人們緬懷李小文，也是對淨化學術生態、回歸學術本性的由衷期待。

　　不過，客觀講，權錢當道也好，道德淪喪也罷，把板子都打在學者身上是有失公允的。部分學者坐不了冷板凳，熱衷拉關係、跑官帽等固然無法否認，但現象背後的制度漏洞和弊端無疑更為根本。換言之，如果不在制度層面進行大刀闊斧的改革，「布鞋院士」或將成為可遇不可求的「絕唱」。

　　這則評論，將矛頭直指學術行政化、功利化的時代的學術亂象，將之與李小文的樸實純粹學術態度、泰斗級的學術成就形成鮮明對比，後更深入探究學術腐敗愈演愈烈、學術生態狀況惡化的原因，指出有學者自身的主觀原因，更有我們學術制度的漏洞和弊端。如果不在制度層面進行大刀闊斧的改革，「布鞋院士」或將成為可遇不可求的「絕唱」。先用了反向思維、對比運用材料的方法，後運用了由果探因法。

評論四：當「布鞋」遇到「院士」

　　同樣一雙布鞋，穿在不同人的腳上，效果截然相反。

　　普通人穿上，或許會和「農民」「底層」等字眼聯繫起來，而院士穿上，則有了不同的「重量」。新聞就這樣產生了。前幾日，中國科學院院士李小文光腳穿著布鞋在中國科學院大學做講座的照片，在網上被瘋轉。

　　於是，更多的人記住了「布鞋」這個意象，和院士的「帽子」。很少有人知道李小文還是國際遙感基礎研究「李-Strahler 幾何光學學派」的創始人，以及忽略了他作為院士的重量。關注李小文，不應該只盯著那雙沒穿襪子的腳。網友對於李小文的追捧，是因為以世俗標準衡量，「光腳院士」的穿著打扮似乎與其身份並不相符。他隨性裝束下，真正的內涵是什麼？

　　關注李小文，更多的是一種借機抒懷，表達公眾對時下科學界存在的浮誇與功利的失望；對中規中矩、棱角全無「學者」的不滿和厭惡；對魏晉文人

風骨與傳統的追憶甚至是想像。李小文恰恰滿足了公眾的美好願望。

李小文的言行，維護了傳統知識份子的風骨、本色、隨性，這種影響甚至比他在遙感領域做出的貢獻更可貴。

李小文說，科學本身就應該追求簡單性原則，任何事情都是越簡單越好，夠了就行。他對物質的態度和科學一樣，簡單而真實。

其實，李小文只是讓外界瞭解了另一種學者風範，但這種風範卻不應該強加給別人：「如果布衣布鞋成了一種標準，李小文的價值又在哪呢？」

「布鞋」與「院士」看似風馬牛不相關的事物被這則評論拉到了一起，作者看到了人們的關注點僅僅停留在李小文光腳穿著的布鞋上，僅僅是獵奇心理作祟而忽視了李小文的價值，告誡人們應看到李小文科學領域的貢獻，更要看到李小文身上具有的傳統知識份子身上的簡單而真實的風骨、本色。這種影響甚至比他在遙感領域做出的貢獻更可貴。這是一種反向思維，先破後立、破立結合的思維方式。

評論五：「布鞋院士」走了，還有哪些「掃地僧」應該致敬

布鞋「失火」之後，「殃及」了他原本清靜的生活。一時間，「布鞋院士」的字眼閃爍在電腦螢幕上，迅速地爬升到搜尋引擎的第一位。名聲本不是他願意負累的東西。他曾說過，「身上的東西越少越好。」他不喜歡用衣裝打扮自己，經常穿著那雙80元買來的布鞋，連襪子也省了。即使在長江學者的頒獎典禮上，他也是那身經典的行頭。

這個世界上的科學家有兩種，一種如Dr.魏，年紀輕輕就頻頻現身螢幕，大紅大紫；另一種叫非著名科學家，例如「布鞋院士」李小文，他們甘願寂寞，潛心科研教學，隱身於大眾矚目的光環之外。等有一天被世人知曉，卻已華髮稀疏，但他們對名利的捨棄，或對青春的冷藏，換來的是中國綜合國力和戰略地位的提升。向他們致敬，中國脊樑！

于敏腦子永遠20歲

鄧稼先「許身國威壯河山」

王淦昌曾為研製原子彈隱姓埋名17年

程開甲令人陌生的「核司令」

王小謨愛國是科研的唯一動機

　　這則評論由「布鞋院士」聯想到與他一樣有著「掃地僧精神」的同樣捨棄名利、冷藏青春、甘願奉獻、潛心研究科學、默默奉獻勘稱中國的脊樑的科學家們，用了類比聯想的手法，表達了向他們致敬，要懂得珍惜人才的思考。

　　有的素材具有多個探討角度，即某個事物從這個角度看是缺陷，但從另一個角度看卻可能是優點。分析時要有所兼顧，一旦某個角度沒有談到，就會使素材分析顯得不全面、不透徹，具有思維漏洞，影響中心論點的說服力；但我們在具體分析時又不能平均用力，而要詳略得當，有所側重，尤其是分析蘊含道德倫理意味的素材時，更要旗幟鮮明、突出側重點，思維嚴謹。做到用材既要多點透視，又要辯證分析，只有這樣才可以做到思維縝密，論辯性強。

評論六：為「布鞋院士」點贊，激勵未來大師

　　姚貝娜和李小文，一個是「紅顏歌手」，一個是「布鞋院士」，身份完全不同。作為歌手的姚貝娜，青春靚麗，歌聲動聽，參加過「青歌賽」，上過「春晚」，深受觀眾歡迎。她那麼年輕就告別了舞臺，的確令人惋惜。正因為如此，眾多的粉絲以種種方式懷念她，完全在情理之中。

　　相比而言，李小文是另一種類型的名人。他多年自甘寂寞，極少頭露面，除了在他教書的學校和一個很小的學術圈子裡，一般社會公眾對他一無所知。如果不是前不久他的一張光腳穿布鞋講課的照片發在網上，被線民贊為身懷絕學的「掃地僧」式的高人，他更不會為人所知。

　　毫無疑問，姚貝娜和李小文都是對我們這個社會有過貢獻的人。姚貝娜用自己的藝術才華傳遞著正能量，為觀眾帶來歡樂，最後還捐獻了眼角膜，這足以讓人感動。但必須要說的是，一個藝術家與一位科學家的貢獻沒有直接可比性。

　　很多人或許知道李小文性格灑脫，不拘小節。然而很多人可能不知道，在中國遙感基礎研究領域裡，李小文院士是領軍人物。他創建的 Li-Strahler 幾何光學模型，他多年取得的研究成果，他所顯示出的學術水平，曾經被國

際光學工程學會列為「里程碑系列」，得到了國際公認，是該專業中能夠代表中國的少數幾位國際知名專家之一。

李小文院士一生淡泊名利，「素心明志，兩杯濁酒論天下；俠氣致遠，一雙布鞋任平生」，是他的寫照。所以，靜靜地離去，不需要太多的身後哀榮，或許是他本人的心願。然則，「公無求於我，我不可負公」，對於這樣一位為強大祖國建功立業，為中華民族揚名於世界的中國科學家，我們當然應該感恩，必須給予他們更多尊敬。

沒人懷疑中國還會出現許多優秀的歌手和藝術家，但是，在當今這個充滿競爭的世界上，中國需要更多的李小文，需要鼓勵湧現、致力培養出更多令人敬仰的世界級的科學大師。也許，我們對於「立德、立言、立功」精神的大力弘揚，我們今天對於李小文們的每一篇回顧，每一次點贊，都是在為未來大師的出現在打造良好的環境。

這篇評論針對同期不幸去世的兩位名人：著名歌手姚貝娜、中國科學院院士李小文去世引發的不同反應而評。人們熟悉、熱愛姚貝娜，何況她離世時捐出眼角膜，讓另外兩個不相干的人重獲光明，傳遞著人世間的溫暖，值得讚譽。姚貝娜去世滿屏的懷念與哀思，極具人氣，無可非議；而李小文對人們來說是陌生的，只有少數紀念文章，略顯身後蕭瑟，這一現象自然而然。作者卻提出「一個藝術家與一位科學家的貢獻沒有直接可比性」，「中國需要更多的李小文式的科學大師」的觀點。這個觀點單獨而言是不嚴密的，但作者對姚貝娜先予以肯定，再結合當今這個充滿競爭的世界現實，說明「中國需要更多的李小文，需要鼓勵湧現、致力培養出更多令人敬仰的世界級的科學大師」，為觀點立足進行了充分的鋪墊。使觀點客觀、具有較強的說服力，體現了思維的辯證性，有力地突出了中心。

運用素材論證中心的方法正向用材、逆向用材、對比用材、類比用材、舉例分析、假設用材等往往不是獨立的，它們自由有機地結合在一起，論辯性會更強而有力。

如 2014 河北卷《墨守規則，亦為大道》：

當今社會，不遵守規則之事正在啃噬和挑戰著良好的公共秩序。劉志軍、文強等諸多貪官污吏，哪個將法律置於心頭？誠如泰戈爾所言：「那些把燈

背在背上的人，他們的陰影投射在自己的面前。」貪官污吏、黑心商家，選擇背對規則之燈，那麼，鋪在面前道路上的，必然只有自己造成的陰影，前途只有暗淡。如果這樣的人多起來，那麼，整個社會都將籠於黑暗之中了。

這段文字結合當今社會的反面例子和泰戈爾的名言，說明遵守規則的社會意義。採用了多種論證手法——例證、引證、喻證、假設論證、正反對比論證等。

總之，教會學生對一則材料進行多角度全方位審視，教會他們依據文章中心剪裁材料、自如運用，能以小見大，迅速啟動學生思維，讓學生在簡單的觀察學習中明瞭思考論證的方法和途徑，能事半功倍提升他們寫作的能力，提高課堂效率。

新材料作文的審題與寫作

一、何謂新材料作文

　　新材料作文是將原材料作文與話題作文相結合、取長補短的一種新的作文樣式。這種命題形式給考生提供材料，但又不限制文體，保持了話題作文「三自」的開放性，但不給定話題，需考生全面理解材料，選擇一個側面、一個角度，構思作文。材料只為考生規定了範圍（一般較廣闊），提示了思維方向，在作文中可用可不用。

二、新材料作文的審題與寫作

　　寫新材料作文與其它作文一樣，一般遵循以下幾個步驟。

　　第一步：閱讀分析材料，明確材料的主旨，明確題目要求，確定話題範圍。

　　第二步：依據話題的範圍，選擇最佳立意，確定自己的觀點。

　　第三步：依據題目的要求，自己的寫作實際，確定自己作文的文體。

　　第四步：依據自己的觀點，聯繫生活實際，選取作文素材。

　　第五步：依據素材擬定題目，列出提綱，謀篇佈局。

　　以上幾個步驟中，第一步是決定一篇作文的關鍵，直接關係到文章的成敗。從某種意義上說，走好第一步，作文就成功了一半。因此，我重點談談新材料作文的審題。

　　新材料作文的審題就是要全面分析理解材料，把握材料。「材料既是審題的第一出發點，又是作文符合題意的終極範圍。」正確理解材料是作文立意構思的基礎，是觸發我們寫作的第一要素，是啟動我們作文靈感的催化劑。對材料的理解分析，是萬丈高樓的地基，是參天大樹之根系，是奔騰千里之水的源頭。分析不透，把握不准，自會一招不慎，滿盤皆輸。

　　新材料作文的審題要把握三個原則、做到「四清」。

　　1、整體性原則：新材料作文的審題要有全域意識，要從材料的主體出發，整體把握材料的主旨，注意材料的感情傾向，不能只抓片言隻語，否則很有可能出現偏題脫題。

2、多向性原則：一般來說，新材料作文中材料所蘊涵的觀點並不是唯一的，材料作文的材料中也往往存在眾多的人物、眾多的觀點，為多角度立意提供了可能性。從不同的角度可以得到不同的結論，因此，要學會多角度審視材料、歸納材料。

3、篩選性原則：因為我們從材料中獲得的觀點具有多樣性，或許會出現偏頗，因此，在進入寫作前，對所得到的觀點必須進行適當的篩選，反復印證、斟酌，看是否偏離材料。

篩選的原則：

①服從材料的整體；②觀點盡可能比較新穎、獨特；③自己有話可說。

同時快速、準確審題還要做到「四清」：

1、理清對象：有些材料可能會涉及到兩個甚至兩個以上物件，從每一個物件出發，常常可以提煉出至少一個觀點。

2、分清主次：有些材料可能會涉及幾個物件，這幾個物件往往有主次之分。我們在審題時就應該分清主次，抓住主要物件入手確定話題和觀點，否則有容易出現偏題現象。

3、辨清關係：有些材料會涉及幾個物件，而且這幾個物件之間存在著一定的內在聯繫，辨清它們之間的關係，也就確定了作文話題的範圍。

4、析清含義：有些材料思想內容較深刻，蘊涵著比喻或哲理，審題時我們首先應該認真分析，仔細揣摩，從而揭示出材料所蘊涵的意義或道理，並以此作為立論的根據。

在具體寫作時，我們可以將上面的原則結合起來，綜合運用，為了快速準確的把握材料，首先可對材料做以下分析，提出這幾個問題。

1、材料中有哪幾類人物或事物？他們的行為或言論表達了怎樣的意義和價值取向？對此你有怎樣的看法？

2、材料的哪一個人物、哪一個方面是主要的？

3、材料包含了哪些辯證關係，它的主旨是什麼？

明確了第一個問題，就明確了材料提供的若干個立意的角度。第二個問題能使我們整體的把握材料，避免偏頗。第三個問題能讓我們明確話題的範

圍，明確命題者的意圖，確定自己作文的觀點。有了前面的思考，考生再根據自己的實際，注意題幹要求，自定文體，擬定題目，列出提綱，構思作文。

總之，寫好新材料作文整體把握、全面理解材料含義是關鍵。此外考生還要注意聯繫社會生活實際，讓自己的作文有針對性、有一個廣闊的空間，避免一味地就材料而論材料使自己的作文過於狹隘或過於空泛。

議論文的幾種論證方法

高考作文試卷中常常有這樣一類試卷：寫作三段論。第一段提出論點，第二段圍繞觀點選取兩三個例子，第三段總結觀點。作者自認為材料豐富，文筆流暢，就應該得一個高分。可是結果往往並不如人意。這類文章的弊端就在於它只是材料的堆砌，所舉例子和論點之間缺少必要的分析論證，使文章說理膚淺，不夠深透而流於一般。而我們所謂的議論文就是要擺事實、講道理、以理服人。如果道理說不清，僅僅羅列一些事實，那麼不論你的觀點如何正確，也是難以讓人心悅誠服地接受的。劉勰在《文心雕龍‧論說》篇中說：「論如析薪，貴能破理。」意思是說議論像劈柴，重要的是能夠按照木材的紋理把它劈開。現代作家朱自清主張「文脈要清。」他們都強調說理應清晰、明確、有條理。說理是議論文的根本，俗話說理屈則辭窮，理直則氣壯，議論文寫得好不好，文章深刻不深刻，與作者的分析說理有著直接關係。

如何充分運用事例來論述觀點，把論證推向深入？要學會靈活運用五種常見的論證方法：假言說理法、披文示意法、意義分析法、同類歸納法、正反對比法。下面具體舉例說明。

1、假言說理法

就是用假設性的語言，把事物之間的因果關係講出來。進行假設性的分析，如果你舉的例子是正面的，那麼你就從反面來假設分析；舉的是反面例子，就應從正面來進行假設。

示例1：

然而事實真的如此麼？我想未必，假如三個臭皮匠真的頂一個諸葛亮，

那劉備幹嘛要放下身段,三番兩次地去請一個諸葛亮?當時臭皮匠多了去了,全國到處都是,他劉皇叔怎麼沒拉十個八個的臭皮匠當他的軍師?其原因就不言而喻了。後來魏蜀吳三分天下,一大半都是孔明兄的功勞,假如劉備真請十個八個的臭皮匠為他出謀劃策,估計他早被別人拉出去砍了,哪輪得到他後來稱帝?《臭皮匠如何頂得諸葛亮》

該例從反面論證了人才是立國的資本,眾人集思廣益,未必比一個高材更強的道理。

2、披文示意法

即披露一段文字解釋它的含義,在解釋含義過程當中,能加深人們對引文的理解,使得這一段話更有說服力,更能證明觀點。運用這種分析方法,一般從闡釋含義入手,也可用在敘述事例之後,對事物進行評析。

示例2:王國維在《人間詞話》中有這樣一段論述:「詩人對宇宙人生,須入乎其內,又須出乎其外。入乎其內,故能寫之。出乎其外,故能觀之。入乎其內,故有生氣。出乎其外,故有高致。」

從這段話中,我們不僅能看出這位國學大師獨特的為文之道,而且能感悟到其中深蘊的人生智慧:人而為事,出能觀之,方能立於不敗之地。

所謂「入」,也就是我們常說的「鑽進去」。做事時全身心的投入是必要的,這樣才能保證我們成事的決心和做事的效率。而浮於表層正是成功的死敵,淺嘗輒止的結果是使我們像寓言裡的那只鼴鼠,門門懂卻樣樣瘟,終究做不好一件事。《人生的「出」與「入」》

上述引文較深邃,作者緊扣話題,巧解王國維獨特的為文之道,引發自己對人生的深入思考:人而為事,出能觀之,方能立於不敗之地。鮮明地亮出自己的觀點。然後緊扣論點,分別從「入」和「出」兩方面深入分析說理,見解精闢,很有說服力。

3、意義分析法:

就是敘述事實論據後用精煉的語言揭示、評價事物或事件的效果、價值、影響,從而證明論點的一種方法。

示例3：任何一個轉折都是一個新的契機，一個新的機遇；一個個轉折堆砌出生活的多彩。任何一個轉折都是一次對生命的考驗，一次與命運的較量；一個個轉折也就成就了一次次生命的偉大與輝煌。所以，我要微笑著去面對，平靜去迎接，勇敢去較量。相信轉折之後會有春光的旖旎，會有燕雀的啁啾，會有一條更為寬闊的陽光大道。

這則議論由小見大，深入本質，揭示了轉折的重大意義，凸現了中心。

4、同類歸納法：

在列舉多個典型論據之後，對這些論據比較分析，歸納總結出它們的共同點，扣在要證明的論點上。

示例4：海的能量不僅蘊藏於中國古典文學，它於全人類的藝術領域都有巨大貢獻。當莫 懷著對自然的膜拜與對光的獨特認識畫出一片生機盎然的日出之海，當海明威筆下的老人與澎湃海洋做著殊死搏鬥，當貝多芬聆聽內心洶湧的潮聲譜出震撼人心的命運之曲……藝術家面對大海的時候，他們看到的不只是海水還有宇宙萬物，他們聽到的不只是浪聲還有心潮起伏。他們用獨特的心去感悟海，去感悟人類世界，於是他們為人類留下的藝術珍寶又如何能用海水去度量？無論是印象畫派還是《老人與海》抑或《命運交響曲》，這些誕生於海又比海更為廣闊更為豐富的文化，值得全人類去傳承發揚。

這則材料運用了莫 、海明威、貝多芬三位元藝術家的事例，說明大海對藝術領域的貢獻。它建立在諸多事實論據的基礎之上，抓住了共性使論證縝密，易於展現作者豐富的閱讀積累和才情。

5、正反對比法：

就是分別列舉一正、一反兩個例子或抓住一個例子的正反兩個方面從正反兩個層面加以對照性分析證明論點。

示例5：

站在歷史的海岸漫溯那一道道歷史溝渠：楚大夫沉吟澤畔，九死不悔；魏武帝揚鞭東指壯心不已；陶淵明悠然南山，飲酒採菊……他們選擇了永恆。縱然諂媚污衊蒙蔽視聽，也不隨其流揚其波，這是執著的選擇；縱然馬革裹

屍魂歸關西，也要揚聲邊塞盡掃狼煙，這是豪壯的選擇；縱然一身清苦終日難飽，也願怡然自樂、躬耕隴畝，這是高雅的選擇。在一番番選擇中，帝王將相成其蓋世偉業，賢士遷客成其千古文章。

而今天呢？有多少人在溫柔富貴鄉中神經疲軟筋骨麻木。有多少人願選擇清貧，選擇質樸，選擇剛健？物欲橫流流盡了血汗，歌舞昇平平息了壯志，阿諛逢迎迎合了庸人，追名逐利害苦了百姓。千百年民族精神魂大氣磅　還有誰唱？五千年傳統美德源遠流長還有誰傳？

文章古今對比，旗幟鮮明，論證鏗鏘有力、擲地有聲，彰顯文章中心。

以上常見的論證方法不是截然分開的，常常是有機結合在一起的。總之，要重視對論據的分析議論，應力求精闢透徹、準確有力。論據是論證的基礎，論證是論據的生髮，兩者都要圍繞觀點這個中心。當然分析議論得深不深，關鍵在認識。課本、經典名篇中的議論文都是我們學習的典範。只要我們熟練靈活地運用好這些方法，發諸真情把道理議深議透，就能使文章更顯深刻，更富理性之美。

關注教師心理健康　促進學生全面發展

　　關注人的全面發展、關注人的身心健康是當下人們日益重視的一個話題。隨著社會經濟的迅速發展、生活節奏加快、就業壓力加大、社會競爭日益激烈，人的心理壓力也隨之加大，不可避免地帶來了許多心理問題。教師職業的特殊性決定了廣大教師承受的負載較常人更重，他們的心理問題更是日益突出。而教師的心理狀況會直接或間接地影響到教育教學效果，會使學生心目當中的楷模或偶像的教師形象產生偏差，從而會對教育物件產生深刻的影響。這些問題已成為制約中國教育發展和全面推進素質教育的障礙。從這個意義上說，如果我們不關注教師的心理健康，學生的心理健康發展就根本無從談起。《國家中長期教育改革和發展規劃綱要（2010———2020）》指出「要以學生為主體，以教師為主導，充分發揮學生的主動性，把促進學生健康成長作為學校一切工作的出發點和落腳點。關心每個學生，促進每個學生主動地、生動活潑地發展，尊重教育規律和學生身心發展規律，為每個學生提供適合的教育。」教師學生是一個有機的教育整體，師生關係是學校環境中最重要的人際關係之一。師生關係的好壞，直接關係到教育教學的效果和目標的實現，關係到學生心理健康和全面發展。教師的心理健康問題不僅僅是個人的事情，它也直接影響著學生的心理健康水平。所以教師的身心健康關係到未來人才的培養和教育的發展，關係到素質教育的進一步深化。

一、教師心理問題現狀及產生的原因

　　國家中小學心理健康教育課題組曾經公佈了一項調查報告結果表明，有51.23%的教師存在心理問題。而中國正常人群的心理障礙比例是20%。即使在心理問題暴露得比較突出的美國，教師的心理障礙率也只有1/3。由此可見，中國中小學教師心理健康狀況令人擔憂。

　　從教師的職業特點來看，教師的教育物件是一群有著不同經歷，秉賦、興趣、能力、性格、情感、思想、行為、家庭背景的活生生的人，他們正處在成長的關鍵階段，具有很強的模仿性、好奇性，又有一定的逆反心理。這些使得教師的勞動具有很大的複雜性，要求教師勞動的創造性比一般勞動的創造性更具有靈活性。特別是隨著整個社會就業壓力和升學壓力的不斷加大，

都會將這種壓力轉加給教師，會對老師的心理造成很大影響。同時社會行業間發展的不平等、買房等生活重壓、教師個人家庭生活狀況等會使教師產生不同程度的職業倦怠、心理不平衡、焦慮不安等心理問題。

二、解決教師不良心理問題的對策

教師的工作是一項複雜的腦力勞動，是對身心力與體力的挑戰。教師的心理健康應引起社會的高度重視。

（一）學校策略

1、學校領導應當樹立現代教育觀念，充分認識教師心理健康的重要性，努力營造寬鬆民主的校園氛圍與和諧的人際關係，關心教師，幫助教師改善工作環境，為教師解決實際問題，讓教師心情舒暢地工作。

2、加強思想教育，提高道德修養。要深入、廣泛地開展以「敬業愛生、教書育人」為主題的各類活動，增強教師的敬業精神、工作責任心，為新形勢發展帶來的激烈競爭做好充分的心理準備。

3、加強校園文化建設，豐富教師的文化生活，培養教師生活情趣，拓展生活空間，提高生活品質。讓教師的情感交流、宣洩的管道暢通，在活動中得到心理補償。

4、學校定期邀請有關人士舉辦心理健康講座，指導教師掌握心理健康的理論知識，正確認識心理問題與心理疾病。建立溫馨的心理諮詢室，開展談心交流活動。

5、努力改善師生關係，不斷完善教師評價標準，讓教師從學生的成長中、工作的成績上體驗工作的成就感，職業的幸福感。

（二）教師個人策略

教師要主動、積極地提高自身心理素質。自覺補上心理健康這一課，形成良好的心理素質。

1、瞭解自我，正確評價自我。要看到自己的長處及優勢，樂觀、積極、保持良好的心態。當工作遇到挫折時，一方面能進行反思及自我教育，另一方面又能客觀地分析學生、家庭、社會等諸方面的因素，不至於產生明顯的挫折感。

2、掌握心理健康知識，學會自我調節情緒，保持心理平衡。教師角色要求教師不能將煩躁衝動的情緒帶入課堂，也不能將工作的煩惱帶入家庭，要學會放下煩惱，冷處理。要善於走出去，可以通過培養廣泛的興趣愛好，使情緒發生遷移，解除心理疲勞，保持良好的心境和積極的工作態度。

3、樂於交往，融洽人際關係。優秀的教師往往善於調整自己的社會角色，保持自身與社會的平衡，這也大大降低了繁重工作帶來的心理壓力。

4、把學到的心理健康知識、方法運用到自己的家庭生活中去，改善自己與配偶、子女的關係，創造美好幸福的家庭生活。學會轉變角色，體會幸福人生。

5、克服職業倦怠，積極進德修業。在工作的成就感中獲得職業的幸福感。

三、積極開展行動研究，促進心理健康教育可持續發展。

教師自身素質的提高是解決心理健康問題的關鍵。積極引導教師採取行動研究，可以幫助教師提高自身的素質，解決心理健康教育中存在的許多棘手問題，是心理健康教育獲得可持續發展的潛力。

教師是研究的主動者，在自己的教育教學實踐中遇到問題，尋找解決途徑（作出設想、計畫），應用解決途徑（開始行動），分析結果（考察行動結果），進行反思，悟出道理獲得理論和自身提高。整個過程具有很高生態性和動態性。

1、教師既是行動研究的主體又是研究物件。開展心理健康教育的關鍵是為學生營造一個適合於學生心理健康發展的生態環境，因此教師的自身的心理健康程度、教師對心理健康知識的擁有程度、教師的心理健康教育的能力都直接影響到學生的心理健康。如果僅僅停留於以實踐經驗為指導的話，不但教師的發展速度緩慢，發展品質也不能適應時代的要求，更多的是教書匠而已；相反如果教師從自己的教育實踐中加強反思，開展行動研究，就可以促進自己的經驗昇華，科學地利用自己和他人的經驗、理論，促進自身素質的發展提高，為心理健康教育的發展注入可持續發展的力量。

2、抓住機遇，因勢利導，促師生心理健康全面發展。教師可以根據學生的實際和教學實際，結合學科內容對教材中的心理健康素材進行再創造，尋

找最佳的教學策略,使之更貼近學生實際心理需要。在師生的互動中,不斷地反思、改進自己的教學行為,促進教師的心理健康和學生心理的全面發展。

教師的教育成果不單單是學生的考試分數,還包括作為整體的學生全人。心理健康教育是一種全人教育,因此,在衡量教師的教育成果時,不能把學生割裂開看,只看重學生的學科成績,而要對學生的全面素質做評定,甚至包括對學生潛質發展的追蹤研究。所以行動研究是一個螺旋上升的發展性研究,是動態的,是隨著學生的發展、教師的發展、教育的延伸而不斷發展的,這就為教師的發展拓展了空間,使教師在從事教育時,著眼於學生的發展,著眼於自身的不斷提高,而非把教育變成急功近利的短期行為。

3、採取多種行動研究方式,多管道提升自己。教師可以回味教學過程,分析收穫和欠缺,及時進行教學反思,或抓住典型案例進行分析,或通過示範課、研討課、評優課教研等方式進行行動研究。不但自己這樣做,而且可以約請同事、有經驗的老教師、有關專家共同進行個案剖析,反復研討,同伴互助效果會更好。通過團體互動提高教師的研究能力和水平,利於打破定勢,拓展思路,推陳出新。可以促進優秀教師的脫穎而出,不斷完善和創新。

四、以課堂教學為主管道,不斷探索心理健康教育的課堂教學模式

學校的中心工作是教學,課堂教學是學校教育的主管道,教師應考慮如何讓學生歡迎,並達到教學目的,則需不斷探索以求適合學生全面發展的課堂模式。一是教學內容要符合學生成長的需要,教師不僅要時刻深入到學生中去,在教學理念、選材等方面與學生實現心的溝通。二是課的形式活潑多樣,利於學生健心,利於創設學生自教氛圍。三是在教學方法上多採用講讀法、討論法、辯論法等。讓學生掌握調整心理的科學知識,使學生能夠運用所學知識,理智地把握自己的情緒,科學地與人交往,有意識地培養意志品格,坦然地面對生理的變化,冷靜地面對繁重的學習任務,提高學生的抗挫折能力,並充分運用現代化教學手段,使學生在學習中自我教育中掌握調整自己心理的科學技能。

心理教育是二十一世紀教育中不可或缺的部分,而教師良好的心理素質則是這一工作得以順利進行的必要保證。只要教師開始行動研究,心理健康

教育和教育教學就會融為一體，教師的主體性、主動性、創造性就會被激發出來，心理輔導也就不再是被動，而是樂於為學生提供心理服務的主動行為，教師就能成為學生心理健康的自覺維護者，他會自覺地運用心理教育原理指導教育教學，從而走向了自身的解放，他自身的心理健康程度和研究能力都有很大提高，就會促進教師的專業化成長和發展。而教師的專業化成長又反過來促進了學生的心理健康。教師自身的反思，有助於教師改進和完善教師的教育教學行為和輔導行為，帶動教師教育觀念的轉變，他會更多地尊重學生、接納學生、賞識學生，在一定程度上改善學生的學習生活環境，構建正常的健康的師生關係。反過來也促使學生更多地參與教學、進行探索、體驗成功；學生也會由被動走向主動，成為自主發展的主人。

今後，我們還必須進一步加強行動研究，尤其是開展教師、學生典型的個案跟蹤研究。相信在教師、學校和社會的共同努力下，教師心理素質必然會發生可喜的變化，學生也得到因之而得到更好的更為全面的發展。

教材管窺

《登高》教學設計

【設計思想】

唐代詩歌是中國傳統文化的精髓,學生往往覺其美而不知它為何美。詩歌教學的關鍵是心惟口誦,感受詩景,體味詩情,領悟詩意,在此基礎上孕育理解能力、鑒賞能力和審美情感。詩景、詩情、詩意皆以文字為載體,品味詩歌凝練富有表現力的語言,充分把握文字組合的張力,是讀詩賞詩的抓手。杜甫的詩歌煉字精深,寄寓深廣,情感深沉悲壯。學生雖有初步的詩歌朗讀、鑒賞的方法,能初步理解該詩的感情基調,但知識不牢固,深度感悟有一定的困難。所以反復吟誦,咀嚼字句,便是賞景、悟情、會意的基本路徑。借助古今對杜詩的評價,對同類詩歌的品味比較,是培養學生問題意識、探究意識的極好憑藉。同時杜甫的詩「歌吟總帶憂民淚,顛沛仍懷愛國心」,蘊含著深沉的憂國憂民之情,即使在他窮途末路之時也絲毫不減,終其一生都把個人看得極其渺小,而將國家和人民的命運視為人生的終極關懷,這種高尚的思想情操在社會主義精神文明建設面臨嚴峻考驗的今天尤為可貴。因而在學生掌握詩歌鑒賞規律和方法的同時,更重要的是使學生懂得汲取作品中的思想精髓來影響自己的人生,進而培養他們高貴的、清潔的精神,擁有積極向上的人生觀,為學生的終身發展奠定基礎,乃為語文課的根本。

【教學目標】

知識與能力:

1. 瞭解作者生平、寫作的有關背景、杜甫詩歌的創作風格,準確把握詩歌中的形象。

2. 賞析情景交融的抒情方法,掌握知人論世的鑒賞方法。提高學生對詩歌思想內容和藝術特色的鑒賞能力。

3. 背誦詩歌,積累名句。

方法與途徑:

1. 反復誦讀,把握節奏。

2. 分析文中的意象,品味語言,準確理解詩意,體味作者深沉的思想感

情。

情感與評價：

感受杜甫漂泊中寄寓的老病孤苦、情系邦國、憂國憂民、兼濟天下的博大情懷。

現代教育手段的應用：

多媒體課件演示、誦讀的背景音樂

【教學重點】

1. 感受杜甫漂泊中的社稷情懷。

2. 掌握詩歌借景抒情的表現手法，知人論世的鑑賞方法，提高詩歌的鑑賞能力。

【教學難點】

1. 賞析情景交融、氣象恢宏的藝術特點。

2. 體味杜詩沉鬱頓挫的風格。感受杜甫漂泊中的社稷情懷。

資源的收集：

要求每位同學課前查閱杜甫的相關背景資料，充分瞭解杜甫生平、創作詩歌的背景。積累喜歡的杜甫的詩句。為知人論世理解詩人的情感和創作風格做準備。

為學生激情誦讀、準備背景音樂。

課件的製作：投影片

【教學過程】

一、課文導入

杜甫與李白同為唐代詩壇上的兩個巨人。安史之亂是唐代由盛轉衰的分界線。這條分界線，把這兩個巨人分隔在山頂的兩側：李白站在往上走的一側，頭是仰著的，看到的是無盡的藍天、悠悠的白雲和翱翔的雄鷹，因而心胸開闊，歌聲豪放；杜甫站在往下走的一側，頭是低著的，看到的是小徑的崎嶇、深溝的陰暗，因而憂心忡忡，歌聲淒苦。在他孤老病苦人生的窮途末路之時，他想到的是什麼？又有怎樣的情懷呢？今天就讓我們一起學習被稱

為七律第一的《登高》。

二、朗讀吟誦，感知韻律。

1. 請同學們一齊朗讀課文，讀准字音，體會節奏，讀懂句意，初步感悟景色特點、感情內容。

2. 讓學生自評自糾。教師恰當指導。

詩眼是什麼？最能體現作者情感的一個字為「悲」，「恨」和「哀」與之呼應。感情基調哀愁、苦痛、悲憤，讀時感情應深沉、悲涼。七言的節拍、重讀如「萬」「悲」「常」「多」「病」「獨」，「無邊落木」「不盡長江」應讀得急，「常作客」「獨登臺」「繁霜鬢」「濁酒杯」應緩，讀得有滄桑感。

3. 指名1～2名學生朗讀。

三、品讀鑒賞，感悟情境

1. 同學們在下面進行了預習，有沒有詞語上、理解上的問題及困惑？

教師收集學生問題，歸類。按照先主後次，先集中後個別等邏輯順序，逐一解決問題。

2. 問題預設：這首詩前兩聯以寫景為主，後兩聯以抒情為主。描寫了作者身逢戰亂、漂泊他鄉、年老孤苦在重陽登高遠望的雄渾、曠遠、悲壯的秋景，表達了孤獨悲傷、時光易逝、壯志難酬、憂國憂民的複雜情感。全詩的感情基調是「悲」，作者內心的「悲」是如何傳遞出來的是鑒賞的核心。學生的問題應圍繞此問題展開。

3. 學生自由發言，討論探究，難度大的合作探究。教師就學生的發言引導、分析。提示要注意分析物象與滲透詩人主觀感情的修飾詞。

示例①：首聯：「風急天高猿嘯哀，渚清沙白鳥飛回。」

明確：選取了風、天、猿、渚、沙、鳥六種意象，營造了蒼涼、孤苦的意境。情感哀婉孤獨，悲自然之秋。

「急」寫出「風」的迅猛、強悍；能否換成「疾」？「疾」表示速度快，而「急」還讓人感受到冷，既有身體上的，更是心靈上的。

「高」寫出了天的遼闊、曠寂；顯示出人的渺小、孤單。

「嘯」是長聲的吼叫，聲音大，有震撼之感，「仰天長嘯，壯懷激烈」，有悲壯之感。「啼」字聲小，如鳥啼聲，「兩岸猿聲啼不住」表達了傷悲的情緒，不能換成「啼」。而且它與「哀」字相配合，寫出了猿聲淒厲、哀愁，渲染了悲涼、淒冷的氛圍，催人淚下。夔州一向以猿多著稱，峽口以風大聞名，秋天天高氣爽，此處卻獵獵多風，詩人登高望遠，峽谷中不斷傳來高猿的長嘯，的確有「空穀傳響，哀轉久絕」的意味。

「鳥飛回」是在急風中，不住地迴旋翻飛。突出風的強勁，天地高遠，人的渺小。對比毛澤東「鷹擊長空」中的鳥。那是一隻充滿活力朝氣和搏擊力量的鳥。「鳥鳴山更幽」中的鳥是一隻悠閒自在快樂的鳥。作者眼中的鳥是怎樣的？令人想起「飄飄何所似，天地一沙鷗」。眼前的景勾起詩人的悲涼情緒。這是一隻孤獨苦悶的鳥，寫出了詩人的孤獨苦悶的情感。

示例②：頷聯：「無邊落木蕭蕭下，不盡長江滾滾來。」

明確：「無邊」寫出落葉之多，「蕭蕭」是擬聲詞，聲中有形。讓人聯想到人生短暫，聯繫自身，動盪不安的歲月中，自己也如隨風飄零的落葉一般，風燭殘年，漂泊西南，結束自己短暫的一生。

提問：把「落木」換成「落葉」行不行？

林庚《說木葉》中的句子：「木仿佛本身就含有一個落葉的因素。……「木」不但讓人們容易想起了樹幹，而且還會帶來了「木」所暗示的顏色性。……至於「落木」呢，則比「木葉」還更顯得空闊，它連「葉」這一字所保留下的一點綿密之意也洗淨了。」落木寫出樹木的葉子已經稀疏，葉子枯黃、飄零，突出秋意高遠、濃重。

「不盡」呼應「無邊」，「滾滾」寫出江水源遠流長，它寫出江水滔滔的氣勢。形中有聲。「子在川上曰：『逝者如斯夫不舍晝夜。』」日夜流淌，永不停息。讓人想到時光易逝，時間永恆。想到「滾滾長江東逝水，浪花淘盡英雄。是非成敗轉頭空，青山依舊在，幾度夕陽紅」短暫的人生在永恆的時間面前愈發短暫，令人感慨萬千。

比較：

木落雁南渡，北風江上寒。　　唐·孟浩然《早寒江上有懷》
老樹呈秋色，空池浸月華。　　唐·劉得仁《池上宿》
秋風生渭水，落葉滿長安。　　唐·賈島《憶江上吳處士》
秋風落葉滿空山，古寺殘燈石壁間。　　唐·皎然《秋晚宿破山寺》

作者的這首詩意境闊大，情感悲涼而不哀怨，感傷而不消沉。

生齊讀前四句。「深於言情者，正在善於寫景」。以上四句悲秋寫景，為下文抒情作了鋪墊——融情入景，景中已自有情。

示例③頸聯「萬里悲秋常作客，百年多病獨登臺」

提示：作客——常作客——悲秋常作客——萬里悲秋常作客

登臺——獨登臺——多病獨登臺——百年多病獨登臺

明確：引宋人羅大經評「萬里，地之遠也；秋，時之慘淒也；作客，羈旅也；常作客，久旅也；百年，暮齒也；多病，衰疾也；台，高迥處也；獨登臺，無親朋也。十四字之間含八意，而對偶又極精確。」千愁萬緒集於一端，八重悲意層層疊加，一字一悲，一句三歎，情感更趨沉鬱，詩意更見悲慨。

如果說「登高之意悲九重」的話，還有一重悲指什麼？

示例④：尾聯「艱難苦恨繁霜鬢，潦倒新停濁酒杯」

明確：「艱難」指國運和自身的命運。「苦」，極。「苦恨」指極其遺憾。「繁霜鬢」「繁」形容詞，繁密。在此有厚厚之意。言頭髮已經白了，年紀老了。不能為國效力了。因病因潦倒也沒有酒喝了。想為國事盡力而不能，想借酒澆愁而不得——讓杜甫悲愁鬱結，不得排遣，更是悲上加悲！——悲憤難耐！

作者居無定所，顛沛流離，生活困頓之時。悲自然之秋，悲人生之秋，悲國家之秋，層層鬱悶無法排解，作者悲歎、悲憤、悲咽讓我們情感悲涼；悲秋、悲己、悲國讓我們深陷悲思。

詩人在垂暮之年，在深秋時節，獨自登高遠望，縱目山河，俯仰宇宙，可謂壯懷激烈，慷慨悲歌。這裡有對自然秋景的悲傷，有對自身命運的嗟歎，更有對國家命運的憂慮，讀這首詩我們體會到作者在自己人生的低谷漂泊流浪中依然執著的憂國憂民的社稷情懷。因而古人稱此詩為「古今七言律詩第

一」。

指名 1~2 名學生朗讀這首詩。

四、拓展提升，感悟品格

江漢　杜甫

江漢思歸客，乾坤一腐儒。

片雲天共遠，永夜月同孤。

落日心猶壯，秋風病欲蘇。

古來存老馬，不必取長途。

[注]大曆三年（768）秋，杜甫漂泊至湖北公安。這裡地處長江、漢水之間，所以詩題作《江漢》。

（1）「片雲天共遠，永夜月同孤」運用什麼表現手法？抒發怎樣一種感情？

明確：作者運用寓情於景的寫法，抒發了自己跟一片浮雲齊飄遠天，與一輪孤月共度長夜的飄零落寞之感。

（2）「落日心猶壯，秋風病欲蘇」表達了作者怎樣一種精神？「古來存老馬，不必取長途」的言外之意是什麼？

明確：表達了作者自強不息，鍥而不捨的頑強精神。最後兩句的言外之意指自己雖已年老，但自信還有一定的才識。

詩人長期飄零，歷盡艱辛，至老仍如浮雲行止無定，心中頗多感慨。但他並未因處境困頓和年老多病而悲觀消沉，詩中依然表現出「烈士暮年，壯心不已」的精神。

五、小結：（配樂《二泉映月》音樂）

聞一多曾這樣評價杜甫：「四千年文化中最莊嚴、最瑰麗、最永久的一道光彩。」我想正是因為杜甫「歌吟總帶憂民淚，顛沛仍懷愛國心」（河南鞏縣杜甫故居的對聯）他終其一生都把個人看得極其渺小，而將國家和人民的命運視為人生的終極關懷，才被稱為「詩聖」。別林斯基說：「沒有一個詩人能夠由於自身和依賴自身而偉大，他既不能依賴自己的痛苦，也不能依

賴自己的幸福；任何偉大的詩人之所以偉大，是因為他的痛苦和幸福緊緊根植於社會和歷史的土壤裡，他從而成為社會、時代以及人類的代表和喉舌。」

讓我們懷著崇敬的心情一起背誦這首詩。

指名學生背誦這首詩。在背景音樂裡結束這節課。

【板書設計】

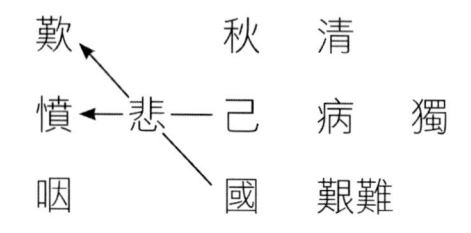

```
歎          秋    清
憤 ← 悲 — 己    病    獨
咽          國    艱難
```

【作業】

1. 比較誦讀杜甫的《旅夜書懷》《蜀相》。
2. 將這首詩改寫為一段散文。

【學習評價表】

互動	評價專案	評價等級		
		優	良	差
教師活動	設計環節			
	組織研討			
	學法指導			
	點撥歸納			
學生活動	學習興趣			
	參與人數			
	思維狀態			
	掌握方法			
	發展提高			

【教學反思】

文本是學生與作者、教師心靈對話的媒介，閱讀是作者的思想情感的再現，是對藝術之美的欣賞與再創造。作者的思想感情、浩瀚闊大的心靈都或隱或顯地滲透在形簡義豐、體約文博的語言文字之中，而學生的情感體驗、精神薰陶、思想昇華、價值觀念的形成等靠對文本的反復研讀來孕育，所以

語文教學必須返樸歸真，一頭紮進文本。

詩歌教學返樸歸真抓住文本體現在兩個方面：一是反復誦讀，掌握誦讀規律，熟能背誦。一是通過情感激發、語言品味、意理闡發等手段，讓人體驗到的一種富有文化氣息的、同時又令人陶醉的詩意美感與自由。此外還必須以關注學生的生命體驗，不斷激發學生學習語文的興趣，提高學生的語文素養，豐富學生的生存智慧，提升學生的人生境界。這是語文課的宗旨。

這篇設計亮點有三：

一是尊重了學生的情感和個性體驗，內容豐厚，最大限度地挖掘文本的內涵，運用比較、想像等詩歌鑑賞方法，讓學生充分把握了文字組合的張力，理解了杜甫詩歌煉字精深、涵蓋深遠的特性，將淡淡一字、平平一語讀出了情趣，讀出了深意，讀出了經典之美。同時掌握了詩歌鑑賞的方法。

二是教師基本功扎實，注意創設情境，語言優美，體現了語文課美的內涵。教師精心選取《二泉映月》的配樂貼近杜甫詩歌沉鬱悲涼的思想感情，使學生始終能沉浸在作者的詩情詩境之中，沉侵在對經典欣賞的審美活動中，充分調動了學生學習的積極性，誦讀的欲望。

三是將語文的工具性與人文性結合，把鑑賞方法的引導、質疑思辨良好習慣的養成與優秀品質的培養、高尚精神的追求結合，為學生的終身發展服務，真正體現了語文教學的有效性和生命力。

不足：觀念還沒有徹底解放，學生們誦讀的方式還可以更豐富。

《莊子：在我無路可走的時候》教學設計

【設計思想】

語文教學要培養學生良好的精神品質，為學生的健康成長、終身發展服務。所以我認為語文課堂的有效性並不體現在純粹的知識的傳授上，而需要我們拋開應試的鐐銬，在學生掌握閱讀的規律和方法讀懂文章的同時，進而學會對生活、對社會進行深入的思考，更要努力培養學生具有一種高貴的、清潔的精神，在他們身處逆境的時候，擁有一種積極向上的人生態度，能夠做出一種正確的選擇。當我們的學生懂得汲取文章的精髓來影響自己的人生時，我們的語文教學才是有效的、有生命力的，才能為學生的終身發展奠定基礎。

這篇課文是論及莊子思想的哲學散文，它以生動的比喻、典型的事例、辯證的分析，讚美了莊子清潔的精神、高貴的人格、博大精深的思想。文中的一些語句較深刻，對於學生來說有一定難度。要深刻認識莊子的哲學境界，高效有序地讀解這篇哲學性散文，要求學生在理解文章內容的同時，具有質疑思辨精神、讀思結合的良好習慣。高三學生已具有一定的閱讀基礎，反復閱讀文章，對莊子的為人、個性特點較易把握，但品味文中一些語句的深刻含義、對莊子哲學思想深入地評價、欣賞莊子的哲學美等問題需要教師點撥。

【教學目標】

一、知識與能力：

1. 領會作者對莊子精神世界的解讀。

2. 把握作者寫作本文的意圖。

3. 品味文章的語言美。

4. 培養學生動腦動手、質疑思辨的能力。

二、方法與途徑：

1. 運用圈點批註法，讓學生充分與文本對話，寫出點評，記錄下自己在閱讀過程中的感受、理解、評價和質疑。再與去他同學交流，與全班同學交

流，學生相互答疑，教師引導。

2. 抓住傾注作者強烈思想感情和富有深刻理性思考的語句進行閱讀分析，理解重點詞語、句子，整體把握文章的基本觀點，理清思路。

3. 運用討論法、點撥法、探究質疑，披文入情，披文入理，探究並理解課文的題目，揭示文章的主旨，進而理解文章的深層文化內涵。

4. 課外閱讀，進一步質疑思辨，讀寫結合，培養良好習慣。

三、情感與評價：

正確評價莊子的精神世界，學習莊子，甘於清貧，不為權利所惑，追求自由理想、保持自身高潔的精神，努力培養學生高貴的、清潔的精神，培養學生的一種積極向上的人生態度。

【教學重點】

1. 莊子拒絕禮聘的原因及作者對此所作的評價。
2. 理解課文中一些重要語句的含義。
3. 理解莊子的精神世界及作者寫作本文的意圖。

【教學難點】

品味作者的語言，理解其深刻的思想，認識莊子的哲學境界，理解文章深層的文化內涵。

【教學準備】

學生課前做好預習。要求：

1. 解決所有字詞，準確讀音，正確釋義。
2. 瞭解莊子的故事和成語，瞭解與課文有關的故事。
3. 理清文章結構層次，劃出所有自己心存疑問之處。
4. 文中許多地方蘊含了作者強烈的思想情感，理解它們是理解課文的鑰匙。讓學生參照「練習一、二」，閱讀課文，對重點詞語、語句或語段進行圈點批註。

【課時安排】1 課時

【教學過程】

一、檢查課前預習的字詞及課前預習情況：

　　福祉：幸福。

　　幻化無方：變化無窮。

　　驚魂甫定：受驚的心剛剛平定。

　　朝暾夕月：早晨剛出的太陽。夜晚的月亮。

　　仰之彌高，鑽之彌堅：出自《論語·子罕》。意思是我仰望它，愈望愈高；我鑽研它，愈鑽愈堅。

　　槁項黃馘：面黃肌瘦。馘，臉、臉面。

　　曳尾塗中：拖著尾巴在泥水中。塗，泥。

　　以此懸的：文中的意思是不能用這種清潔的精神滋養出拒絕誘惑的驚人內力為標準來衡量每一個人。的，標準、準繩。

　　謬悠之說：虛空悠遠。引申為荒誕無稽之說。

　　清風夜唳：清風吹拂，有禽鳥發出鳴叫之聲。

二、導入：

　　同學們，人生充滿了波折和苦難，身處逆境，有人隨波逐流，與世俗同流合污；有的人則正視人生中的苦樂順逆，勇敢面對生活中的選擇和考驗，擁有積極向上的生活態度和通達樂觀的健康人格，在逆境困苦中不失尊嚴，淡泊名利，堅守自我，保持自身的高潔，堅持自己的追求。這是怎樣的豁達！怎樣一種高貴啊！莊子就是這樣的一個在饑寒交迫中堅守心靈月亮的人，一棵在清風夜唳的夜中獨自看守心靈月亮的樹。今天讓我們共同學習《莊子：在我們無路可走的時候》，讓我們與作者共同解讀莊子的哲學世界，走入莊子的心靈世界吧！

三、我所知道的莊子

　　請同學講講自己知道的關於莊子的故事和成語，說說他是怎樣的一個人。（故事示例：莊周夢蝶、濠上觀魚、庖丁解牛、望洋興嘆、惠子相梁等。）

學生可以說出自己對莊子、《莊子》的初步印象，不論片面的還是準確的都可與後面作者認知的莊子的精神世界做比較，為後面深入認識莊子的精神世界做鋪墊。

四、多重對話

（一）學生與文本的對話

1.請學生在書上相關地方寫出自己想與文本說的真實話語，寫出評點，記錄下自己在閱讀過程中的感受、理解、評價和質疑。

2.給學生充分的時間，讓學生敞開心扉與文本對話。教師巡視注意指導。

（二）學生與教師、同學的交流對話

先請同桌的兩位同學互相讀自己寫的與文本的對話，並展開討論，把不同意見記下來，準備在全班與教師和同學交流。

全班交流，教師點撥。

1.整體感知，理清思路。

全文分三部分。

第一部分（1自然段）寫讀《莊子》的特殊感受，反映了作者對莊子這位天才聖哲的由衷的讚美。

第二部分（2～7自然段）通過莊子拒絕楚王禮聘的故事，反映了莊子對權勢利祿的鄙棄和對自由人生的追求，表現了他固守自己的處世準則，自覺拔於流俗、傲岸獨立的「清潔的精神」。

第三部分（8～10自然段）對《莊子》一書中展現的「哲學困境」進行概括分析，揭示出莊子精神世界的實質。與第二部分點面結合、表裡生輝，完成了對哲人莊子和莊子哲學完整的勾勒，並與第一部分形成因果呼應，從而使潛藏於字裡行間的寫作意旨在讀者心目中更加明朗化。

2.將文中蘊含作者強烈思想感情的句子找出來，有感情地朗讀，體會作者的情感和對莊子的態度。說說這些議論和抒情的作用。

教師點撥：

①第1自然段

開頭用類比的手法說明，讀莊子會因我們自身的局限，讓我們感受到一種無所適從的美。《莊子》意象奇特、荒誕不經，讓人擺脫世俗，豁然開朗。它意蘊深邃，永遠有我們不曾涉及的境界。最後表達了作者對莊子的敬仰之情。

[要圈點批註的關鍵字句應該有：當一種美，美得讓我們無所適從時，我們就會意識到自身的局限。幻化無方、意出塵外、鬼話連篇、奇怪迭出、我們的視界為之一開，我們的俗情為之一掃。他永遠有著我們不懂的地方，永遠有著我們不曾涉及的境界等]

②3～7自然段

作者採用了對比的手法評價了莊周在濮水邊垂釣的故事。將姜太公與莊子進行對比，同樣是釣魚，姜太公目的是想得到文王的賞識，為人所用，具有極強的追求權勢的願望。而莊子卻是實心實意的釣魚，為的是填飽轆轆饑腸。莊子面臨著水中從容不迫的游魚和楚國的權利的雙重誘惑，不經意地推掉千載難逢的發達機遇，寧願曳尾於塗中。說明他鄙棄的是失去自由的榮華富貴，追求的是自由自在的快樂生活。表現了他淡薄功名利祿，追求自由生活的不羈性格。作者認為莊子具有超凡絕俗的大智慧，具有一種清潔的精神、驚人的內力，在文化屈從於權勢的傳統中，是為數不多的拒絕權勢媒聘、堅決不合作的典型。

[需要注意圈點的詞語：威福、閑福、姜太公用直鉤釣魚，用意卻在釣文王。而比姜太公年輕得多的莊子，此時是真心真意地在釣魚。真的需要一條魚來充實他的轆轆饑腸。這是生命中不能承受之「重」。不經意、推掉發達機遇、看成無聊的打擾等。]

③全班有感情地朗讀第七自然段，品味語言，這一段在寫法上有什麼特點？

「這是由超凡絕俗的大智慧……驚人內力」，表達對莊子在物質貧困、甚至溫飽難保的情況下能夠自覺抵制世俗權勢媒聘的誘惑，潔身自好的可貴精神的由衷讚美。這裡「清潔的精神」指的是潔身自好、拒絕權勢等利益的誘惑，絕不與世俗同流合污的精神。

「是的，在一個文化屈從權勢的傳統中，……就是因為有了這樣一兩棵

在清風夜唳中獨自看守月亮的樹。」這裡「月亮」指心靈，以皎潔的月亮比喻純潔的心靈。結合此句語境「在一個文化屈從權勢的傳統中，莊子是一棵孤獨的樹，是一棵孤獨地在深夜看守心靈月亮的樹。」「樹」指不屈從權勢的人。「月亮」更指不屈從權勢的傲岸、獨立的文化精神。這句話作者感情噴薄而出，借助比喻極富有詩歌意境的語言，不僅表達了對莊子絕世而獨立的人格的高度讚頌，而且十分生動形象，感染力極強。正是因為有了莊子這樣的超凡脫俗的具有清潔精神的堅守者，我們的文化精神才沒有沒落。

「一輪孤月之下一株孤獨的樹，這是一種不可企及的嫵媚。」作者以詩一般的語言描繪出高遠蒼涼而又令人感動的意境，表達出對莊子由衷的讚美！

[要圈點批註的關鍵字應該有：超凡絕俗、清潔的精神、拒絕權勢媒聘、堅決不合作、文化屈從權勢、孤獨、看守、心靈月亮、不可企及、嫵媚等]

④在中國幾千年文明的歷史長河中，我們的精神家園從沒有喪失，就是由於有了莊子這樣的參天大樹，有了這樣的具有高貴人格清潔精神的守望者，你還能列舉出這樣的人嗎？

⑤第9～10自然段。

這兩段作者談的是莊子的精神境界及作者對他的態度。《莊子》的核心是對人類的憐憫。莊子的精神世界是矛盾的兩個方面不斷衝突的內心世界。一方面，他對人類充滿憐憫，最多情、最溫柔寬仁、最敏感，因而最脆弱，最易受到傷害。另一方面他對污濁黑暗的世界冷眼看穿，冷酷犀利。莊子的精神世界是一個「哲學困境」。正因為他所處的時代荒唐、充滿罪惡黑暗，因而他的筆鋒偏激怪誕孤傲，充滿辛酸和血淚。文中最後一句「對這種充滿血淚的怪誕與孤傲，我們怎能不悚然面對，肅然起敬，油然生愛？」揭示了人們讀《莊子》的規律，也反映了作者對莊子由衷的敬意。

[要圈點批註的關鍵字語句子應該有：憐憫、最多情、最虛弱、最脆弱、最溫柔、最敏感、眼極冷、心腸極熱、哲學困境此時的莊子，徘徊兩間，在內心的矛盾中作困獸之鬥。他自己管不住自己，自己被自己糾纏而無計脫身，自己對自己無所適從無可奈何。冷酷犀利、溫柔寬仁、荒唐、偏激、無所顧忌、怪誕、孤傲、悚然面對、肅然起敬、油然生愛等]

⑥讓學生自己概括總結閱讀規律和方法。

五、深入探究，質疑思辨。

課文標題為什麼命名為《莊子：在我們無路可走的時候》？能否將中「我們」一詞去掉？

教師點撥：若有學生認為可以。提出理由為課文通篇寫的是莊子，表現他面臨生活的極端窘迫的困境，拒絕楚王的禮遇和重聘，表現莊子自由的秉性、清潔的精神。應肯定這種觀點有一定道理，但是理解不夠全面的，探究得還不夠深入。要引導學生深入文本，進一步探究。「我們」是課文的立足點，作者讚美莊子「清潔精神」的可貴，是想告訴「我們」生命和心靈自由比世俗權勢媒聘更有價值，啟示「我們」即使在在無路可走的時候，我們應當看看莊子，學學莊子，用犀利的目光洞穿一切黑暗和罪惡，用溫柔的心靈關愛眾生；即使在最無可奈何的時候，也要做一棵「看守心靈的月亮」的大樹。要保持自身的獨立，不與世俗同流合污，要維護做人的自由和尊嚴。這正是作者寫文章的目的。

六、結束語：

同學們在文化屈從於權勢的傳統中，不論環境多麼險惡，命運多麼悲苦，是由於莊子們拒絕了種種誘惑，保持著一種精神上的獨立性，堅決不與權勢者同流合污，守護著人類的「精神家園」，才使我們家園有了一方淨土。如今由於物質繁榮，社會上物欲橫流，一些人道德淪喪，人格扭曲，人類的「精神家園」受到被擠佔侵吞的嚴重威脅，希望我們每一個同學，以莊子這些大師們的思想、智慧和人格的光芒照耀自己，激勵自己，追求高潔，不斷完善自己，那麼我們的生命會變得飽滿而充盈，我們的精神家園才會日益繁盛而美好。同學們，人生，不能長久地偏離追求高貴的軌道，否則會蕪雜而不值得留戀啊！

七、課外閱讀，學有所思

讓學生課外閱讀鮑鵬山的《永恆的鄉愁》、王蒙《守住人生的底線》、周所同《莊子的草帽》等文章，結合本文，完成《我所認識的莊子》，不少

於600字。

【教學反思】

這篇設計亮點有三：

一是尊重了學生的情感和個性體驗，初識莊子與學後思辨結合，讀寫結合，課內課外結合，培養了學生良好的學習習慣。這堂課還把大部分時間還給學生，讓學生成為學習的主人，讓學生圈點、批註、點評，真正讓學生動腦、動手，思考質疑中問題來自學生，解決於學生，讓學生合作、探究，實現了生生合作，大大調動了學生學習的積極性，教師只是學生學習的平等者、合作者、分享者，啟動學生思維的催化劑。

二是將語文的工具性與人文性結合，閱讀方法的引導、質疑思辨的良好習慣的養成與高貴品質的培養、清潔精神的追求結合，為學生的終身發展服務，真正體現了語文教學的有效性和生命力。

三是讀思寫三者緊密結合。文本只是個引子，思辨是習慣，課外閱讀是延伸，是更深入的探究。讀又是寫的基礎，大量閱讀後的思考是已有認識的螺旋式的上升。

不足：觀念還沒有徹底解放，學生們交流點評、探究還可更大膽的取捨。

附錄：

鮑鵬山《永恆的鄉愁》

周所同《莊子的草帽》

王蒙《守住人生的底線》

林教頭風雪山神廟教學設計

【設計依據及教材分析】

小說是人生的「百科全書」，閱讀小說，可以開闊視野，陶冶情操，提高我們的文化素養及審美能力。本單元與必修三的小說單元相呼應，必修三強調了小說的形象和語言。本單元學習偏重於把握小說的主題和情節。鑒賞小說，最主要的是關注人物形象，小說總是把主題思想隱藏在形象當中的。欣賞人物形象，必須注意情節、環境與人物的關係。情節往往體現人物性格的形成、發展的過程。人物形象是在一系列事件、矛盾衝突中得到充分的表現和刻畫的。本文中林沖的人生悲劇就是由一個個事件連綴起來的，他的性格也在情節的發展中豐滿地呈現在讀者的眼前。而環境是人物存在的背景，為小說提供了時間和空間的範圍。當然，在欣賞人物的過程中也要注意把握人物性格的多樣性和複雜性。

學習這個單元，要注意把握小說的主題和情節。把握主題，一是要理解作品蘊涵的感情，瞭解作者的意圖；二是要從人物、情節、環境這三個方面進行分析。分析情節，要注意情節是怎樣展開、發展，直至結束的，矛盾又是怎樣解決的。此外，還要注意細節描寫，體會小說刻畫人物的藝術特色。

本文節選自《水滸傳》的第十回，課文主要寫高俅指使陸謙、富安等人設下毒計，企圖置林沖於死地，於是林沖被陷害充軍發配到滄州。由於魯智深、柴進的保護和幫助，林沖一路上不僅免於被害，而且到滄州後還被派到天王堂當看守。《林教頭風雪山神廟》是林沖由逆來順受、委曲求全，走向反抗道路的重要章節，也是封建社會官逼民反的最典型的例子，學習本文，可以明我們認識封建社會被壓迫者走上反抗道路的必然性。課文在寫作上採用了通過人物的語言、行動、心理描寫來塑造人物的方法；同時又運用景物描寫來渲染氣氛，烘托人物，深化主題。對於描寫方法的掌握，是我們學習這篇課文的重點。在具體的教學過程中，教師應該多鼓勵學生進行探究性的學習。學生在自主學習探究故事情節的過程中，把握林沖這一人物形象的性格特徵，進而領悟文章「官逼民反」的主題。

【學情分析學法指導】

學生已經學過了兩個小說單元的小說，已能瞭解小說的基本要素和小說的主要特點，並對本文節選故事的情節、人物形象、主題思想等內容也能大體把握。組織本課教學時，教師如果只是停留於對課文的情節、語言、動作、心理等的逐條分析上，必然會把課文搞得支離破碎，而使學生毫無興趣；若能夠抓住一點，深入挖掘，分層閱讀，則能激起學生自動探求的欲望，開啟學生的思維，收到良好的教學效果。

【教學目標】

1、知識目標

掌握林沖人物形象塑造的方法和形象的意義，理解作品的主題。

2、情感目標

通過分析人物的語言、行動、心理描寫，瞭解林沖由逆來順受、委曲求全到奮起反抗的思想性格的發展變化，認識他走上反抗道路的必然性。瞭解封建社會「官逼民反，民不得不反」的事實及其必然性。

3、能力目標

通過學習本文，掌握分析小說的技巧。培養學生分析鑒賞小說的能力。

【教學方法】

誦讀法、分析探究法、討論法、歸納法

【教學重點】

學習多種刻畫人物形象手法，準確把握林沖這一形象。

【教學難點】

分析林沖的性格特點，把握人物性格的豐富性、複雜性。

【教學過程設計】

課前預習要求：

1、查找閱讀有關資料，瞭解作者、作品及《水滸傳》中與林沖被逼反相關的情節內容。

2、熟讀課文，瞭解小說內容，借助課下注釋及工具書，解決字詞問題。

3、熟讀文本，思考林沖性格在文中如何變化，為什麼會有變化。

一、檢查預習情況。

1. 學生提出疑問。
2. 學生講述林沖的故事。
3. 用曲線標出情節起伏變化特點。

教師與學生共同答疑，做出點評，概括情節發展一波三折特點。

二、導入新課

一百單八將梁山好漢，都有自己獨特的一段英雄傳奇，但最終殊路同歸——走向水泊梁山，魯智深是因為拳打了鎮關西，楊志是因為失了生辰綱！那麼身為80萬禁軍教頭有身份、有地位的林沖又是因為什麼呢？我們今天就來探個究竟。

三、我眼中的林沖

（主要圍繞學生預習、討論中理解粗淺，有難度的人物性格和作品主題以及學習中遇到的問題，集中力量突破，深化。方式為教師引導學生思考討論，從而加深認識，得出結論）

1、《水滸傳》人物的綽號往往體現人物的性格。如「黑旋風」李逵、「及時雨」宋江、「金槍將」徐陵、「玉麒麟」盧俊義等，眾所周知林沖在故事裡又叫「林教頭」，綽號「豹子頭」。這兩個稱呼是同一個人，他們有什麼區別？

學生發言後師明確：

林教頭是一個表明身份的稱呼。十萬禁軍教頭，雖是武夫，但有身份、有地位，是教頭，有較高素質和修養。

「豹子頭」，是像獵豹一樣的兇猛、狠、勇敢。體現了林沖性格中剛烈的一面。它們有機得結合在一起，都是林沖性格的體現，表現了人物個性的複雜性。

2、用課文中的實例為證，具體說說你眼中的林沖是怎樣的人？

①學生默讀課文，在課文中做出標注，看看哪些描寫與林教頭身份相符，

哪些描寫體現了他豹子頭的性格。

②概括林沖的性格特點，歸納出自己眼中的林沖形象。

③小組內探究交流。（指定其中一名同學代表小組發言，一名同學做好記錄，一名同學誦讀相關段落。）

④教師巡視，做好學生討論指導。

3、各小組展示探究結果

示例1：林沖是一個特別能忍、逆來順受、委曲求全的人。

「忍」性格主要表現在：①巧遇李小二時，自認是「罪囚」。②聽聞陸謙到滄州圖謀害己怒尋仇敵，未找見就懈怠了。③接管草料場，意欲長住，熬完刑期。④路過山神廟，求「神明庇佑」，還是想得過且過。⑤出外買酒前後細心鎖門以防起火，見火起，第一反應是去救火，他小心謹慎，害怕出意外，不想改變現狀。

其實他是從東嶽廟、陸家樓上、野豬林一直忍到了滄州牢城營的。

示例2：林沖是一個做事細心謹慎的人。

表現在：文中許多細節描寫，如出門買酒時的描寫，文中前後兩次寫他鎖門，門裡面什麼東西都沒有，而且都破了，他還鎖，表現了他的隨遇而安的一面，安分守己、辦事謹慎的性格。

示例3：林沖是一個濟危救貧的善良、俠義之人。

從李小二嘴中可知林沖救過他，他吃了官司以後，林沖幫助了他，而且給了他錢，林沖是他的恩人。可見林沖的克己好義、樂於助人的這種俠義心腸、講義氣。

示例4：有血性、勇猛、剛烈的好漢。

當李小二報告林沖說陸謙他們追到滄州來了，可能要害你。林沖是專門買了一把解腕尖刀尋找仇敵。當親耳聽到門外陸謙等人的密謀，他內心的怒氣爆發出來了，殺仇雪恨。

教師與學生共同討論、引導，根據學生回答情況點評。學生最後歸納人物性格。

林沖的個性特點及形象的意義：林沖是一個武藝高強、善良熱心腸、細心安分守己、忍無可忍也會奮起反抗的禁軍教頭。在被逼得走投無路時上了梁山。作者塑造這一人物形象，一是讓人們瞭解當時社會的黑暗、腐敗。二是讓人們認識封建社會人民群眾奮起反抗統治者的必然性。

四、探疑解難

1、林沖開始就是豹子性格嗎？這個思想性格的轉變是怎樣完成的？學生精讀第12段及課文結尾處殺陸虞侯的描寫。學生討論後，教師引導、明確：

林沖忍的主要原因：①自身性格。林沖性格有軟弱，委曲求全的一面。②出身地位。他本身就是統治階級中的一員，有良好的家境和地位，不願意為「小事」犧牲幸福，背叛所依存的社會。③世俗環境。生活在城市和官場中，受不敢得罪上官和權貴的習氣影響。④思想局限。他認識不清社會罪惡本質，思想幼稚，耽於幻想。

這殘酷的現實促使他覺醒，認清了反動統治者的猙獰面目。幻想徹底破滅了。與其坐以待斃，不如反抗鬥爭。於是，林沖毅然殺死了仇人，投奔梁山，走上了反抗統治者的道路。一個逆來順受的人最終走上了殺人反抗的路，可以用一個字概括原因——「逼」。

高俅一步一步逼，逼到野豬林，逼到草料場的火海。林沖忍無可忍，忍過了東嶽廟，忍過了野豬林，退縮到了山神廟裡。等他知道再忍便是葬身火海時，他如夢初醒。高俅一夥的步步緊逼，使林沖走投無路，終於走上了而反抗鬥爭的道路。

2、課文結尾寫林沖殺仇細節，可以說非常血腥，你認為作者這樣寫合適嗎？

提示：從人物塑造、主旨表達等方面思考。

學生討論，言之有理即可，不求答案唯一。參考一：

作者借此寫林沖思想性格的轉變，表達林沖殺人的革命性和正義性，說明他是一個堂堂正正、光明磊落的英雄人物，凸顯人物性格。同時深刻揭示了小說的主旨——官逼民反。他與武松（「卻是饒你不得」）和李逵（火雜雜地掄著大斧只顧砍人……一斧一個，排頭兒砍將去）殺人截然不同，先問

罪審判，再了結，從讀者看來伸張了正義，痛快淋漓，所以不覺血腥。

參考二：太血腥了。林沖不僅殺了管營、富安、陸虞候三人，而且割下了三人的首級，將三個人頭髮結做一處，提入廟裡來，都擺在山神面前供桌上。甚至還剜下了陸虞候的心肝。仇是報了，但手段殘忍至極，儘管有客觀原因，但可以說喪失了人性，不值得提倡。

金聖歎說：「林沖自然是上上人物，寫得只是太狠。看他算得到，熬得住，把得牢，做得徹，都使人怕。這般人在世上，定做得事業來，然琢削元氣也不少。」（《五才子書》）

五、小結

教師：林沖身上體現出了傳統的中國文人的許多特點。受過良好教育，有文化。長期處於統治階級的底層，養成了過於小心謹慎的性格和忍辱負重的心態。他做事有禮有節，文武雙全，有強烈的懷才不遇之感。有著雙重的人格，既有武夫的剛烈和暴躁，又有文人儒雅內斂，含而不露的特點。林沖是施耐庵用重筆濃墨寫得最有詩意的一個人。他寫林沖的風雪歧路悲歎，寫他的沉吟與感傷，其實也是在寫自己的寂寞和真情。

林沖的內心世界是豐富、複雜而鮮活的，表現出獨特的個性特徵。可以說是《水滸傳》的人物當中最有藝術靈性和最出彩的一位，和魯智深、武松等草莽豪傑的傳奇故事迥乎不同，它在快意恩仇之外別抒懷抱，在水滸世界裡獨奏了一曲怨鬱而又慷慨的悲壯之音，還傳達出中國人尤其是有才幹而善良的中國人那種深重的壓抑人生的滋味。他是永遠是我們古典文學作品裡熠熠生輝的人物形象，值得我們一讀再讀。

【佈置作業】

1．妙在通篇不用一個「逼」字——談《林》表現主題的技巧。

2．課外閱讀：

《從林沖看＜水滸傳＞的人物描寫》周先慎

【板書設計】

```
忍（林教頭） ——官逼官反——→ 狠（豹子頭）
              社會黑暗
```

【教學反思】

設計亮點：

1. 切入點巧妙。德國哲學家叔本華說「紀錄在紙上的思想就如同某人留在沙上的腳印，我們也許能夠看到他走過的路徑，但若想知道他在路上看見了什麼東西，就必須用我們自己的眼睛」。引領學生探究性學習，學會深讀文學作品，學會獨立的思考和探究，不斷發展學生的思維品質，客觀審慎地評價，是我們每一個教師的責任。本教學設計沒有停留於一般對情節的梳理、對林沖的性格分析、評價上，而是從林沖的不同綽號切入，抓住人物性格中的矛盾，引領學生分析評價，給學生耳目一新之感，使學生不僅掌握鑒賞人物形象的一般方法，還能激發興趣，幫助學生主動探究，積極思考，有利於培養他們思辨能力。

2. 設疑探究有空間。與學生無疑處設疑，提出結尾林沖殺敵的細節描寫，是否合適的問題，既可以加強學生「三觀」教育，引導學生正確認識現實生活中法制觀念淡薄的現象，又可以引導學生掌握鑒賞文學作品的方法，體會作品細節描寫刻畫人物的方法。答案不唯一，給學生了充分思考的空間。

3. 內容安排較滿，延期完成了計畫。原因如下：

（1）本課是本單元的第一課，具有示範性，更偏於對主題和情節上的鑒賞能力培養。林沖這個人物又是108名好漢中極為獨特的一個，在體現主題和情節寫作上更具有深刻的意義。人物形象需要深入分析，尤其是人物命運的轉變的根源需要引領學生深入探究，才能綱舉目張。

（2）學生看書看的是熱鬧，還沒有看出門道，故事情節還不熟悉。趕進度不如針對學情授之以漁。教師講課不能只注重本課知識的傳授，應站在語文素養的養成、鑒賞能力培養、新課標的要求等的高度完成本課的教學任務，

且要注意知識的融會貫通，溫故知新。

（3）學生活動充分，通過自我默讀課文、小組討論、學生誦讀熟悉作品，再通過積極參與、自我思考、自我探求得到知識，比教師一言堂的引導趕課所謂的「高效」更有意義。

【專家點評】

突出學習主體　鼓勵體驗探究

西安市教育科學研究所　賈玲（特級教師）

新課程實驗的重要陣地是課堂，語文課堂教學的實踐與教師的教學理念息息相關，是教師教學理念的直接體現。在新課程的理念下，教師應該樹立起學生是愉快的學習者、自主學習者、個性學習者、問題學習者的新理念，應該樹立起教師是學生學習的引導者、指導者、幫助者、合作者、促進者的新角色理念。在新的課程理念下，我們應改變過去的、傳統的單向式課堂教學模式，積極宣導建構學生自主、合作、探究的語文課堂教學新模式，讓語文課堂真正成為學生自主學習的主陣地。

劉躍紅老師執教的《林教頭風雪山神廟》一課很好地體現了這一點。

一、切入巧妙，引發思考。《林教頭風雪山神廟》是一篇經典課文，教師怎樣能在常規教學的基礎上有所突破，使教學設計更精心、更優化、更具有課堂的實效性、並更具有語文味呢？我想，這應該是每一位語文教師不懈的追求。劉老師的這節課緊緊圍繞林沖的「忍」和官府的「逼」來設計教學，沒有停留於一般對情節的梳理、對林沖的性格分析、評價上，而是從林沖的不同綽號切入，抓住人物性格中的矛盾，引領學生分析評價，給學生耳目一新之感，可謂切入點巧妙，教學脈絡簡潔清晰，使學生不僅掌握鑒賞人物形象的一般方法，還能激發興趣，幫助學生主動探究，積極思考，有利於培養他們思辨能力，值得學習和借鑒。

二、突出主體，鼓勵探究。這節課教師能立足於學生的學習來設計教學，突出了學生的學習主體地位。在教學過程中呈現出學生是學習的主人、是學習的主體、不是教師填裝知識的袋子，而是教師服務物件的新課程理念。教師在課堂上是學生學習的引導者、合作者和幫助者，重在調動並引導學生以飽滿的精神狀態投入學習、獨立思考、積極參與、主動探究，為學生創設了良好的學習氛圍，搭建了交流的平臺。

本節課教師在鼓勵學生積極學習、大膽質疑的同時，還十分注意啟發思維、點撥學生，使得學生的探究和教師的點撥相得益彰，這種對學生「學」的狀態的關注，以及對學生學習的及時引導、恰當評價和點撥，使學生學習

始終興趣盎然，參與度高，有效實現了對文本的意義建構。

　　三、尊重體驗，指導鑒賞。高中語文課程應關注學生的情感體驗和發展，培養其自覺的審美意識，提高其鑒賞能力。鑒賞小說，最重要的是賞析人物形象，作者在小說中常常是把其主旨隱藏在文學形象當中的；而賞析人物形象，必須注意情節、環境與人物三者之間的關係。《林教頭風雪山神廟》中林沖的人生悲劇就是由一個個事件連綴起來的，他的性格也在情節的發展中豐滿地呈現在讀者的眼前，而環境是人物存在的背景，為小說提供了時間和空間的延展範圍。如何引導學生在閱讀文本、欣賞人物的過程中注意把握人物性格的多樣性和複雜性，如何通過與文本和人物的對話，引導學生真正走進林沖的內心世界？從這節課的教學過程可以看出，劉老師沒有以一個成人的理解去代替學生的理解，沒有用自己的思考來替代學生的思考，而是耐心地引導、啟發學生通過對文本的研讀，去探知林沖的內心世界，去感受當時社會世事複雜多變，這是非常可貴的！

　　當然，從更高的標準來要求，作為第一課時安排，因為要進行探究性閱讀，所以學生的預習要求就必須到位，學生只有對文本充分熟悉，才能有效研討，這方面在設計中體現得還不夠，還應該加強。

《林黛玉進賈府》教學設計

【設計思想】

《林黛玉進賈府》具有承前啟後的作用，承接初中關於小說與戲劇單元的培養興趣和鑒賞小說、戲劇的有關知識和基本方法。開啟高中選修部分的小說欣賞中在閱讀快感中達成「有創意的閱讀」。中外小說單元的學習重點是鑒賞小說的人物形象和語言。課文節選自中國古典小說精品《紅樓夢》，展示的是古代大家庭生活。閱讀教學中要注意情節、環境與人物的關係，把握人物性格的多樣性和豐富性。要認真揣摩語言，細細咀嚼品味，提高語言的欣賞能力；要聯繫語境，想像情景，欣賞語言之美；領悟小說語言的言外之意，欣賞含蓄之美；初步感知作家的風格。

《紅樓夢》的第三回，是全書序幕的一部分，通過林黛玉的耳聞目睹和內心感受，對賈府做了第一次直接描寫，主要介紹小說主要人物生活的典型環境，介紹了賈府一批重要人物，初步展現了賈府的概貌，拉開了《紅樓夢》故事發展的帷幕。林黛玉進府的行蹤是這一回中介紹賈府人物，描寫賈府環境的線索。通過本課的學習，可以使學生瞭解中國古代小說的特點，鞏固深化小說鑒賞知識，學習課文中塑造人物時運用的細膩鮮明的刻畫筆法，提高閱讀欣賞小說的能力。

【教學目標】

知識與技能

1．學習通過人物的出場、肖像、語言、舉止等描寫塑造人物性格的方法，在寫作中學習借鑒作者運用語言的技巧。

2．在熟悉課文情節、環境的基礎上認識分析王熙鳳這一個性鮮明的人物形象。

過程與方法

1．帶領學生品讀課文，咀嚼、品味、揣摩語言，欣賞小說語言的言外之意、含蓄之美，提高語言的欣賞能力，品讀揭示人物性格的語言，由感性認識上升至理性認識。

2．本文人物各不相同的出場，反映出人物不同的身份和地位。學生通過討論強化認識，掌握作者構思的獨具匠心。品讀課文精彩選段的語言描寫，體會其中調動多種形式與手法寫人生百態的妙處。

3．《紅樓夢》作為中國古典小說名著，有其豐厚的、深刻的意蘊，教師要為學生創設開放的問題情景，引導學生研究討論，各抒己見，通過教師必要的點撥，讓學生更好地理解其思想內容。培養學生的創造力和合作探究能力。

4．探究活動，運用對比法比較人物不同的出場，不同的「哭」與「笑」，以及不同的身份和地位。提升學生對文學作品的鑒賞能力。

情感態度與價值觀

1．培養細心閱讀的習慣，培養學生熱愛祖國傳統文化的思想感情。

2．認識中國封建社會的現實生活百態，瞭解現實生活的人情世故。

【教學方法】　誦讀法 評析法 對比鑒賞法

【教學重點】

1．分析小說與眾不同的對人物精彩的描寫藝術，培養學生分析小說人物形象的能力。

2．認識中國封建社會的腐朽性以及小說悲劇的必然性。

【教學難點】

1．品味小說的語言，體味其言外之意，欣賞其含蓄之美，提高語言的欣賞能力。

2．分析小說人物性格與人物命運之間的關係。

【教學過程】

一、導入新課

據統計，《紅樓夢》全書寫了 975 個人物。其中有姓名稱謂的 732 人，無姓名稱謂的 243 人。而眾多人物個性鮮明，顧盼生輝。作者描寫的筆法是多種多樣，沒有絲毫雷同。課文節選部分寫黛玉進賈府第一天的行蹤，通過她的耳聞目睹和內心感受，介紹了賈府的一批重要人物，初步展現了賈府的

概貌，拉開了《紅樓夢》故事發展的帷幕，雖是節選但主要人物形象已得到鮮明的體現。節選部分描寫最精彩的人物當屬王熙鳳，這節課我們就一起來品味這份精彩。

二、分析人物——王熙鳳

（一）描寫人物有正面、側面等手法。王熙鳳是賈府中殺伐決斷、威重令行的鐵腕人物，因此作者在塑造這個人物的時候，可謂不遺餘力。仔細閱讀品味文中關於描寫鳳姐的文字。要求學生特別注意她出場的方式、服飾、容貌，語言及其動作，寫出批註。

學生交流批註，概括出王熙鳳的個性特徵。教師引導學生認識這一形象。

示例1：人物的出場

未見其人先聞其聲，眾星捧月一般出場的。

賈府規矩眾多，等級森嚴，在老祖宗「賈母」面前，「個個皆斂聲屏氣，恭肅嚴整。」包括邢王二夫人，也只能恭恭敬敬垂手侍立，作為一個深閨女子更應遵守禮數。何況今天還有遠客來到，誰也不可以失禮。將王熙鳳「放誕無禮」與眾人進行對比，突出了王熙鳳在賈府這樣一個特定環境中特殊身份和特殊地位。脂批本云：第一筆阿鳳三魂六魄已被作者拘定了，後文焉得不活跳（躍）紙上？

示例2：王熙鳳出場的時機

出場時間：黛玉進賈府後，首先與賈母相見，然後又與賈府眾女眷，如王夫人、邢夫人、李紈、迎春、探春、惜春一一相見。賈母正在與黛玉談話之際，王熙鳳出場了。

安排的作用：這樣精心的藝術安排作者是用心良苦。王熙鳳在賈府中是個舉足輕重的人物。如安排她與眾人同時出場就不僅會由於賈母和黛玉相見的苦痛騰不出場面展開對她的刻畫，也不能單獨介紹她，而且也不能通過黛玉的眼睛點示出她在賈府中特殊地位，當然也更難於充分描繪她的個性特徵。因此，作者把她安排在黛玉已和賈府眾女眷都見過面都在場的情境裡。黛玉對於賈府的家規已有了初步瞭解，這時讓她出場就有了她單獨活動的廣闊天地。而這個眾人都在的場面，也便於多面地表現她的性格。

示例3：王熙鳳的肖像

肖像描寫不但可以細膩刻畫人物外部特徵，而且還能透露出人物性格特徵和精神世界。作者是主要從兩方面來寫的：服飾及容貌。她的服飾打扮與眾姑娘不同，濃妝豔抹、遍體錦繡、光彩照人、恍若神妃仙子。對她的這種描寫表面是褒，實際是一種貶責。

清代言婦女美，在嬌羞媚態，服飾「不貴精而貴潔，不貴麗而貴雅，不貴與家相稱，而貴與貌相宜」。（李漁語）

著極為華麗的衣服，滿頭翡翠，環鬢金珠，過於修飾包裝自己是俗氣而不是美麗。老舍也說過「真正美麗的人是絕不多施脂粉的，不亂穿衣服的。」她把自己包裝得如此妖豔凌人，氣勢如火如荼，不正表明了她生性奢侈，對榮華富貴無饜的追求嗎？同時，以這身服飾來見初來乍到的黛玉，又何嘗不是為了在黛玉面前表現自己特殊的身份和地位呢？應該說她的目的已經達到了，就連並非少見侯門金貴的黛玉都對她服飾驚詫不已，可見其輝煌華豔的程度。同時，可見她的內在文化修養太低了。雖然聰明能幹，但她太缺乏文化情調的薰陶，不懂什麼是高雅。除了衣食享受和權力之爭外，並無多少精神生活可言。其風度氣質與出身書香、受過教育特別是經古典文學陶冶的林黛玉的詩人氣質大相徑庭，因此，她的炫耀也是低品味的，顯得俗不可耐。可見穿戴服飾與人格志趣、情操修養是密切相關的。曹雪芹深知這一點，他如此描寫王熙鳳的服飾正是欲借此提示這一反派角色風騷庸俗的性格和空虛貪婪的性格。

果戈裡說：「外形是理解人物的鑰匙」。作者用白描的手法勾勒了她的眉目：一雙丹鳳三角眼，兩彎柳葉吊梢眉。身量苗條，體格風騷。粉面含春威不露，丹唇未啟笑先聞。

「丹鳳眼」、「柳葉眉」本來是很美的，而作者偏偏在「眼」和「眉」前分別加上定語「三角」、「吊梢」，這就不盡美了，即便仍可以稱得上漂亮，也決非溫柔敦厚善良的形象。

中國傳統相面術《麻衣神相》講，「三角眼」、「吊梢眉」乃為「狡黠、狠毒、性巧、通變、邪淫」之相。曹雪芹不一定真迷信相法，但他把王熙鳳的眉目寫成這般形狀，似乎在依循這種普遍流行的唯心主義哲理，藉以提示

王熙鳳「胭脂虎」的性格為人。美豔的外表下包藏著一顆醜惡的靈魂：奸詐、冷酷、陰毒。「心較比幹多一竅」的黛玉，初與王熙鳳相見，就一眼看穿了這一點。

服飾和外貌描寫僅僅是一種靜態的描寫，要想充分展示人物的個性，還必須在動態中去刻畫她。

示例4：品味王熙鳳的語言及其動作

《紅樓夢》的語言特點是「用意十分，下語三分」。如果我們不善於體察語言環境，細心玩味就無法領悟到作者深藏的七分用意。魯迅很讚歎《紅樓夢》的人物語言描寫，認為它能讓讀者由說話看出人來。王熙鳳的語言描寫是《林黛玉進賈府》文極為精彩的一筆。

1. 王熙鳳的出場語言

賈母她們正在談話，「只聽後院有人笑聲」，說：「我來遲了，不曾迎接遠客！」人未到，聲先聞。這句平常的話看似無奇，可在這個特定的語言環境中卻能看出王熙鳳的特殊身份與特殊性格。在賈府，「個個皆斂聲屏氣，恭肅嚴整」，初來乍到的林黛玉也得「步步留心，時時在意」，因此聽了王熙鳳的話，深為「這樣放誕無禮」而「納罕」。可賈母聽了此話，並不生氣，卻是「笑道」：「……他是我們這裡有名的潑皮破落戶兒」，「你只叫他『鳳辣子』就是了。」結合這些，我們不難看出王熙鳳的尊貴身份和潑辣性格。

2. 見林黛玉時說的一連串話。讓學生品味每一句話的深刻含義。

（1）第一句話是讚美林黛玉的相貌。

如果林黛玉站在你面前，你想怎麼去讚美她的美麗？引導學生品味關鍵字詞「真」「才」的妙處。

中國古典文學描寫女子美麗時，常用「沉魚落雁之容、閉月羞花之貌、傾國傾城之色」等類似的語言。讚美的話也可以表達得很多種，如「你長得真美」、「你標緻極了」、「你真是天下無雙的美人」。可這些話王熙鳳都不用，而是說：「天下真有這樣標緻的人物，我今兒才算見了！」這樣說，效果好在哪裡呢？請看：「天下真有這樣標緻的人物」——言外之意，以前還一直懷疑是不是有這樣標緻的人物！「我今兒才算見了」——以前還從來

沒見過！這哪裡是一般的讚美，是讚歎，再確切一點說，是驚歎，歎中有驚。而且似乎還是由衷的驚歎，因為她用了兩個很有分量的詞：「真」、「才」，將這驚歎表達得自然、得體，誰也不會覺得空洞肉麻。活脫脫一個語言學家！

（2）第二句話是：「況且這通身的氣派，竟不像老祖宗的外孫女兒，竟是個嫡親的孫女。」明明是外孫女，為什麼說不像？而硬要扯成嫡親的孫女？這樣說不是見外了嗎？

我們聯繫到特定的語言環境，就會發現她這句話的巧妙之處了。她講話時，周圍人物除了林黛玉，還有和林黛玉同輩的迎春、探春、惜春眾姐妹，還有眾姐妹的祖母——賈母，如果她竭力讚美林黛玉，把黛玉捧上了天，那豈不冷落了賈府眾人？而她這樣表達，既高度讚美了林黛玉，又把三春擺在恰當的位置上，又討得了賈母的歡心，因而不至於揚此失彼。可見其用盡心機，刻意恭維，八面玲瓏，從而收到了一石三鳥的功效。看來她還是個心理學家，人際關係專家！她深諳如何掌握住人際關係的平衡。她的良苦心機，她的八面玲瓏，由此可見一斑。日常生活中的一句話，竟深含了心理學、社會學意義。

（3）第三句話，轉悲為喜：「只可憐我妹妹這樣命苦，怎麼姑媽偏就去世了！」講得好好的，怎麼會突然轉喜為悲呢？

因為這個「心理學家」知道，姑媽去世不久，賈母痛失愛女，心裡必定悲痛萬分。她估計幾句高興的見面話之後，賈母該開始悲傷了，自己可不能只顧高興，於是就搶在前頭，轉喜為悲，並且還要配以動作——用帕拭淚，以表心誠。可是，她因為「來遲了」，並不知道在此之前賈母已一次「大哭」，一次「嗚咽」，此時「方略略止住」。因而賈母聽了此話，不是「哭道」，而是「笑道」：「我才好了，倒來招我。」還要她「快再休提前話」。這可要讓這位「心理學家」難堪了，可她並不慌張，並沒有露出馬腳，而是「忙轉悲為喜」道：「正是呢！我一見了妹妹，一心都在他身上了，又是喜歡，又是傷心，竟忘記了老祖宗。該打，該打！」真是一個天才的表演家！只是錯把生活當成了舞臺。真的忘了老祖宗了嗎？當然不是，恰恰相反，她一心都在老祖宗身上，唯老祖宗是從。其虛偽和機變逢迎的性格暴露得淋漓盡致。

（4）「忙攜黛玉之手」，問她：「妹妹幾歲了？可也上過學？現吃什麼

藥？在這裡不要想家，想要什麼吃的，什麼玩的，只管告訴我；丫頭老婆們不好了，也只管告訴我。」

細細琢磨這句話，會發現兩種口氣在裡頭，一是熱情，在賈母面前向林黛玉大獻殷勤；二是炫耀身份，與林黛玉雖屬同輩，口氣卻極像一個主人在對一個怯生生的孩子說話。

（5）最後寫她回王夫人的話，「月錢已放完了。才剛帶著人到後樓上找緞子，找了這半日，也並沒有見昨日太太說的那樣的，想是太太記錯了？」「這倒是我先料著了，知道妹妹不過這兩日到的，我已預備下了，等太太回去過了目好送來。」

體現了她辦事圓熟幹練，善於機變，已深得賈母和王夫人歡心，從而獨攬了榮國府大權。

三、你眼中的王熙鳳是一個怎樣的人？請學生歸納總結這一人物形象。

為了幫助學生更準確、更全面地把握王熙鳳的性格特點，向他們補充介紹一下賈府內外的人對她的有關評價：

冷子興說：模樣又極標緻，言談又爽利，心機又極深細，竟是個男人萬不及一的。

周瑞家的說道：這位鳳姑娘年紀雖小，行事卻比世人都大呢。如今出挑的美人一樣的模樣兒，少說些有一萬個心眼子。再要賭口齒，十個會說話的男人也說他不過。就只一件，待下人未免太嚴些個。

賈璉的小廝興兒說熙鳳：嘴甜心苦，兩面三刀，上頭一臉笑，腳下使絆子，明是一盆火，暗是一把刀：都佔全了。如今闔家大小除了老太太、太太兩個人，沒有不恨她的，只不過面子情兒怕她。皆因她一時看的人都不及她，只一味哄著老太太、太太兩個人喜歡。她說一是一，說二是二，沒有人敢攔她。

從下面選擇一個開頭，給王熙鳳作一句話評價。

①賈母眼中的王熙鳳是一個⋯

②王夫人眼中的王熙鳳是一個⋯⋯

③林黛玉眼中的王熙鳳是一個⋯⋯

④我眼中的王熙鳳是一個……

概括王熙鳳的形象

明確：王熙鳳是一個精明能幹、慣於玩弄權術的人。外表美麗，為人卻刁鑽狡黠，明是一盆火，暗是一把刀。善於阿諛奉承，深得賈母歡心，獨攬賈府大權的人物形象，是賈府的實際統治者。

《紅樓夢》第五回對她的判詞是這樣的：

凡鳥偏從末世來，都知愛慕此生才。

一從二令三人木，哭向金陵事更哀。

判詞前畫的是「一片冰山，上面一隻雌鳳」。喻賈家的勢力不過是座冰山，太陽一出就要消融。雌鳳(王熙鳳)立在冰山上，極危險。

王熙鳳實際上是榮國府日常生活的軸心。她姿容美麗，秉性聰明，口齒伶俐，精明幹練，秦可卿托夢時說她：「你是脂粉隊裡的英雄，連那些束帶頂冠的男子也不能過你。」秦可卿出喪時，她協理甯國府，就是在讀者眼前進行了一次典型表演。從千頭萬緒的混亂狀態中，她一下子就找到關鍵所在，然後殺伐決斷，三下五除二，就把甯國府裡裡外外整頓得井井有條，真有日理萬機的才幹如果她是男人，可以在封建時代當個政治家。然而她心性歹毒，為了滿足無止境的貪欲，克扣月銀，放高利貸，接受巨額賄賂，為此可以殺人不眨眼，什麼缺德的事全幹得出來，是個吃人不吐骨頭的女魔王。她的才能和她的罪惡像水和麵揉在了一起。因此當賈家敗落時，第一個倒楣的就是她，將要淒慘地結束其短暫的一生。脂硯齋批語透露，在賈家敗落後，她要被關押在「獄神廟」，有一番「身微運蹇」、「回首慘痛」的經歷，最後淒慘地死去。

正如《紅樓夢曲‧聰明累》所云：機關算盡太聰明，反算了卿卿性命。生前心已碎，死後性空靈。家富人寧，終有個家散人亡各奔騰。枉費了，意懸懸半世心；好一似，蕩悠悠三更夢。忽喇喇似大廈傾，昏慘慘似燈將盡。呀！一場辛苦忽悲辛。歎人世，終難定！

四、小結

　　這節課我們著重分析了王熙鳳的性格特點，作者運用多種描寫手段從不同角度全方位地刻畫了王熙鳳的藝術形象。一百多年來，王熙鳳之所以能夠成為文學畫廊裡一個鮮活的形象，關鍵在於她的個性是獨一無二的。這就給了我們一個深刻啟示：在描寫人物時，絕不能千人一面，而要抓住每個人的個性特點去寫，那樣寫出的人物才會有血有肉、富於久遠的生命力。

　　附板書

　　1. 寫出場：未見其人，先聞其聲。

　　2. 繪肖像：

　　細膩刻畫人物外部特徵，透露人物性格特徵和精神世界。

　　服飾：集珍寶珠玉於一身──貪婪與俗氣（內心世界的空虛）

　　容貌：「三角眼」

　　「吊梢眉」──美麗外表──刁鑽狡黠（本性）

　　3. 見黛玉：言談舉止反映她的內心世界。

　　4. 回王夫人：賈府中的實際掌權人。

五、作業：

　　1. 閱讀《紅樓夢》王熙鳳的有關片段。

　　2. 完成《我眼中的王熙鳳》作文。

《祝福》第三課時教學設計

【教學目標】

（一）知識目標

1. 探索、簡析魯四老爺形象。

2. 分析「我」的形象。

3. 把握環境描寫的作用，進一步認識祥林嫂悲劇的社會性，理解環境與人物間的關係。探究小說的主題，領悟作者深沉的情感。

（二）能力目標

培養學生鑒賞小說的能力。

（三）情感目標

理解造成人物悲劇的社會根源，從而認識到封建思想和封建禮教的吃人本質。領悟魯迅先生在冷峻的敘述之中所蘊含的強烈愛憎的深沉的情感。

【教材分析】

《祝福》寫於1924年2月7日，原刊1924年3月25日《東方雜誌》第21卷第6號，後收入作者的第二個小說集《彷徨》，是《彷徨》的第一篇。其深邃的思想，啟迪、感染了一代又一代的中國人。從民族文化反省的角度閱讀作品，我們深深感到封建的思想、倫理道德，對人性的摧殘是無以復加的，它極大的阻礙，甚至是牢牢地捆綁著中華民族追求解放的手腳。封建的倫理、封建的道德，是套在我們民族身上的鐐銬和鎖鏈。它造成了我們民族的衰敗和落後，造成了我們人生的壓抑和不幸。而女性所受的壓抑和不幸又甚。中國婦女則是中國封建思想最大的受害者。魯迅選擇婦女題材，通過《祝福》中祥林嫂這一悲劇人物的刻畫，深刻地揭露封建文化思想的流弊和餘毒。魯迅對封建文化的鞭撻，在邁向文明社會的今天，仍有其巨大的現實意義。

【學情分析學法指導】

在學習了《紅樓夢》一課後，學生對小說鑒賞的方法初步有了一定的瞭解。能夠掌握一定分析人物形象的方法。但本文一些句子含義深刻，學生深入理解有困難，對人物的分析也容易簡單化、概念化，對作品主旨的深刻性

把握容易膚淺化。教師要充分調動學生學習的主動性，鞏固所學知識，更要善於找准學生思維的滯澀點為切入點，巧加點撥，促進學生思維能力的提升。

【教學方法】

提問法、自主探究法、討論法、點撥法

【教學重點】

1. 環境描寫的作用。

2. 理解小說以「祝福」為題的深刻含義。體味作者深沉的悲憤之情，理解小說深層含義。

【教學難點】

1. 體會小說環境與人物的相互作用。

2. 作者深沉的悲憤之情，小說的深層含義。

【教學過程】

一、導入新課：

　　魯迅認為中國人向來就沒有爭到過做人的資格，至多不過是奴隸，中國歷史上只有想做奴隸而不得的時代和暫時作穩了奴隸的時代。魯迅努力從整體上把握中國傳統文化的特徵，在此基礎上，在許多文章中還十分深刻的剖析中國傳統文化的種種弊病，並進行揭示和批判，「意在復興，在改善」，因而魯迅在他的鄉土小說的創作中努力解剖、抨擊中國傳統文化在民族心理性格方面形成的種種病態。今天，就讓我們繼續研討魯迅小說《祝福》，看看他所為我們所描繪的病態社會，探究造成病態社會的根源吧。

二、學生默讀課文，思考：魯四老爺是一個怎樣的人？作者是通過什麼描寫手法來塑造這個人物的呢？

　　（學生自讀課文，相互研討。）

　　明確：

　　1. 間接描寫：

　　魯四老爺的書房陳設的描寫。

中堂：敬奉「陳摶老祖」，朱拓的「壽」字

對聯：只剩下一邊，

幾部書：淩亂、殘缺、陳舊（不學無術，裝點門面）

2．直接描寫：老監生，講理學，大罵新黨。

3. 教師引導學生重點分析他的動作和語言。學生找出魯四老爺的相關語句批註。教師提出問題後學生相互研討，最後明確。

在祥林嫂的問題上，魯四老爺一共開過六次口，說了百十來個字，卻就把他保守、虛偽自私、冷酷無情的性格特徵暴露得淋漓盡致。

①一處是：祥林嫂被搶走時，魯四老爺反應如何？兩次「可惡」，「然而」是什麼含義？

討論歸納明確：

魯四老爺估計祥林嫂是逃出來的，「皺一皺眉」的原因是祥林嫂是個寡婦（標誌：白頭繩）有些忌諱不滿。發現祥林嫂被搶走，魯四老爺說了兩次「可惡」，「然而」。第一次「可惡」的是婆婆「搶」的舉動，祥林嫂的婆婆把她抓回去竟然作為商品換回兒媳，他覺得太過分了。「然而」後面隱含的意思是：祥林嫂私自逃出，禮教不容；婆婆作主，理所當然。第二次說可惡是針對衛老婆子的，對衛老婆子先薦祥林嫂然後又合夥劫她，鬧得沸反盈天，有損魯家的體面。「然而」找到像祥林嫂這樣比男人還勤快的勞動力是不容易的。

②一處是：罵祥林嫂是「謬種」，為什麼？

討論歸納：

魯四老爺是一個受封建思想教育的讀書人，思想極為守舊。女人再嫁，在封建理學的倫理觀念上，是女人最大的罪惡，魯四老爺是不能認可的。這樣「罪惡深重」的女人「不早不遲，偏偏要在這時候」死去，極不吉利，所以罵她是「謬種」。

③一處是：祥林嫂第二次到他家，他對四嬸的告誡「敗壞風俗……祖宗是不吃的」

討論歸納：

四叔的自私、迷信、冷酷。

他身上也有可取之處：照付工錢，不兇殘。

小結：

魯四老爺是舊社會知識份子的典型。他迂腐、保守、頑固，尊崇理學，深受封建思想束縛。他自私偽善，冷酷無情。最終將祥林嫂趕出家門，也是把祥林嫂逼向死地的冷漠的看客。

三、分析「我」的形象。

學生研讀課文相關語段，討論分析。

1.「我」與四叔格格不入

2.「我」與祥林嫂的對話及心理描寫

3.「我」與短工的對話

教師：魯四老爺罵「新黨」時很不自在。被成為乞丐的祥林嫂攔住時，想給錢。當祥林嫂向「我」發問時，「我」不敢負責任。在祥林嫂死後心裡覺得「不安」，最後決定離開。

提問：對於祥林嫂的疑問，「我」是怎樣回答的？為什麼這樣回答？

明確：對祥林嫂提出的「魂靈的有無」的問題，「也許有」——自以為慰藉，不忍心增末路人的煩惱，而對於祥林嫂是一個似疑實斷的回答；「也未必」——意識到增添了祥林嫂的苦惱，只好吞吐，支吾其辭；「說不清」——怕負責任的含混之辭。其實「我」完全知道答案，但在祥林嫂的面前，「我」卻始終沒有否定它，之所以作了含糊的回答，有其善良的一面；同時也反映了「我」的軟弱和無能。

小結：

小說中的「我」是一個具有進步思想的小資產階級知識份子的形象。「我」有反封建的思想傾向，對魯四老爺、對魯鎮的環境不滿，同情祥林嫂。但怕擔當責任，一個懦弱的人。實際上同樣是一個看客。

在小說的結構上，「我」又起著線索的作用。「我」是事件的見證人。

四、柳媽形象分析

學生分組討論，評價歸納：

她是一個和祥林嫂一樣有著不幸的命運的下層勞動婦女，從這點上看，柳媽是可憐可悲的。但她又是可惡可恨的，表現在三個方面：

（一）柳媽有著當時處於底層的中國人的最陰暗的心理，她不僅對自己的不幸無知無覺，可是她卻把別人的不幸和痛苦作為用以慰藉乃至娛樂自己的東西。她的調侃與嘲弄使祥林嫂甚至不想再「說一句話」。

（二）柳媽與祥林嫂的第二次對話使祥林嫂淪入了恐懼的深淵，她告訴祥林嫂其兩任丈夫地獄裡會爭奪她，把她分屍。她讓祥林嫂去「捐門檻」以贖罪，祥林嫂本來是社會罪惡的受害者，正是柳媽使祥林嫂把社會的罪自覺地轉化為自己的罪過，從而最終使祥林嫂完全失去了對社會的反抗精神，這可說是「誅心」，「哀莫大於心死」，還有什麼比這更可惡。

（三）她自以為讓祥林嫂去「捐門檻」可以使祥林嫂得到解脫，豈不知這使祥林嫂陷入更深的悲劇命運之中，這種不懂的「有為」比「無為」更為可恨。

五、分析魯鎮其他人群像，魯鎮人的「看戲心態」

師生共同歸納：

祥林嫂第二次到魯鎮

「音調和先前不同」，「笑容總是冷冷的」

斂起笑容，陪出眼淚　（同情，可憐）

講阿毛的故事：特意尋來，滿足地去了　（找話題）

再不見一點淚的痕跡

催她走　　　（煩厭和唾棄）

逗小孩：

似笑非笑地問

和柳媽談話之後：可惜，白撞了一下（嘲笑、挖苦）

提問：為什麼會是這樣？「特意」「滿足」表現了魯鎮人怎樣的心理？如何來理解魯迅筆下「魯鎮人」的這種陰暗、殘酷的心態——即「看戲心態」呢？

教師引導明確：

在魯鎮人看來，祥林嫂最大的罪過是她是一個「回頭人」（衛老婆子語），儘管她為反抗「回頭」而付出了血的代價。如果說她第一次來魯鎮，大家還允許她「做穩奴隸」的話，那麼她第二次來魯鎮，她是「想做奴隸而不得了」（魯迅語）。

「看戲心態」的實質可以這樣描述：看者想在他平淡而平庸的生活中，從被看者的身上尋找一些刺激，想在他自己乏味的生活中增添一些佐料，這一切的快樂都是構建在被看者的痛苦之上的。魯鎮人的生活太平淡了，一年到頭「沒有什麼大變化，單是老了些」；魯鎮人的生活太乏味了，他們一年到頭的日子沒有任何變化，一年 365 天，天天如此，所以「魯鎮永遠是過新年」，舊新年與新新年之間的日子是可以忽略不計的，所以他們要尋求刺激，尋求樂子，尋求佐料，可惡的是他們的「刺激、樂子、佐料」全都是構建在祥林嫂鑽心的痛苦之上的。多麼殘酷的魯鎮人，多麼可惡的陰暗心理，多麼醜陋的「看戲心態」。

提問：作者對眾人們的思想感情怎樣？

明確：「大家咀嚼鑒賞」阿毛的故事，更加反襯出祥林嫂的悲哀，表現了作者對民眾冷漠麻木的心靈的批判和憤激之情。

六、思考：誰是殺害祥林嫂的兇手？

提問：親人、主人、眾人她們都把矛頭刺向了祥林嫂，而真正的元兇是誰呢？祥林嫂到李鎮、張鎮會不會也像在魯鎮一樣過著同樣悲慘的生活？

明確：祥林嫂是非死不行的，同情她的人和冷酷的人，自私的人，是一樣把她往死裡趕，是一樣使她精神上增加痛苦。——丁鈴

祝福不慘在狼吃阿毛上，而慘在封建禮教吃祥林嫂上。——許壽裳

封建制度——元兇

封建禮教——首惡

封建迷信思想——輔助

小結：

祥林嫂這個善良的勞動婦女被毀滅了，她的悲劇不是個人的悲劇，而是社會的悲劇。她的死深刻揭示了封建禮教、封建思想對勞動婦女的迫害和摧殘。

七、概括小說的主題

學生概括小結。明確：

《祝福》通過祥林嫂一生的悲慘遭遇，反映了辛亥革命以後中國農村的社會現狀，深刻地揭露了封建禮教吃人的本質，指出徹底反封建的必要性。

八、探究小說人與環境的關係

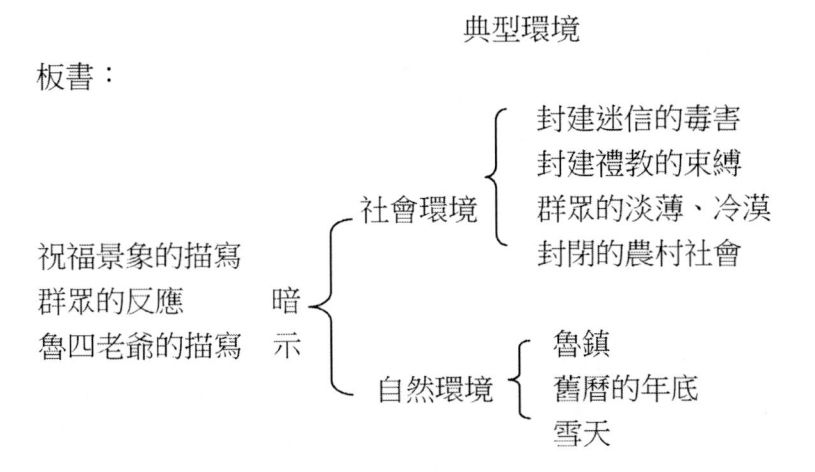

板書：

典型環境

祝福景象的描寫
群眾的反應　　　暗示
魯四老爺的描寫

社會環境 { 封建迷信的毒害
　　　　　 封建禮教的束縛
　　　　　 群眾的淡薄、冷漠
　　　　　 封閉的農村社會

自然環境 { 魯鎮
　　　　　 舊曆的年底
　　　　　 雪天

學生齊讀開頭和結尾的語段，思考其作用。

明確：

開頭一段環境描寫渲染了魯鎮年終熱鬧忙碌的氣氛，寫出辛亥革命後的農村風俗習慣依舊，封建思想依舊，勾勒了當時的社會環境，揭示了祥林嫂悲劇的社會基礎。

最後一段由回憶回到現實，與開頭相呼應。渲染了熱烈的氛圍，反襯祥林嫂死的悲涼。虛實結合。將鬼神的醜態再現，他們哪裡會賜福給窮人呢？

買不起爆竹的窮人得到的只有無限的痛苦和悲涼。結尾以「我」的感受來寫，深化了舊社會封建禮教吃人的本質，使結構更加完整。

文中祥林嫂死後對雪天自然環境的描寫渲染了悲涼沉寂的氣氛，烘托了「我」的心情，運用了反語，表現了「我」對這個社會的強烈的憎恨和激憤之情。

小說通過魯鎮整個環境的介紹，全方位的展示了祥林嫂生活的社會環境，揭示了祥林嫂悲劇的社會根源，有力揭示了作品的主題。

九、課後拓展閱讀

《我之節烈觀》（1918年）

《娜拉走後怎樣》

《論雷峰塔的倒掉》

《堅壁清野主義》

《寡婦主義》

【教學反思】

魯迅說《紅樓夢》一書出來之後，所有寫人物的方法就被改變了。他自己其實也是寫人物的高手。過去分析祥林嫂總是分析眼睛的，總是以點帶面，對魯四老爺的分析，總脫不了階級分析的眼光。有時候總覺得有些戴有色眼鏡看人的味道。其實每個人都是立體的、複雜的，一部小說寫得好不好在於是否寫出了人物性格的多面性、複雜性，在於人物的性格有無變化發展。我們欣賞小說，就是要看人物塑造的豐富性、複雜性，因為有了它，小說的欣賞就有了看點，人物就有了光彩。作者寫人物真的是深入骨髓，寫出了人物的靈魂。這篇小說還展示了作者深邃的思考，他充分展示了祥林嫂生活的典型環境，揭示出祥林嫂們、他周圍人們的思想和生活，揭示出人物悲劇與環境之間的緊密聯繫。從而揭示出人物悲劇的廣泛性和深重的社會根源，體現了厚重的主題，引人深思。

基於以上認識，我要求學生：

1.客觀依據文本來分析人物，忌帶有主觀先入為主的認識。一切以文本

來判斷。教師不輕易地下斷語。學生熟悉的人物描寫方法可以一帶而過,較注意引導對人物複雜性格的分析。注意學習多種手段寫人物的方法。

2.環境與人物的關係在本小說中表現極為突出,它有利於引導學生認識小說的思想性,認識社會的複雜性,學會對我們生活的社會有深度的思考,這是小說的亮點,教學的一個重點。突破了它,小說的主題、題目的含義等問題就迎刃而解了。

《沁園春・長沙》教學設計

【設計思想】

　　朗誦是學習語文的重要方式，朗誦有利於深入體會作品的思想情感，能有效的培養語感，提高口語表達能力。朗誦也是一種再創造，是朗誦者對作品思想情感和音韻之美的釋放。高中語文新課程標準指出：「高中語文課程必須充分發揮自身的優勢，使學生通過優秀文化的浸染，塑造熱愛祖國和中華文明、獻身人類進步事業的精神品格，形成健康美好的情感和奮發向上的人生態度。」這就極其鮮明指出：語文教學要培養學生良好的精神品質，為學生的健康成長、終身發展服務。所以我認為語文課堂的有效性並不體現在純粹的知識的傳授上，而需要我們拋開應試的鐐銬，在學生掌握閱讀的規律和方法讀懂文章的同時，進而學會對生活、對社會進行深入的思考，更要努力培養學生具有一種熱愛生活、以天下為己任積極向上的精神，當我們的學生懂得汲取文章的精髓來影響自己的人生時，我們的語文教學才是有效的、有生命力的，才能為學生的終身發展奠定基礎。

　　這篇課文是毛澤東的一首詞，它以充滿生機和活力的意象，描繪了湘江橘子洲頭勃勃生機的秋天景象，回憶了作者等早期革命者意氣風發風華正茂的革命活動，抒發了作者憂國憂民以天下為己任的革命豪情。詩中的語句不難理解，但讓學生讀出節奏、讀出豪放的情感，體會詞中作者深厚的情感，懂得詩歌鑒賞的方法和規律，對高一新生來說有一定困難，需要教師點撥。

【教學目標】

一、知識與能力：

　　1. 了解毛澤東的革命使命感和遠大的抱負。

　　2. 體會宏闊的深秋意境，提高形象思維能力。

　　3. 學習富有表現力的語言，提高朗讀能力。

二、方法與途徑：

1. 運用圈點批註法，讓學生解決讀的障礙，理解一些詞語的讀音、意思，初步讀懂這首詞。寫出點評，記錄下自己在閱讀過程中的感受、理解、評價和質疑。再與去他同學交流，與全班同學交流，學生相互答疑，教師引導。

2. 誦讀法。讓學生懂得讀詩的節奏和規律，反復誦讀，體會作者的豪情。

3. 運用討論法、點撥法、探究質疑，披文入情，披文入理，抓住詞中描繪秋天景色的句子，分析作者運用的藝術手法，理清這首詩的思路，揭示詩歌的主旨，探究引發學生更深入的思考。

4、課外閱讀，進一步誦讀、質疑思辨，培養良好習慣。

三、情感與評價：

了解毛澤東的革命使命感和遠大的抱負，培養學生的一種積極向上的人生態度。

【教學重點】

通過朗讀訓練，賞析詩句的表現力，提高學生鑒賞詩歌的能力。

【教學難點】

品味作者富有表現力的語言，體會巨集闊的深秋意境，理解其表現手法。

【教學準備】

學生課前做好預習。要求：

1. 解決所有字詞，準確讀音，正確釋義。

2. 反復誦讀課文，力求會背。

3. 理清詩歌結構層次，劃出所有自己心存疑問之處。

4. 分析詩中寫景的句子，想想作者是怎樣描繪湘江秋景的？

【課時安排】1 課時

【教學過程】

一、課前準備

　　1. 歌曲《沁園春·雪》；

　　2. 學生憶誦《沁園春·雪》。

　　3. 檢查學生預習情況。

二、導入新課

　　1. 這堂課我們學習毛澤東用「沁園春」作詞牌名的的另一首詞「長沙」。

　　「沁園春」這個詞牌都分上下兩闋，每闋的句數、字數都有規定，所謂「詞有定闋，闋有定句，句有定字」。從《沁園春·雪》中我們可以感受到毛澤東詩詞豪放的風格、磅礴的氣勢。今天我們將要學習的《沁園春·長沙》會給你留下更加深刻的印象。讓我們一起來學習毛澤東主席凝練鏗鏘、極富表現力的語言，同時感受作者青年時代的偉大抱負和革命情懷，領會詩歌深遠優美的意境。

　　2. 介紹詞的知識。

　　詞，是中國詩歌中的一種特殊文學體裁，又稱長短句。起源於隋唐，盛行於宋代。詞最初稱為「曲詞」或「曲子詞」，是配音樂的。後來逐漸跟音樂分離，成為詩的一種，所以有人把詞稱為「詩餘」。詞有詞牌，又稱詞調。詞牌，是詞的格式的名稱。不同的詞牌，其段數、句數、韻律，每句的字數、句式、聲律，都有不同的規定。因為格式是固定的，所以寫詞叫「填詞」，即按照詞牌的格式把詞填進去。今天學習的課文「沁園春」是詞牌名，「長沙」是題目。

　　詞的分類：

　　按字數分為：

　　小令→（58字內）　　中調→（59-90字）　　長調→（91字以上）

　　按結構分為：

　　單調→只一片（闋）　　雙調→兩片　　三疊→三片　　四疊→四片

三、背景介紹

這首詞的題目是《長沙》。長沙是毛澤東早年生活學習和從事革命活動的地方。1925 年，是北伐戰爭開始的前一年，全國各地工農活動風起雲湧，如火如荼。1925 年 1 月，黨的「四大」在上海召開。大會指出，中國民族革命，必須有無產階級參加，並取得領導地位，才能取得勝利。1925 年 10 月，毛澤東從韶山前往廣州主持全國農民運動講習所，途經長沙，重遊橘子洲頭，面對絢麗的秋景，回憶往昔的歲月，寫下了這首詞。

[設計意圖：對而今的年輕一代，對現時的出戶機會很少的學生，有必要簡要地交代這首詞的寫作背景，展示橘子洲頭的畫面。]

四、教師朗誦。

（配樂朗誦）

[設計意圖：接著朗讀聲起，音樂悠揚，把學生帶進如詩如畫的境界，這是詩體教學的特徵，這是當代教學的要求，這是語文教學的規律。]

五、學生朗讀

在朗讀中加深理解，在理解的基礎上抒情朗讀，每讀一次解決一個問題。教師講解誦讀節奏規律，對學生進行指導。

1. 初讀：朗讀全詞，熟悉上、下闋的內容。
2. 二讀：朗讀上闋，注意字音。
3. 三讀：朗讀上闋，把握層次。

第一層：交代時間、地點、環境。

朗讀提示：用敘述語氣，平和、舒緩。

第二層：由「看」統領，展示湘江秋景圖。

朗讀提示：想像美的畫面，情緒飽滿，有熱情。

由「看」領起的內容：

遠望：「萬山紅遍」（高）[群山]

近望：「漫江碧透」（低）[江水]

仰視：「鷹擊長空」（高）[長空]
俯視：「魚翔淺底」（低）[水面]
動作之勁：「爭」「擊」「翔」
色彩之濃：「紅」「碧」
數量之多：「萬」「層」「百」
競爭之烈：紅綠爭輝，船隻爭流，鷹魚爭樂
描寫景物上又有什麼特點？
①定點換景
②動靜結合
③注重煉字
第三層：提出「誰主沉浮」的問題。
無疑而問，從而引起思緒，過渡到下闋。
朗讀提示：語速稍慢，既是思索，又含肯定答案。
4. 四讀：朗讀下闋：注意讀出感情。
過渡語：上闋寫今日之遊、眼前之景，提出問題，引起回憶。
下闋寫昔日之遊，憶過去崢嶸，回答上闋提出的問題。
提示：
①「攜來百侶曾遊」與上闋「獨立寒秋」形成對比。
②「憶往昔」的「憶」統領：革命青年的戰鬥風格和豪情壯志。
朗讀提示：語調高，語氣強，豪情滿懷的。
③「曾記否」：既是設問，又是回答。
④下闋照應上闋。
5. 五讀：讀全詞。想像、深入意境，體會全詞氣勢之巨集，語言之美。
6. 學生質疑、交流、探究歸納主題。
主題：本詞通過對長沙秋景的描繪和對青年時代鬥爭生活的回憶，抒發出革命青年對國家命運的感慨和以天下為己任，蔑視反動統治者，改造舊中

國的豪情壯志。

[設計意圖：朗讀是本堂課的一個重點。進行這種訓練，不只是一種教學手段，而且是教學目的。

處於這堂課突出位置上的讀，要合時地讀，有序地讀，採用不同的形式，起到不同的作用，產生不同而又形成整體的效果，這就要求讀起來不僅抑揚頓挫，更須聲情並茂，讀者神采飛揚，聽者牽腸掛肚，或悠然遐思，或怡然自樂，或潸然淚下。在這點上，是足能體現教師教學的基本功力的。]

六、拓展探究

1.「秋天」在詩詞中常常充滿了肅殺、感傷的情調，本詩為什麼沒有？
悲哉秋之為氣也，蕭瑟兮草木搖落而變衰。

——《楚辭》

萬里悲秋常做客，百年多病獨登臺。

——杜甫《登高》

已覺秋窗秋不盡，那堪風雨助淒涼。

——曹雪芹《紅樓夢》

毛澤東其他有關秋天的詩句：
一年一度秋風勁，不似春光，勝似春光。寥廓江天萬里霜。

—《採桑子．重陽》(1929.10)

天高雲淡，望斷南飛雁，不到長城非好漢，屈指行程二萬。

—《清平樂．六盤山》(1935.10)

小結：這與一個人的氣度、胸襟、性格、身份有關。他不是一介普通書生，是叱吒風雲的一代偉人，胸懷大志的傑出的政治家。他有經天緯地之才，再造乾坤之志，他有博大的胸襟，崇高的風範，奮發向上的永不消沉的樂觀性格，不同於那些多愁善感的纖弱文人，所以他的詩詞也不同凡響，充滿豪情壯志。

2.有人認為毛澤東筆下的「湘江秋景圖」只是實寫，有人認為是虛實結合。既指毛澤東當時的眼前實景，又暗指當時的中國各地的自然景觀和政治

形勢。你如何看呢？

明確（1）贊同前一種說法。因為當時作者只是站在湘江中的橘子洲上，怎麼能看到全國各地的景觀呢？再說，中華大地，幅員遼闊，各地的秋景也不相同。

（2）贊成後一種說法。詩詞中的語言並非說明文中的語言，不必客觀嚴密。這些景物既是湘江周圍的景物，也是整個中華大地的景物；既指自然景物，也是整個中華大地的景物，也暗示了社會形勢。「萬類霜天競自由」一句可以佐證，「萬類」包括中華版圖上的各種生物，也包括了人。

3. 有人認為毛澤東的這首詞在描寫秋景時固然成功，但有不足，它只有視覺描寫，沒有聽覺描寫，從而使圖中景物單一，你覺得有道理嗎？

明確：（1）有一定道理。上闋主要描寫「萬類霜天競自由」的情景，就不能忽略對各種聲音的描寫，因為聲音能更好的突出「競」字。

（2）這首詞不是沒有寫聲音，只是沒有明寫罷了。「萬山紅遍，層林盡染」句，我們可以想像紅葉在秋風中的簌簌聲，還有「爭」「擊」都暗寫了船槳聲、船工的號子聲、鷹翅膀掠過長空的風聲等等。

七、小結

上闋寫景：紅、碧、淺、寥廓　　問：誰主沉浮

下闋抒情：揮斥、指點、激揚、糞土　　答：浪遏飛舟

俗話說：「書讀百遍，其義自見。」朗讀是這節課的重點，同學們通過反復朗讀，仔細品味詩詞語言，結合音樂、圖像，領會了詩歌深遠優美的意境，感受到作者青年時代的偉大抱負。

這首詞上闋寫景，用精當、形象的詞語描繪了美麗壯觀的湘江景色，以設問結尾，提出「誰主沉浮」的問題；下闋抒情，通過回憶，形象地概括了早期共產主義戰士雄姿英發的戰鬥風貌和豪邁氣概，結尾仍用設問句，巧妙地回答了上闋提出的問題。

八、作業

請同學們課外選讀毛澤東的詞，希望同學們能運用所學的詞的常識和本節課的朗讀方法，提高詩詞的朗讀、鑒賞水平。

[總評：這堂課力圖將常規教學要求與新課改理念結合，並通過多媒體教學手段展示出來，想一次課為例，初步讓學生懂得詩歌鑒賞的方法，在讀中品味涵詠，學會誦讀，理解詩歌的內涵。]

【教學反思】

這篇設計亮點有三：

一是朗讀是本堂課的一個重點，重視的學生誦讀。採取多種方式進行訓練，是提高學生語文素養的一種必要手段。

二是引導學生質疑思辨、善於思考。要教會學生深入地思考，學會鑒賞詩歌，才能為學生的終身發展服務，真正體現語文教學的有效性和生命力。

三是課內課外結合，課外閱讀是延伸，是更深入的探究。培養了學生良好的學習習慣。這堂課還把大部分時間還給學生，讓學生成為學習的主人，大大調動了學生學習的積極性，教師只是學生學習的平等者、合作者、分享者，啟動學生思維的催化劑。

《兵車行》教學設計

一、教學內容

《兵車行》是杜甫第一篇為人民呼喊的傑作，是杜甫詩堪稱「詩史」的代表作品。旨在揭露當時的最高統治者的「開邊」政策給人民帶來的深重災難。詩人的情感激越深沉而又怨憤，充分體現了杜詩沉鬱的風格。把握這種感情基調，才能讀好這首詩。此詩的詩意較明顯，朗讀數遍學生可大體理解，因此內容理解和藝術欣賞應為重點。

二、設計思想

語文課的特質在於教師上課是與作者、與學生的感情交流活動，是教師、作者、學生心靈碰撞、和諧共振、共同感悟美的魅力的過程。是激發學生關照社會生活、積極思考人生的日思日新的活動。因此語文課尤其是詩歌鑑賞課就必須做到：

全面培養學生語文的探究、審美能力，掌握詩歌鑑賞的方法，提高學生的語文素養，促進學生的全面發展，終身發展。

注重學生個人的情感體驗，發展學生的想像能力、思辨能力和批判能力。能借助詩文本身感受形象、品味語言，領悟作品的豐富內涵，受到感染和啟迪。

培養學生在正確感悟詩歌的思想感情的基礎上，富有感情的朗讀，借朗讀傳達自己的感悟、作者的情感的誦讀的能力，把握詩歌的節奏，品味詩歌的藝術美。

三、教學目標

在反復吟誦的基礎上，把握本詩怨憤的感情基調，深切體會作者激越深沉的憂國憂民之情和沉鬱的風格。

體會此詩的結構藝術和運用細節的技巧。

認識當時的最高統治者的「開邊」政策給人民帶來的深重災難的社會現實。

反復誦讀，背誦全詩。

四、教學手段

多媒體及師生互動。

五、教學課時

1課時。

六、教學方法

誦讀法、質疑感悟法、交流式。

七、教學過程：

1. 導入新課

「每一個偉大的靈魂都是痛苦的」，而「詩聖」杜甫無疑是一千多年前最偉大而痛苦的靈魂。當個人的理想支離破碎，生活顛沛流離之時，詩人把憂慮的目光投注到民生的疾苦、社會的衰落、國家的動盪。他用手中的筆真實地記錄了那個時代的社會生活、人民的苦難，因此，自唐以來，杜甫的詩被公認為「詩史」。今天我們要學習的《兵車行》就是詩人第一篇為人民呼喊的作品。

2. 師生互動誦讀把握情感

①師介紹：「行」是古代詩歌中的一種文體。這種詩體，音節、格律比較自由，形式多用五言、七言或雜言，富於變化。古代有「從軍行」的樂府舊題，但杜甫卻自擬樂府新題創作《兵車行》，繼承並革新了樂府民歌體。為了表達感情的需要，杜甫不採用絕句、律詩那種格律嚴整的形式，而選用了靈活多變的句式，或三言，或五言，或七言，節奏疾徐頓挫，極富表現力。讓我們首先通過誦讀來領略詩中所描述的情景和抒發的感情吧！

②讓學生推薦朗讀較好的一兩個學生朗讀全詩，其他學生評議並說明理由。

③誦讀指導。把握詩的感情基調，進一步品味作者的情感，把握詩的節

奏，借誦讀傳遞自己的理解和作者的感情。

　　師：詩人灌注詩中的感情基調是什麼？

　　在學生充分研討的基礎上師明確：一種悲涼、絕望和無奈。詩人對百姓的悲慘命運的無限同情，對統治者的怨之情。唐王朝和吐蕃作戰是處於劣勢的，勝少敗多，損失慘重。這些出征的士兵，能活著回來的希望很渺茫，因此就有了咸陽橋邊生離死別，哭聲震天的淒慘景象。

　　第一段寫親人送別出征戰士，這是詩人親眼所見，要表達出詩人「窮年憂黎元，歎息腸內熱」（《自京赴奉先縣詠懷五百字》）的感情，聲音要沉重一些。前四句可用平調讀，最後兩句當用升調讀——這是本段的高潮點，詩人的怨憤之情初現。

　　第二段開頭兩句是詩意轉換處，可以讀得平緩些，聲音稍稍放低，但「點行頻」三字為下文敘事總綱，須重讀。以下直至結尾皆用「行人」口氣讀，但其中的抒情語字字都融合著詩人的感情，要跟敘事語區別開來。本段可分三層：前六句為第一層，先敘事後抒情。敘的是服役時間過長，佔去人的大半生，讀時當有怨而不傷之意，至「歸來頭白還戍邊」，怨情稍稍加重。讀後宜作一頓，為下文直抒胸臆作鋪墊。下文「邊庭」二句有怨有憤，為本段高潮點，應當讀得擲地有聲。中間四句為第二層，極言戰爭對農業生產造成的危害。用「君不聞」領起，是「行人」問「長者」，也是詩人訴諸讀者，感情十分強烈，有指控之意。最後兩句為第三層，這是「行人」為自己也為同伴們申訴委屈，讀時聲調放低些，寓怨憤於嗟歎之中；讀完可作稍長停頓，如樂曲中的半終止，為轉換話題作鋪墊。

　　第三段前半段寫秦兵家庭的困難。「長者」二句是承上啟下話，當用比較柔和的調子讀。「敢申恨」者，不是無恨，而是「申」亦無用，有奈何不得之意。「且如」四句當一氣讀出，但速度不宜快，要作低回之勢，至「租稅從何出」稍稍振起，因為「行人」的怨憤在這句話中表現得含蓄而又深刻。後半段順勢說到「天下父母心」，「不重生男重生女」，簡直令人悲痛欲絕，讀至「生女」二句當再作低回之勢，聲調悽楚。最後四句為全詩高潮所在。「君不見」一句當突然振起，有指點之意。「古來」一句道盡戰場的慘景，也集中地表達了「行人」和詩人的怨憤，要緩緩讀出，「無人收」三字乃血淚鑄成，

尤應加以強調，使人能想見此中情景。

④教師配樂示範朗讀。

⑤學生品味自讀、齊讀。

3.品味涵詠體會詩意

①師問：那麼，這種「怨憤」之情是怎樣貫穿全詩的呢？請大家齊讀第一段，看看詩人為我們描述了一幅什麼樣的畫面。（淒慘悲涼的生離死別圖。）

②師問：詩人一開篇首先為我們描述了一幅催人淚下的「慘別圖」。在這一個場面描寫中，你認為哪些字需要重讀呢？也就是哪些字表現力最強呢？請大家談談自己的體會。

③學生思考各抒己見。

④明確詩歌開篇以重墨鋪染的雄渾筆法，如風至潮來，在讀者眼前突兀展現出一幅震人心弦的巨幅送別圖：兵車隆隆，戰馬嘶鳴，一隊隊被抓來的窮苦百姓，換上了戎裝，佩上了弓箭，在官吏的押送下，正開往前線。征夫的爺娘妻子亂紛紛地在隊伍中尋找、呼喊自己的親人，扯著親人的衣衫，捶胸頓足，邊叮嚀邊呼號。車馬揚起的灰塵，遮天蔽日，連咸陽西北橫跨渭水的大橋都被遮沒了。千萬人的哭聲匯成震天的巨響在雲際回蕩。「耶娘妻子走相送」，一個家庭支柱、主要勞動力被抓走了，剩下來的盡是些老弱婦幼，對一個家庭來說不啻是一個塌天大禍，怎麼不扶老攜幼，奔走相送呢？一個普通「走」字，寄寓了詩人多麼濃厚的感情色彩！親人被突然抓兵，又急促押送出征，眷屬們追奔呼號，去作那一那的生死離別，是何等倉促，何等悲憤！「牽衣頓足攔道哭」，一句之中連續四個動作，又把送行者那種眷戀、悲愴、憤恨、絕望的動作神態，表現得細膩入微。詩人筆下，灰塵彌漫，車馬人流，令人目眩；哭聲遍野，直衝雲天，震耳欲聾！這樣的描寫，給讀者以聽覺視覺上的強烈感受，集中展現了成千上萬家庭妻離子散的悲劇，令人觸目驚心！「走」「不見」「幹」等動詞重讀

⑤學生有感情地再讀一遍，注意該重讀的字一定要重讀。

⑥師：詩人開篇就給我們生動地描述了一幅慘別圖，把感情寓於記敘之

中。這種場面描寫在詩歌的其他部分也有，請大家找找是哪幾句。請學生展開想像描繪出這幅畫面。

明確：中間的孩子出征圖、民不聊生圖、結尾處的鬼哭圖。這一幅幅圖畫哀怨淒厲。造成這人哭、鬼哭的根本原因是什麼呢？請學生在詩歌中找出來。

明確：造成人哭、鬼哭的根本原因是「點行頻」，關鍵字「頻」寫出戰爭之多，朝廷頻繁地徵召百姓們去邊疆打仗。這和第一小節徵兵圖，慘別圖形成吻合。

「邊庭流血成海水，武皇開邊意未已」，頻繁的戰事發生在「邊庭」，不是保衛疆土，而是為了「開邊」，即用武力擴張疆土。這種擴張的戰爭，雖然傷亡慘重——「流血成海水」，但君王開邊之意猶「未已」，仗還繼續打下去。兩句，既揭露了戰爭給人民帶來的巨大苦難，又指出了苦難的根源，可以概括本詩主旨；且鋒芒直指最高統治者，顯示了詩人的勇氣，應視為詩中警策。正是統治者的窮兵黷武，不斷徵召百姓去邊疆服役，導致百姓們家破人亡。

⑦「點行頻」對百姓帶來的災難不僅在物質生活上，更在精神上給人們心靈帶來的嚴重摧殘。引導學生體會這一點。

⑧讓我們踏著杜甫的思想足跡，再次誦讀全文。

⑨分析詩歌的藝術特色。你覺得這首詩最大的藝術特點是什麼？

學生研討後明確：

A 重墨鋪染，寓情於敘事之中。這篇敘事詩，無論是前一段的描寫敘述，還是後一段的代人敘言，詩人激切奔越、濃郁深沉的思想感情，都自然地融匯在全詩的始終，詩人那種焦慮不安、憂心如焚的形象也仿佛展現在讀者面前。

B 巧妙構思。詩人通過設問的方法，引出征夫的滿腔悲切和哀怨的傾訴。前文的淒慘場面是詩人親眼所見，下面的悲切自訴是詩人親耳所聞，增強了詩的真實感。且前後呼應，層層遞進。第一段的人哭馬嘶、塵煙滾滾的喧囂氣氛，給第二段的傾訴苦衷作了渲染鋪墊；而第二段的長篇敘言，則進一步

深化了第一段場面描寫的思想內容，前後輝映，互相補充。

C 善用口語。這首詩反映的是人民的生活，因而也選用了樂府體裁，運用了俗語口語，加上民歌中常見的頂針修辭格，讀來清新自然，明白如話，造成迴腸盪氣的藝術效果。

D 形式上章法嚴密。採用古稱「一頭兩腳體」的結構方式。全詩共三段，第一段即頭，共 6 句，一韻到底。第二三段即腳，各 14 句，並四次換韻。從整體看，節奏整齊 又略有變化；各段皆自有起結，析之則三，合則為一。

4・拓展：試將這首詩跟李白《古風・其十九》相比較，說說二者的藝術風格有什麼不同。

古風・其十九

西上蓮花山，迢迢見明星。素手把芙蓉，虛步躡太清。霓裳曳廣帶，飄拂升天行。邀我登雲台，高揖衛叔卿。恍恍與之去，駕鴻凌紫冥。俯視洛陽川，茫茫走胡兵。流血塗野草，豺狼盡冠纓。

（目的是使學生懂得，讀詩也要學習領略詩人的風格以提高詩歌鑒賞的水平。這兩首詩都描寫人民的苦難，但創作方法截然不同，可比性較強，但要求應適當放寬，學生能說出一兩點即可。）

明確：

李詩寫人民的苦難，是詩人想像在遨遊太空時俯視所見，而且寫得很概括；杜詩寫人民的苦難，是通過塑造典型人物（「行人」）形象實現的，十分具體。處理題材方式的不同，是風格不同具體表現的一個方面。此外，李白讓仙人跟他一道看到人民的苦難，也表現了他的飄逸風格；杜甫的傷時憂國，表現了他的沉鬱風格。

5・結束語：

一首《兵車行》伴隨著隆隆戰車、嘶嘶戰馬碾過了十幾個世紀，永遠凝固在歷史的畫廊上。然而，詩人那憂國憂民的高尚情操深深打動著我們、感染著我們。杜甫正是這樣，他以自己的一支筆為人民鼓與呼，唱出了時代的最強音。別林斯基說：「任何偉大的詩人之所以偉大，是因為他的痛苦和幸福植根於社會和歷史的土壤。」

6・配樂學生大聲朗讀全詩。

說「木葉」

【教材分析】

本單元所選都是文化隨筆，在寫法上，它們往往旁徵博引，這個單元的學習導言就提到：「要整體把握文章的內容，提煉作者的主要觀點。」

本文內容比較單純集中，圍繞古詩中的意象「木葉」深入到「木」的藝術特徵談詩歌的精微之處的表達效果，本文看似繁瑣，其實內容並不多，在結構疏理上可簡單化。為何用「木」不用「樹」是全文的關鍵，這是重點。本文的教學重點之二就是淡化教材，引入課外同類文學現象，讓學生能夠觸類旁通，舉一反三，真正提高學生獨立分析鑑賞的能力，只把教材作為一個例子。

【教學目標】

知識與能力：

1.瞭解中國古典詩歌語言富於暗示性的特質，進而提高鑑賞古典詩歌的能力。

2.瞭解古典詩歌意象的相對穩定性特點，提高對古典詩歌的理解力和領悟力。

過程與方法：

1·能運用本課所學知識及獲得的能力分析詩歌同類現象。

2·能夠初步學會古典詩歌意象鑑賞的一般方法。

3·引導學生體察詩歌藝術中的精微之處，養成咀嚼、回味的良好閱讀習慣。

情感態度與價值觀：

創設美的情境激發學生的學習興趣以及對詩的熱情，使學生感受我中華民族深厚的文化積澱，喚起對中國傳統文化的熱愛，增強民族自信心和自豪感。

【學情分析學法指導】

詩歌的暗示性是一個詩歌理論問題，本節課的主要任務是使學生突破認

識的難點，明他們理解、學會暗示這一表達技巧，汲取寶貴的藝術營養。而學生對詩歌只有淺近的知識，也容易為文題的表面所迷惑，不能把握本文的真正用意。因此需要給學生足夠的時間考慮，任務不能太多。可以在教師問題的引導下理解作者的主要觀點及「樹葉」和「木葉」、「落葉」和「落木」的不同意味，可以每一大組分析一首，先讓學生獨自分析，然後四人學習小組交流形成書面的文字表達並在全班進行交流，學會舉一反三。

【教學方法】激趣法、設懸法、討論法

【教學重點】中國古典詩歌語言暗示性的特點。

【教學難點】知識與能力的運用。運用本課所學知識及獲得的能力分析詩歌同類現象。

【課時】1課時

【教學過程】

一、導入：

我們的古代詩人是「敏感而有修養的」，他們展開了豐富的想像，創造了可觀、可觸摸的精妙的詩歌語言，需要我們用心靈去解讀。讓我們一起帶著的激情和想像，走進詩歌的殿堂吧。

出示兩組有「樹」和「木」意象的詩歌，閱讀比較談「樹」「木」給你的感受。

嫋嫋兮秋風，洞庭波兮木葉下。

——《屈原〈楚辭·湘夫人〉》

亭皋木葉下，隴首秋雲飛。

——柳惲《擣衣詩》之二

秋月照層嶺，寒風掃高木。

——吳均《答柳惲》

九月寒砧催木葉，十年征戍憶遼陽。

——沈佺期《古意》

無邊落木蕭蕭下，不盡長江滾滾來。

——杜甫《登高》

學生自由發言,教師不做結論。

教師:看來,秋季中讓人浪漫又傷感的是那隨風飄蕩的樹葉。雖然同是寫樹葉,為什麼直接用「樹葉」的詩詞句幾乎沒有,而用「木葉」卻那麼多呢?這「木」有著怎樣的意味?好!同學們打開課本,我們來共同探討這個問題。

二、閱讀全文,問題探究

1. 迅速瀏覽一至三段,找出作者在閱讀古代詩詞時發現的三個問題。

①為什麼詩詞中多見「樹」或「葉」而很少見「樹葉」;

②為什麼詩歌中多見「木葉」而不見「樹葉」;

③為何「無邊落木蕭蕭下,不盡長江滾滾來」又不用「木葉」而用「落木」。

2. 先看第一個問題,結合詩句分析。用文中所引詩句引導學生思考:

樹:後皇嘉樹,橘徠服兮。

桂樹叢生兮山之幽。

庭中有奇樹,綠葉發華滋。

葉:葉密鳥飛礙,風輕花落遲。

皎皎雲間月,灼灼葉中華。

思考:這些詩句中,出現「樹」或「葉」的句子給你留下了什麼印象?

[提示:注意對「樹」或「葉」進行修飾的詞,如「叢生」、「綠」「密」]

明確:枝繁葉茂,濃陰匝地。也就是說,「樹」或「葉」都給大家一種繁茂濃密,翠綠欲滴飽滿的形象,而這種形象正是「樹葉」所包含的。為了語句凝練的緣故,詩詞中常用「樹」或「葉」代替「樹葉」。

3. 再看第二個問題。從概念上講,「木葉」是什麼?

明確:就是「樹葉」。從概念上說,「木」與「樹」的意思幾乎相同。「樹葉」在古典詩歌中都簡化為「葉」。

既然「木葉」就是「落葉」,那詩人為什麼不用「落葉」呢?請同學們

結合作者所引用的詩句來體會。

木葉：亭皋木葉下，隴首秋飛去。

九月寒砧催木葉，十年征戍憶遼陽。

落木：辭洞庭兮落木，去涔陽兮極浦。

無邊落木蕭蕭下，不盡長江滾滾來。

明確：「木葉」與秋季相聯，也就是「落葉」的意思。而「落葉」則是枯黃、殘敗的形象，暗含蕭瑟、淒涼的感覺，這不再是「樹葉」所能包含的了。

4.齊讀課文第四、五段，進一步比較：「秋月照層嶺，寒風掃高木」與「高樹多悲風，海水揚其波」，試分析「樹」與「木」的不同。

討論明確：我們要從這兩句詩的詩眼，即「悲」和「掃」來分析。在「高樹多悲風」句中，樹有飽滿濃密的葉子，風吹動這些樹葉發出的沙沙的聲音，在詩人曹植聽來，仿佛人的嗚咽，如泣如訴，而這滿樹湧動的葉子，滿海湧動的波濤就像詩人胸中湧動的情感。如果沒有了樹葉的湧動，沒有了波濤的翻滾，怎能體現詩人滿懷的哀傷？怎能體現這個「悲」字？

「木」，我們知道是落光了葉子的樹，光禿禿的樹幹。深秋的晚上，清冷的月光仿佛給層嶺灑下一層秋霜，瑟瑟的寒風刮過高岡，枯黃的樹葉早已被秋風一掃而光，只有那光禿禿的樹幹還倔強地挺立著。在深秋時節，目睹如此深秋之景，空曠和淒涼之感油然而生。所以，此時的樹，必須是乾枯的沒有葉子的樹幹，不如此不足以體現「掃」字。

正如作者所說，「高樹多悲風，海水揚其波」中「樹」予人以一種飽滿感，感覺到了層層樹葉的波動。而「秋月照層嶺，寒風掃高木中」的「木」則比「樹」顯得單純，是一種落木千山的畫面，感覺到的是「空闊」。

以秋風葉落之景表空曠淒涼之情，這就是「木」字在古詩中的一個藝術特徵。

「木」就是「樹」，在概念上是一致的。但在意味上，「木」一般是在秋風葉落的情景中取得鮮明的形象，而「樹」則要借助樹葉的多來表達飽滿的感情。

這就說明了「木」和「樹」在藝術形象領域是不同的。古代詩人們如此

鍾情於「木」，是因其在表達情感和營造意境方面有獨特的魅力。

5. 齊讀第六、七兩段，思考第三個問題。

思考：前面分析到「木葉」就是「落葉」，可又發現詩歌中有用「落葉」的，也有用「木葉」的，「木葉」與「落葉」究竟有什麼區別呢？

體會：

「嫋嫋兮秋風，洞庭波兮木葉下」

「美女妖且閑，採桑歧路間；柔條紛冉冉，落葉何翩翩」

「靜夜無四鄰，荒居舊業貧；雨中黃葉樹，燈下白頭人」

「無邊落木蕭蕭下，不盡長江滾滾來」

明確：「嫋嫋兮秋風，洞庭波兮木葉下」中「木葉」飄零中透些微黃；「美女妖且閑，採桑歧路間；柔條紛冉冉，落葉何翩翩」中「落葉」則飽含水份，繁密；「靜夜無四鄰，荒居舊業貧；雨中黃葉樹，燈下白頭人」中的「黃葉」微黃但不乾燥，無飄零之意，而「無邊落木蕭蕭下」中「落木」則代表著疏朗和空闊的意境。

從這些不同形象的葉子中，我們體會到：「木葉」暗示的是「落葉的微黃與乾燥」，帶給我們的是「整個秋天的疏朗的氣息」。這就是「木葉」的藝術特徵，與「落木」相比，還帶著些許纏綿。

所以，現在我們就能解開剛上課時提到的「無邊落木蕭蕭下，不盡長江滾滾來」中的疑惑了。那麼我們現在來小結一下「木」的藝術形象。

「木」是含有落葉的因素，在顏色上是透著黃色，在觸覺上是乾燥的，感覺很乾爽的，意境空闊。

朱光潛先生的《咬文嚼字》告訴我們對於文學作品的「句式」、「繁簡」和「字眼」等方面要抱著嚴謹的態度。樹，是我們常見的客觀事物，它有自己的形狀，有顏色等屬性，但當詩人把它寫進作品就需要融入自己的喜怒哀樂和志趣，那麼樹就不再是物象，為了更好地表達自己的思緒，經過情感提煉和藝術創造，於是選擇「木」。那麼今天林庚先生就告訴我們在詩歌鑒賞中要非常注意對意象的細細體會。

6. 為什麼這些概念上區別不大的詞語，在意境上的差別會這麼大呢？

這是因為詩歌語言具有暗示性。概念下面暗含著豐富的形象和內涵，也就是詩歌語言的微妙意味往往寄於言外，這類語言就是古典詩歌中的意象。

因此，在詩歌鑑賞中，不僅要玩味語言的言內義，而且要玩味語言以外的意義，這樣才能真正理解和鑑賞詩歌的旨趣。

三、觸類旁通，舉一反三。

暗示性仿佛是概念的影子，也就是精約的形象背後蘊含著無盡的情思，這正體現了詩歌的含蓄美。詩歌形象往往蘊含著穩定的情思。

1. 請根據課文所闡釋的詩歌語言的暗示性的理論，體味古詩中的「月亮」意象的藝術特點。（請學生舉出含有月亮的詩句，並將它們寫到黑板上。）

示例：

雲中誰寄錦書來，雁字回時，月滿西樓。——李清照《一剪梅》

無言獨上西樓。月如鉤，寂寞梧桐深院鎖清秋。——李煜《相見歡》

露從今夜白，月是故鄉明——杜甫《月夜憶舍弟》

海上生明月，天涯共此時——張九齡《望月懷遠》

何處相思明月樓？可憐樓上月徘徊……此時相望不相聞，願逐月華流照君——張若虛《春江花月夜》

人有悲歡離合，月有陰晴圓缺，此事古難全，但願人長久，千里共嬋娟——蘇軾《水調歌頭》

江南月，如鏡複如鉤。似鏡不侵紅粉面，似鉤不掛畫簾頭，長是照離愁。——歐陽修《望江南》

去年元夜時，花市燈如畫。月上柳梢頭，人約黃昏後。今年元夜時，月與燈依舊。——歐陽修《生查子》

恨君不似江樓月，南北東西，南北東西，只有相隨無別離。恨君卻似江樓月，暫滿還虧，暫滿還虧，待得團圓是幾時？——呂本中《採桑子》

春風又綠江南岸，明月何時照我還——王安石《泊船瓜洲》

請學生將月亮這一意象表達的情感歸納總結。

在遠離家鄉，遠離親人者的眼裡，月亮寄託戀人間的苦苦相思，或是蘊

含對故鄉和親人朋友的無限思念。從月相的形態及其變化來看，圓月如盤，團團圓圓；殘月如勾，殘缺不全。月亮圓了又缺，缺了又圓，自然勾起人們的想像和聯想。寧靜的月夜裡，沐浴著清幽柔和的月光，人們很容易陷入沉思，展開遐想，產生纏綿而渺遠的情思。離家在外的人，仰望明月，思緒常常飛越空間，想起同在這一輪明月照耀下的故鄉、親人、朋友。

結論：望月懷遠，思念親人，暗含有月圓人不圓的愁緒。

2. 舉例感悟精約的形象背後蘊含著無盡的情思。展示：

牆角數枝梅，淩寒獨自開。遙知不是雪，為有暗香來。——王安石《梅花》

驛外斷橋邊，寂寞開無主。已是黃昏獨自愁，更著風和雨。無意苦爭春，一任群芳妒。零落成泥碾作塵，只有香如故。——陸游《詠梅》

風雨送春歸，飛雪迎春到。已是懸崖百丈冰，猶有花枝俏。俏也不爭春，只把春來報，待到山花爛漫時，她在叢中笑。——毛澤東《詠梅》

請學生分析梅花的意象表達的感情。學生充分討論後明確：

王安石《梅花》，表現了梅花「淩寒獨自開」的高貴品格。中國古代把松、竹、梅譽為「歲寒三友」，是高貴聖潔的象徵，這首《梅花》的意象表現的就是中國這種傳統文化精神。

陸游《蔔運算元·詠梅》表達的是「寂寞開無主」的無奈、「黃昏獨自愁」的淒涼心境，以及「只有香如故」的孤傲和清高。

毛澤東《卜運算元·詠梅》與陸遊的詞題、調相同，意境卻截然不同，毛詞巧妙地把陸遊詞中對梅花不幸遭遇的傾訴和孤芳自賞的表露化為對她達觀堅定的描述和高貴純潔的讚頌。

所以梅花一般表達的是：高貴，聖潔，堅貞。

中國古典詩歌中，有許多意象由於具有相對穩定的感情色彩，但同一意象在不同的詩人或語境中所表達的情感也會有不同，甚至會有完全相反的感情。

小結：

同學們，我們生長在一個詩的國度裡，古代詩歌是祖先留給我們的寶貴的文化遺產，更是我們的驕傲。希望同學們能愛詩，會品詩，更加熱愛並傳

承我們的傳統文化。

四、佈置作業：

　　自己選擇 2 個詩歌意象，列舉情感上盡可能差異大的 10 個詩句，歸納意象表達的感情，探究其文化內涵。「柳」「鳥」「雨」

　　板書設計

　　（1－3）「木葉」為詩人所鍾愛。（現象）

木葉＝樹葉＜木葉——落木（關鍵在一個「木」字）

　　（4－6）「木」被人喜歡的原因。（特徵及原因）

兩個藝術特徵：1、含有落葉的因素（暗示性）；

2、有微黃和乾燥之感，帶來疏朗的秋天氣息。

　　（7）總結：「木葉」與「樹葉」在概念上相差無幾，藝術形象上的差別幾乎是一字千里。

《琵琶行》教學設計

一、教材特點

音樂，是人類心靈的詩章。真正的音樂能打動所有真誠而豐富的心靈。上世紀末，當俄國大文豪托爾斯泰聽了柴科夫斯基的《如歌的行板》後，禁不住老淚縱橫，說自己因此「觸摸到了俄羅斯民族的靈魂」。《琵琶行》是唐代著名現實主義詩人白居易寫的一首敘事長詩，是中國音樂描寫詩中的「千古絕唱」，具有深刻的思想內容和卓越的表達技巧。

編者對學生的訓練要求是：讓學生在反復誦讀中，運用聯想和想像，探究它的意境；瞭解古典詩詞格律常識，欣賞詩詞曲的語言美、音韻美、意境美，從而提升學生對古詩的審美水平，提高學生的語文素養。

本詩是高中古詩文教學的重點課文，通過本詩的學習進一步提高學生分析鑒賞古代詩歌的能力。

二、教學目標的分析與確定

本課重點在於對敘事抒情的手法和音樂描寫技巧的鑒賞。學生在初中和高一的學習基礎上已有初步的文言知識積累和詩歌鑒賞的基本知識，能大致把握詩歌語言和思想，初步體會詩歌的意境和藝術特色。學生能通過課文感受並同情白居易及琵琶女的悲慘遭遇。但是讓學生在短時間內感受一篇融音樂、文學於一爐的抒情敘事詩，深入體會詩歌的深層的語言美、音韻美、意境美，還有較大的難度。我想只有讓學生反復誦讀和相互交流才能彌補學生在鑒賞方面的缺乏和不足。根據以上原因，我確定如下教學目標：

1. 知識目標：

欣賞並學習詩人以語言文字來表現音樂形象的藝術技巧，學習以文字表現音樂的寫作手法；

2. 情感思想目標：

體會「同是天涯淪落人，相逢何必曾相識」的內涵，瞭解封建社會摧殘人才的黑暗現實。

有關美感與文學的文章在高一時曾有接觸，但用文字來細緻具體地描寫音樂的文章學生很少接觸，因此，我把感受作者運用文字表現音樂形象的藝術技巧，對琵琶聲精彩描寫的鑒賞學習，培養學生的鑒賞能力列為本課教學的重點和難點。另外，高二學生雖有一定的鑒賞能力，但由於對生活的滄桑缺少實際的體驗，理解封建社會摧殘人才的黑暗現實對他們來說有一定的難度，因此我把體會「同是天涯淪落人，相逢何必曾相識」的內涵，瞭解封建社會摧殘人才的黑暗現實列為本文的又一個難點。

三、說教法

人的審美心理結構是由感知、想像、情感、理解等要素組成的感受系統，這種感受體驗系統為教師在教學活動中實施美育提供了可行性。美本身是抽象的，但蘊藏著豐富審美意蘊的語言材料卻是客觀顯現的，是最直接的感知材料。學生可以通過看、聽、誦等活動直接感受作品中的美，可通過豐富的想像和聯想，創造出高於作品本身的形象和感人的意境，也可通過感受作品蘊涵的或教師傳遞的情感產生強烈的共鳴，從而獲得審美愉悅，學會鑒賞、學會悟理、學會創造，達到審美活動的高層次：領悟、啟真、冶性。

這是一篇課內自讀文，應該以學生為主體，老師講的過多也不利於學生對知識的吸收。所以我覺得採用誦讀法和學生討論法相結合的教學方法比較適合。此外還要求學生在課前解決字詞問題。本文採用二課時教學，在時間允許的條件下可以適當增加課外知識，用三課時進行教學。學生畢竟沒有很高的文學和音樂素養，在教學過程中只是枯燥的傳授知識效果未必好，還應輔以多媒體課件的使用。尤其是讓學生聽《潯陽月夜》、《十面埋伏》等古樂，感受琵琶這種樂器的特點，有利於學生對文章中的音樂有個感性的認識。

四、說教學過程

（一）導入新課

在課前我先給學生放一段《潯陽月夜》的古曲，讓學生在琵琶的演奏中感知這種樂器的特點，體會音樂的魅力，然後在音樂的背景中我開始講述有關音樂的故事。70年代中期。歐洲某樂團深入中非一部落，為那裡的土著

居民演奏舒伯特小夜曲。令人驚奇的是，這些幾乎沒有接觸過現代文明的原始部落的居民，居然被小夜曲感動得如癡如醉！上世紀末，當俄國大文豪托爾斯泰聽了柴科夫斯基的《如歌的行板》後，禁不住老淚縱橫，說自己因此"觸摸到了俄羅斯民族的靈魂"。被貶潯陽的白居易在落魄失意之時偶遇了一位知己，他被一位流落此地的琵琶女精湛技藝所折服，共同的遭遇使得兩人在琴聲中相互理解，產生了「同是天涯淪落人，相逢何必曾相識」的感歎。著名的《琵琶行》由此寫成。現在，讓我們也來聆聽這首《如歌的行板》吧。

（二）分析課文

1. 在《潯陽月夜》的琵琶聲中讓學生反復朗讀課文，把握朗讀規律，初步體會朗讀的藝術，體會作品的思想情感，整體感知這首詩。

第二節課讓學生概括出：文章主要寫了琵琶女的琴聲和詩人的感受兩部分內容。文章通過琴聲和感受兩個方面來描述詩人和琵琶女的這場偶遇，抒發「同是天涯淪落人」的感慨。

2. 下面我講講對文章內容的分析。

我從兩條思路去分析這篇文章。

第一條思路：三奏，即琵琶女的三次演奏。

學生通過討論可以找到：第一次演奏在文章第一節，第二次演奏在文章第二、三節，第三次演奏在文章最後一節。在這部分內容的學習中，學生要掌握的是作者對聲音的描寫技巧。

先分析第一次演奏，即第一節。我設置如下問題：

a. 這一段音樂描寫屬於什麼描寫？

b. 這裡的景物描寫有什麼特點，作用如何。

學生通過討論找到答案：這是種音樂的側面烘托描寫。也是用文字去表現音樂的一種手法。通過環境描寫烘托了悲涼蕭瑟的琵琶聲，為全文奠定了感情基調。

第二次演奏，這是文章的重點部分。這一部分出現了很多名句，可以讓學生先挑出來讀讀。然後我準備了以下幾個問題：

a. 這一部分琵琶女音樂的基調是怎樣的？根據演奏的起承轉合可以分為幾層，哪一層是高潮部分？

b. 作者在描寫聲音時用了什麼修辭手法，運用的詞有什麼特點，舉例說明。

c. 這一部分用「東船西舫悄無言，唯見江心秋月白」結尾，有什麼作用？

學生以小組討論的形式回答這幾個問題。這一部分主要在於品味作者描寫音樂的妙處，通過回答上面的問題，學生可以概括出作者描寫音樂的方法：

a. 詩人善用比喻，寫虛渺飄忽、過耳即逝的無形之樂。

b. 善用擬聲詞和雙聲疊韻詞。

c. 側面烘托的手法。

d. 在對樂曲的描寫中融入了深厚的情感。

第三次演奏，在文章最後一節，讓學生反復誦讀，自己品味。

第二條思路：三感，即作者的三次感悟。

對應琵琶女的三次演奏，作者相應有三次感受。學生在文中不難找到。

在第一次感悟中可以讓學生回答怎樣的問題，a，你能從字裡行間感受到作者初聽聲音時的心情嗎？b，你從哪裡捕捉到了作者的心情？c，這樣的環境描寫烘托了作者怎樣的感情？

這三個問題由淺入深推進，表明了作者孤寂傷感的心情，渲染了琵琶女的悲涼音樂。

第二次感悟在文章的第四節，是文章的難點部分。為了更好理解文章主題，要聯繫琵琶女的身世來感知文章。在這裡我打算問這樣幾個問題：a，哪些句子能夠體現出作者的心情？b，詩人聽了琵琶聲，知道了琵琶女的遭遇，心底發出的最大的感慨是什麼？c，為什麼詩人說他和琵琶女「同是天涯淪落人」？

這一部分闡明了文章的主題。詩人和琵琶女在身世、才華和遭遇上都有相似之處。兩個形象心靈溝通，怨恨交織，唱出了「同是天涯淪落人，相逢何必曾相識」的主題。

第三次感悟在文章的最後一節，要學生回答：如何理解「江州司馬青衫濕」？

這句話更襯托出樂曲的悲淒，用它作結，補足「同是天涯淪落人」的內涵，這是詩人同情琵琶女淪落之淚，也是傷感自己遭貶之淚。從而鮮明突出了全詩的主題。

3. 到這裡全文的分析結束，下面我講講文章的小結。

全文結束後，設計提問：詩人為什麼不知道琵琶女遭遇之時便已經聽出了音樂中的情感？（過渡到白居易的處境）

學生分組討論，交換意見。最後我總結：

A. 白居易的身份：被貶的官員，有政治抱負不得施展。這一點與琵琶女的「不得志」有相似之處。

B. 秋天，「醉不成歡慘將別」，心情落寞。

小結：正是在這樣相同的境遇中，詩人發出了「同是天涯淪落人，相逢何必曾相識」的感慨，可以說，白居易是琵琶女的「知音」，所以他才寫下了這篇優美感人的《琵琶行》以贈之。最後我用一首詩作為《琵琶行》的讀後感，和大家共鳴：

人生難得一知己，千古知音最難覓。

伯牙操琴遇子期，高山流水韻依依

樂天潯陽聞琵琶，相逢何必曾相識。

寄語天涯淪落人，莫愁前路無知己。

（三）課外延伸

繼續培養學生閱讀鑒賞這類文章的能力，如在課堂上出示《老殘遊記‧明湖居聽書》中關於王小玉說書的片段。讓學生課外進行比較閱讀。此外學生還可去找描寫音樂的文章和詩歌，如《聽穎師彈琴》、《李憑箜篌引》等。

（四）作業

讓學生初步學習運用語言藝術來描述聽覺的手法，課後就自己喜歡的一段音樂用形象的語言寫出自己的感受，文體、字數不限。

五、說板書

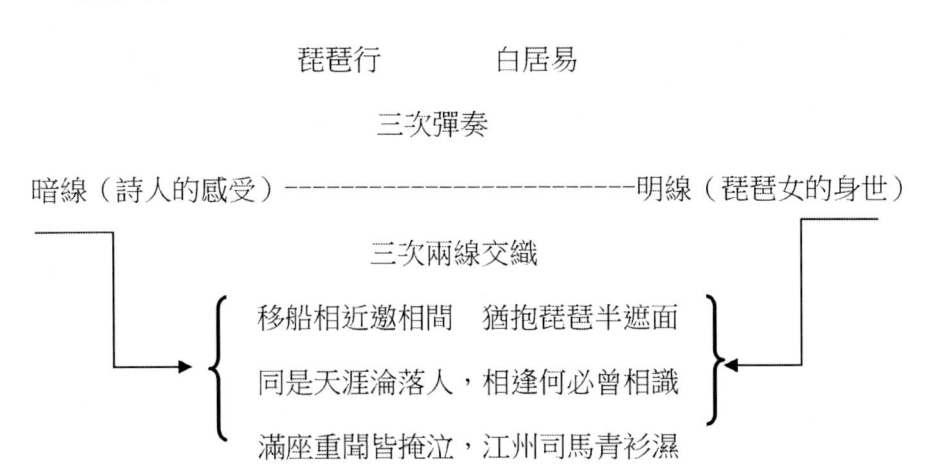

<pre>
              琵琶行   白居易

                 三次彈奏

暗線（詩人的感受）---------------------------明線（琵琶女的身世）
                  三次兩線交織
         ┌   ┐
         │ 移船相近邀相間　猶抱琵琶半遮面 │
         │ 同是天涯淪落人，相逢何必曾相識 │
         │ 滿座重聞皆掩泣，江州司馬青衫濕 │
         └   ┘
</pre>

《長恨歌》教學設計（第二課時）

【教學目標】

1. 知識與技能

(1)瞭解李楊的愛情悲劇，熟讀成誦《長恨歌》。

(2)把握詩歌的思想內容及主題。

(3)品味作者的語言，鑒賞詩歌的表現手法。

2. 過程與方法

(1)理解本詩情、事、景互相交融的藝術手法。

(2)理解本詩現實主義和浪漫主義相結合的藝術手法。

3. 情感態度與價值觀

(1)幫助學生深入理解和感悟詩歌中的人與所處的歷史背景和環境。

(2)感受事故詩歌宛轉動人，纏綿悱惻的藝術魅力。

【教材分析】

《長恨歌》是白居易詩作中膾炙人口的名篇。在這首長篇敘事詩裡，白居易有感於唐玄宗、楊貴妃的故事，以精煉的語言，優美的形象，敘事和抒情結合的手法，敘述了唐玄宗、楊貴妃在安史之亂中的愛情悲劇。唐玄宗、楊貴妃都是歷史上的人物，詩人並不拘泥於歷史，而是借著歷史的一點影子，根據當時人們的傳說，街坊的歌唱，從中蛻化出一個迴旋曲折、宛轉動人的故事，用回環往復、纏綿悱惻的藝術形式，描摹、歌詠出來。由於詩中的故事、人物都是藝術化的，是現實中人的複雜真實的再現，所以能夠在歷代讀者的心中漾起陣陣漣漪。學習本詩，除了有助於提高學生對古典詩詞語言的理解能力之外，更重要的是通過作者對李、楊真摯感人愛情的描寫來感染學生，使學生認識到唐代文化的博大，培養學生古詩歌鑒賞的能力。

【學情分析學法指導】

高二學生經過一年多的必修課學習，積累了一定的文學常識和字詞知識，隨著認知能力的逐漸提高，他們對古典文學的認識和理解也有了一定的深度，因此他們需要更大的學習空間來滿足學習需要，每一個學生都有著自己的的

個性和特長，面對豐富的選修課程，學生的興趣和潛能會得到前所未有激發。

學生在必修 3 中學習過《琵琶行》，因此對於作者的經歷、地位及文學主張有一定的瞭解。「童子解吟長恨曲，胡兒能唱琵琶篇」「文章合為時而著，詩歌合為事而作」。

《中國古代詩歌散文欣賞》著重從文學鑒賞角度進一步引導學生閱讀古代詩文。所以讓學生有計劃地閱讀一定數量的名篇，通過自己的鑒賞探究，感受其思想、藝術魅力，發展想像力和審美力，提高對古代詩文語文的感受力，體會中華文化的博大精神，增進運用祖國語言文字的能力是非常必要的。

【教學方法】

《語文課程標準》中對閱讀教學的建議是：「閱讀是學生的個性化行為，不應以教師的分析來代替學生的閱讀實踐。應讓學生在主動積極的思維和情感活動中，加深理解和體驗，有所感悟和思考，受到情感薰陶，獲得思想啟迪，享受審美樂趣。要珍視學生獨特的感受和理解。」

本課是詩歌，既要創設情境，激發學生學習的興趣，引導學生理解詩歌結構內容，又要充分發揮學生的主動性，真正體現以學生為主體的教學理念，通過創設相對寬鬆的學習環境，讓學生在討論中交流，在合作中探究，真正成為課堂的主體。

因此，本課主要採用誦讀法和討論法。通過誦讀、設置引導性問題，創設相對寬鬆的學習環境，讓學生在誦讀中體味，在討論、交流、合作、探究中理解詩人的思想感情，體會詩歌的表現手法。教師要鼓勵學生大膽說出自己的看法，並給予積極的評價。

【教學重點】

1. 瞭解長恨歌的現實主義、浪漫主義創作風格。

2. 把握長恨歌的思想內容及主題。

3. 品味作者的語言，鑒賞詩歌的表現手法。

【教學難點】

1. 把握長恨歌的思想內容及主題。

2. 品味作者的語言，鑒賞詩歌的表現手法。

【教學過程】

一、導入

　　在中國，歷來人們都普遍認為，帝王是沒有真正愛情的，他們有三宮六院七十二妃，豈會專愛一人？可在中國歷史上，恰恰就有這麼一位「不愛江山愛美人」的皇帝，他只專寵一人，並愛得纏綿深切，以至「天長地久有盡時，此恨綿綿無絕期」。這個皇帝是誰？他愛的又是誰？他又是怎樣愛的呢？這節課，我們繼續來學習——《長恨歌》。

二、朗誦課文精彩片段。

　　1. 學生自由誦讀喜歡的詩句。
　　2. 課堂比賽展示，教師及時點評修正。

　　教師：李、楊愛情歷來是文人喜歡的題材，像杜牧《過華清宮絕句》、李商隱《馬嵬》、蘇軾《荔枝歎》、白樸《唐明皇秋夜梧桐雨》、洪昇《長生殿》等，都是寫李、楊愛情的，眾多文人對這一題材如此忠愛，可見它非常有價值。誰能給大家講一講李、楊的愛情故事。

　　學生：唐玄宗是開創開元盛世的一代明君，楊玉環是蜀州司戶楊玄琰的女兒，隨叔父楊玄珪入長安，及笄，嫁與玄宗第十四個兒子壽王李瑁為妃，後為李隆基看中。李隆基早年勵精圖治，晚年逐漸鬆弛。得楊玉環後，更是沉湎酒色，荒廢朝政。天寶十四載（755），手握重兵的范陽節度使安祿山打著討伐楊氏、以清君側的幌子，發動了叛亂，兵臨長安。李隆基偕楊玉環等倉皇出奔，西行四川。至陝西馬嵬驛，扈從禁軍發難，求誅楊氏兄妹以謝天下。迫於情勢，李隆基只得命高力士縊死楊貴妃。

　　教師：原來李隆基與楊貴妃的愛情這麼曲折，但是最終他們是以悲劇收場，詩人的題目就定為長恨，那麼詩歌是不是一開始就在寫長恨呢？我們來一起討論。

三、問題探討（教師展示問題，分成小組學生自由討論，教師參與，學生自由交流研討結論，教師引導、點評。）

　　1. 解題：

問題：這首詩歌的題目是《長恨歌》，恨是什麼意思，長恨歌應作何解釋？

明確：長恨歌，就是歌長恨，長是時間，是感情延綿的見證，恨是沉重的遺憾，代表了感情的深度和痛苦的沉重。長恨就是長久的遺憾。恨的含義可以根據主題定位的不同而不同。遺憾、悔恨、沉痛兼而有之。

問題：這首詩歌是誰在恨，他們長恨的是什麼呢？

明確：是李隆基和楊貴妃在恨，他們彼此相愛卻不能在一起，最終楊貴妃身死，而李隆基退位。

問題：詩人的題目就定為長恨，那麼詩歌是不是一開始就在寫長恨呢？

明確：不是。全篇中心是歌「長恨」，但詩人卻從「重色」說起，並且極寫貴妃之美豔和「漢皇重色思傾國」。

問：除了描寫貴妃之美和李楊的「蜜月生活」，詩歌還寫到什麼？

明確：還寫到「安史之亂」爆發，楊貴妃身死。還有李隆基返回長安後對楊貴妃思念的種種表現。還有李隆基讓道士去尋找楊貴妃的亡魂，以及在仙界與貴妃見面的情景。不僅僅是遺憾，唐玄宗重美色而誤國，楊貴妃迷惑君王而致「安史之亂」，所以這裡的恨，還有悔和痛的意思。

首先是李、楊在恨，他們真心相愛，但是卻不能生活在一起，落得人仙兩茫茫。

還有詩人的恨、讀者的恨，為李、楊的愛情悲劇而遺憾、惋惜。詩人、讀者不僅為愛情悲劇而恨，還對愛情悲劇引發的政治悲劇而遺憾。

教師總結：

唐玄宗的荒淫誤國，引出了政治上的悲劇，反過來又導致了他和楊貴妃的愛情悲劇。悲劇的製造者最後成為悲劇的主人公，這是故事的特殊、曲折處，也是詩中男女主人公之所以要「長恨」的原因。

在學生討論的基礎上，總結詩歌主題：

（1）諷喻說。

（2）愛情說。

（3）雙重主題說。

四、《長恨歌》的藝術特點：

這首詩最令你感動的是什麼？想想看，白居易用了什麼樣的寫作技巧使你感動？

學生選取自己感受最深的一點回答

示例1．本詩採用七言歌行體，在繼承漢代《孔雀東南飛》和初唐四傑七古的基礎上別創新調。在形式上採用平仄相調的律句，間用對偶，數句一轉韻，音節隨情節而曲折，依感情而頓挫，而多處頂針格的運用，如「後宮佳麗三千人，三千寵愛在一身」等，使音韻更和諧瀏亮，婉轉動人。後人稱之為「長慶體」。

示例2．故事情節生動曲折
①現實情節和想像情節的結合，使長詩富有傳奇和浪漫色彩。
②運用開合起伏的手法，使情節跌宕騰挪，富有變化。

示例3．刻畫人物細膩傳神
①李隆基：荒淫重色 對愛情真誠執著
②楊玉環：美貌和忠貞

示例4．敘事、抒情、描寫熔於一爐

結合詩歌二、三節自「驪宮高處入青雲」至「魂魄不曾來入夢」分析詩歌情與景的特點。

這是一首抒情成份很濃的敘事詩，詩人在敘述故事和人物塑造上，採用了中國傳統詩歌擅長的抒寫手法，將敘事、寫景和抒情和諧地結合在一起，形成詩歌抒情上回環往復的特點。詩人時而把人物的思想感情注入景物，用景物的折光來烘托人物的心境；時而抓住人物周圍富有特徵性的景物、事物，通過人物對它們的感受來表現內心的感情，層層渲染，恰如其分地表達人物蘊蓄在內心深處的難達之情。

作為一首千古絕唱的敘事詩，《長恨歌》在藝術上的成就是很高的。古往今來，許多人都肯定這首詩的特殊的藝術魅力。《長恨歌》在藝術上以什麼感染和誘惑著讀者呢？婉轉動人，纏綿悱惻，恐怕是它最大的藝術個性，也是它能吸引住千百年來的讀者，使他們受感染、被誘惑的力量。

五、作業

　　1. 熟讀這首詩，有感情的朗誦。

　　2. 摘出自己喜歡的句子。

板書設計

主題：　　　　　　　　藝術手法

一、諷喻說。　　　　——借景抒情

二、愛情說。　　　　——敘事見情

三、雙重主題說。　　　——觸景生情

四、借歷史人物，寄託悲己之情。　　——以形寫情，描寫見情

教育探驪

《中學生個性化閱讀與寫作實踐研究》課題結題報告

　　《中學生個性化閱讀與寫作實踐研究》課題被中國省教科所批准立項至今，本課題組全體成員圍繞課題充分利用網路平臺採取集體學習與個人研修相結合的方式認真學習了朱永新《書香也醉人》《國家中長期教育改革和發展規劃綱要 (2010-2020 年)》等教育論著和 40 多篇關於閱讀的文章，完成了 10 多門課的網路課程研修，聆聽了李鎮西老師《幸福比優秀重要》魏書生老師《教育與人生》等 4 場報告，從語文課程性質出發，圍繞語文課程培養目標，根據閱讀與寫作教學自身的特點，以語文閱讀教學、寫作教學為根基，以提高學生的思維能力、寫作能力等語文素養為根本目的，確定了本課題研究以語文課程改革理論、語文教學規律、心理學理論等為研究的理論基礎，完成了開題報告。利用網路進行了教師和學生閱讀寫作現狀的調研，撰寫了調研報告，大膽創新，積極進行教育教學實踐，課題組每位老師上了 1~2 節探究課，我們聯合西安市王吾堂名師工作室、臨潼狄聰玲工作室、陝西省優秀教學能手王毅軍工作站、王春英工作站共同開展教研活動，先後開展了《高中語文低起點與高起點課堂教學對比》《異文異構長文短教》《不同文體品味鑒賞》的聽評課研討教研活動 23 次，在學生中開展了「我為自己代言——學生作文雜誌編寫活動」、「我的一本課外書」「詩情歌韻詠青春」、寒假「與好書為友」等豐富多彩的讀書活動，組織學生參加了全國第 21 屆「聖陶杯」作文大賽，為學生做了《簡單地說一說寫作》學習方法指導講座，架起了閱讀與寫作的橋樑，將中學生個性化閱讀指導與寫作能力提升有機結合，激發了學生的閱讀興趣，培養了學生良好的語文學習習慣和思維能力，14 名學生在全國第 21 屆「聖陶杯」作文大賽中獲獎，37 名學生作品發表在校報上，學生寫作能力明顯提高。由此我們總結出中學生個性化閱讀與寫作實踐的策略，並將之在一定範圍內推廣，豐富了語文教育教學的內涵，促進了語文課堂教學的改革，提高了教師的專業素養，提高了語文課堂教學的效率。不僅為校園生活注入了活力，更提高了學校的教育教學品質。現已經完成了該課題的預定研究任務，具體彙報如下：

一、課題研究的背景與界定

1. 研究的背景

　　近些年我們很多老師、學生都有一個共同的感受：付出了很多努力教語文、學習語文，但是效果一直很不理想。學生的語文素養出現了滑坡現象。不論老師如何加強寫作訓練，甚至一些學生為應試死記硬背套寫範文，但學生作文依然思想僵化，缺乏個性，語言乾癟，內容單一，形式古板，讀之無味。學生越來越不愛寫作，語文成績難以上升，教師無奈，學生語文綜合能力著實堪憂。北大資深教授錢理群先生說：「學好語文有很多要素，但最核心、最根本的方式就是閱讀」。可見讀書之於寫作、學好語文，就好比樹根之於枝葉，源泉之於河流，基礎之於大廈，靈魂之於生命。閱讀產生寫作的動力，是寫好作文的重要因素。沒有廣泛的閱讀，就沒有思想深刻的作文。沒有個性化的閱讀，就更沒有富有個性的寫作。

　　另一方面個性化的寫作能力還來自於良好的個性化思維能力。沒有個性化的思維能力，就沒有個性化寫作。高中學生正在走向成年，思維漸趨成熟，即將走入新的人生階段，培養他們良好的思維能力一定會影響到他們的一生。如今，借助互聯網的搜尋引擎，借助網路的各種課程，隨時隨地獲取需要的知識已不是問題。當今語文教學對知識、技巧的記憶性分析、總結等的低層次內容已經不再是教學的重點，語文能力比語文知識更重要，而思維的方式、方法又決定了能力的高低。因此學生應具有的審辯式思維能力形成才是最值得期許的、最核心的教育成果。審辯式思維是創新型人才最重要的心理特徵，是學生個性化作文的基礎。我們期待著學生思想敏銳，富有探索精神和創新能力，對自然、社會和人生具有自己深刻的思考和認識，就不能不加強課外閱讀活動，發展他們的探究能力、審辯式思維能力。只有這樣才能讓學生站在更高的制高點上挖掘語文教育的人文內涵，學會自我教育、自我成長，形成正確的人生觀、價值觀，自如地運用文字寫作，學會準確表達，滿足現今生活交流的需要，進而提高他們的創新能力，提高他們的語文素養。

　　基於以上情況和認識，我們提出了「中學生個性化閱讀與寫作實踐研究」這一課題。

2.課題的界定

所謂「個性化」是指與「大眾化」相對的某事物的獨立性、獨特性和不可替代性。如果說創新是推動社會發展和文明進步的直接動力，那麼個性則是孕育和形成創新能力的原動力和心理依據。

所謂「個性化閱讀」就是學生在閱讀文本的過程中，調動個人的生活體驗，主動積極的思維，逐漸加深對文本的理解，有個人的感悟和思考，受到情感薰陶，獲得思想啟迪，享受審美樂趣的過程。它的內涵包括：①激發閱讀的積極性和主動性。②獨立思考，樂於探究。③受到美好的思想薰陶，得到自己的收穫。

所謂「個性化寫作」是指學生在寫作的過程中，能根據個人特長和興趣自主寫作，力求有個性、有創意地表達自己的思想和真情實感，不說假話、空話、套話。它的內涵主要包括：①發揮作文的主動性。②宣導寫作的個性化。③積累表達的個性化。④作文評價的個性化。

所謂「實踐」即實行、履行。指人們改造自然和社會的有意識的活動。

所以中學生個性化閱讀和寫作實踐研究就是指有意識激發中學生閱讀寫作的積極性和主動性，調動他們的已有體驗，促進他們對文本深入思考並將所獲自覺運用到寫作中，力求有個性、有創意地表達自己的思想和真情實感，提升他們寫作能力的活動研究。應包括活動中依據的相關理論、教學的原則、教學方法、教學策略、教學的模式、實施的途徑、教學設計、教學評價等方面的研究。涉及到教師與學生兩個方面。本課題將立足於教師方面，重點放在以個性化閱讀指導提升學生個性化寫作能力的方法和策略的行動研究。

二、課題研究的理論依據

1.語文課程改革理論

《普通高中語文課程標準》（實驗）提出：要「學習鑒賞中外文學作品，注重審美體驗，陶冶性情，涵養心靈。」「努力擴大閱讀視野。學會正確、自主地選擇閱讀材料，讀好書，讀整本書，豐富自己的精神世界，提高文化品位。學會多角度地觀察生活，豐富生活經歷和情感體驗，對自然、社會和

人生有自己的感受和思考。」「力求有個性、有創意地表達，根據個人特長和興趣自主寫作。在生活和學習中多方面地積累素材，多想多寫，做到有感而發。」它既強調閱讀和寫作要相結合，又重視激發學生的閱讀興趣，使學生主動地廣泛閱讀繼而提高作文能力，這是語文教學的中心任務之一。

2. 心理學方面的觀點

人的心理發展是一個由量變向質變的發展過程。而大量閱讀、語言的積累則必將潛移默化促進中學生寫作能力的質變。高中學生身心發展漸趨成熟，已具有一定的閱讀表達能力和知識文化積累，促進他們思考探究能力的發展應成為走出寫作困境的路徑。教師的激發、引導必然會為學生的終身發展起到積極作用。

3. 許多教育家有關閱讀的論述

教育學家們也發現，學生的閱讀能力與未來的工作生活能力、發展高度有密切的聯繫。朱永新認為「一個人的閱讀史就是一個人的精神發育史。」著名教育家蘇霍姆林斯基認為：「閱讀對學校來說是至關重要的，因為學校教育時期是人閱讀習慣、能力、閱讀興趣形成最關鍵的時候。」格林也提到「一個人在14歲以前所經歷的東西，所閱讀的東西、所看到的東西及所接觸的東西，是他一生最關鍵的東西」。可見閱讀對一個人思想品質形成、成長的重要性。

4. 語文教學自身的規律特點

語文教學必須要有大語文的觀念，應該注意閱讀與寫作的結合，理解與運用的結合，課內與課外的結合，內修與外在的結合。不可急功近利，一蹴而就，必須循序漸進，穩紮穩打，長遠打算。要在以人為本、以學生為主體的前提下，體現學生主動學習和老師的主動指導相結合的師生互動。

三、課題研究的意義

「中學生個性化閱讀與寫作實踐研究」這一課題，是在準確把握國際教育發展趨勢和國家教育改革現狀的基礎上提出的具有國際性和前瞻性的課

題,也是非常具有現實意義的、可行的課題。

1. 它順應了當今教育發展趨勢

當代教育的發展趨勢是：教育終身化、教育民主化、教育個性化、教育資訊化、教育國際化。教育已經是一個終身的過程，貫穿於人的一生各個階段。是正規的學校教育和非正規教育的總和。教育機會越來越多，人人均等，越來越人性化、人道化，越來越尊重人和人的個性，越來越突出學生在整個教育過程中的主體地位，更加重視培養學生的主體意識和主體能力，強調學校的特色發展。教育資訊化程度更高，徹底打破地域、時空的限制，教育的交流、合作平臺將更加廣闊。國際間的跨國的教育活動和研究活動會越來越多。其中教育的個性化是核心，根本在於以人為本。因此縱觀近二十年的世界教育改革，都不約而同的高舉起個性化教育的旗幟。把人的個性發展擺在了極其重要的位置。

2. 它符合中國新課程改革的要求

在世界多元化發展變化的今天，創新能力成為一個國家是否具有可持續發展動力的重要指標，國家創新能力的大小取決於創新人才的數量。高中是創新人才成長的重要時期，高中教育擔當著培養創新人才初期教育的重任，語文作為人類思想交際的重要工具和文化傳承的重要載體，決定了它在創新人才個體生命發展中的重要地位，閱讀與寫作作為構成語文能力的重要因素，在培養創新人才創新能力發展方面具有獨特的作用。《國家中長期教育改革和發展規劃綱要 (2010-2020 年)》明確指出要「注重因材施教。關注學生不同特點和個性差異，發展每一個學生的優勢潛能。」《語文課程標準》也對發展學生獨立閱讀能力提出了明確要求。它指出要「注重個性化閱讀，充分調動學生已有的生活經驗和知識積累，在主動積極的思維和情感活動中，獲得獨特的感受和體驗。學習探究性閱讀和創造性閱讀，發展想象能力、思辨能力和批判能力。」它還要求學生「力求有個性、有創意的表達，根據個人的特長和興趣自主寫作。在生活和學習中多方面地積累素材，多想多寫，做到有感而發。」因此要提升學生想象能力、思辨能力和批判能力，提升學生的語文素養，培養創新型人才，必須將個性化閱讀與寫作相結合，共同研究。

3. 它是學生個性發展的需要

每一個學生都是充滿鮮明個性的鮮活的個體。不同學生家庭文化背景的差異決定了他們的經歷、教養、性格、情趣、品格、視野、看問題的角度、觀點、表達與交流的方式、合作溝通的能力等的差異，決定了他們閱讀的興趣、理解、思維、審美、態度等的個性差異，這些個性差異決定了學生閱讀具有鮮明的個性化的特點。而這些個性化的閱讀特點必將潛移默化影響、滲透學生的寫作，且閱讀面越廣泛，滲透力越強大，學生的寫作個性化特點越鮮明。學生的這種個性化閱讀寫作差異要求我們的作文教學要重視人的價值，重視個體的發展差異，更多的關注每一個學生的具體訴求。要因材施教，就必須對學生個性化閱讀與寫作進行研究。

4. 是改變中學生閱讀、寫作現狀的需要

目前中學生閱讀狀況是：(1)量小、面窄、缺少深度閱讀。(2)課業負擔重，生活單調，閱讀時間無保證。(3)重課本輕課外閱讀，閱讀的目的性不強，興趣不濃。(4)重應試輕積累，閱讀方法不當。(5)受網路干擾衝擊，閱讀品位不高。中學生寫作狀況是：由於生活單調，課業負擔重，缺少必要的生活體驗。不注意觀察生活，思考生活，素材積累少，寫作時常常無話可說，習慣照搬應試範文。抄、湊、編是普遍現象，缺少真情獨特的見解。這種現狀越來越嚴重，不徹底改變，語文的教學效率將無從談起。因此語文教學需要激發學生的閱讀興趣，指導他們進行個性化閱讀，給他們一個獨特的語文視野，一些具體的寫作實例作參照，來反省自身，真正提升他們的寫作能力和技巧，進而提升他們的語文修養和能力，如何引導，方法策略如何？已成為走出閱讀寫作困境的突破口。

因此通過個性化閱讀與寫作來提升中學生寫作能力實踐的策略研究必將促進學生積極主動地閱讀大量的優秀文學作品，豐富他們的社會歷史知識和現實生活知識，有利於提高他們獨自觀察生活、認識生活的能力和審辯性思維能力，進而提升他們的寫作能力和語文素養。有利於培養他們高尚的思想情操和健康的審美觀念，促進他們健康快樂地成長。

5. 國內研究現狀述評及研究價值

　　從當前語文教育教學實際情況看，大家都非常重視學生閱讀與寫作能力的培養。閱讀與寫作是語文教學的核心環節，個性化閱讀是個性化寫作的前提和基礎。只有經過廣泛的個性化閱讀和積累，才會有個性化寫作，我手寫我心，才能讓寫作具有真情實感，真正提升寫作的能力，真正提升學生的語文素養，擔當起傳承民族文化的重任。很多專家學者非常重視課外閱讀與寫作的開展工作，進行了大量的研究，取得了一定的成果。但由於複雜的社會環境、不同學校學生的差異較大、大班額現象普遍、教學任務繁重等眾多因素影響，在個性化閱讀指導、提升中學生寫作能力方面一直沒有有效、切合我們學校學生實際的成熟做法。因此對中學生個性化閱讀與寫作實踐研究意義非凡。

　　本課題旨在探究通過指導學生個性化閱讀，激發學生閱讀的興趣來培養學生獨特認知、思維、審辯的能力，從而提升他們寫作的能力的實踐策略和方法。達到培養學生閱讀與寫作興趣，提升學生認知社會生活的能力，使學生的閱讀能力與寫作水平相互促進，同步提升，進而形成良好的品德修養和健康的審美情趣，逐步養成良好的個性和健全的人格，成為身心健康、積極上進、全面發展的一代新人的目的。

四、課題研究目標、內容、創新之處、思路和方法

1. 課題研究的目標

　　①引導學生理解生命、生活的真正意義，培養學生對終極信仰的追求，增強學生審辯式閱讀與獨立寫作的意識，使閱讀與寫作成為學生的生命需要，成為學生生命個體與外界社會交流的媒介。

　　②通過個性化閱讀指導，開展多種形式的閱讀、寫作活動，提高學生的口語表達能力及寫作能力，提升對文學作品的鑒賞能力，逐漸使學生掌握閱讀與寫作的方法與規律，從而廣泛積累，提升學生的語文素養乃至文化素養。

　　③落實《語文課程標準》，探究個性化閱讀與寫作之間的教學聯繫點，突破學生個性化閱讀與寫作困境，總結指導學生個性閱讀與寫作實踐的策略

和方法。

④課題研究重點放在對學生良好的課外閱讀習慣培養方面。經過一定時期的研究與實踐，努力把學生培養成「好讀書、讀好書」、有良好的閱讀習慣、有較強的自主學習能力的「知書達理」的文明人，從而達到培養鮮活、健康的生命，促進學生的健康發展的目標。

2. 課題研究的主要內容

通過研究我們將解決以下問題：

①中學生在個性化閱讀與寫作方面存在的主要問題是什麼？教師在個性化閱讀與寫作的教學指導上存在的主要誤區有哪些？

②中學生個性化閱讀有哪些特點？怎樣激發學生個性化閱讀的興趣？教師的指導方法有哪些？應遵循怎樣的規律和原則？

③這些方法的操作對教師、對學生的各自要求是什麼？

④這些方法對於提高學生寫作能力的實際效果如何？這些方法是怎麼引起學生興趣的？

⑤如何對學生個性化寫作進行評價？

3. 課題研究的創新之處

我們將努力把課內閱讀與課外閱讀相結合，個性化閱讀與個性化寫作相結合，以課內為主陣地，營造和諧、平等的閱讀氛圍，激發學生閱讀的興趣，充分發揮教師的主導作用和學生的主體作用，通過對學生個性化閱讀指導方法和策略的研究，促進學生寫作實踐能力的提升。

4. 課題研究的思路

①課題負責人參與承擔立項課題的主要研究任務，加強自身在課題研究方面的理論學習，拓展研究視野，提升研究能力。

②有針對性的搜集整理與課題相關的理論資料，組織課題組成員學習、討論、交流，達成共識，共同提升課題研究的理論水平。

③開展豐富的讀書活動，以讀促寫，搭建學生交流平臺，掀起讀書寫作

熱潮。

④開展課例研究、個案研究,以行動研究探究、指導學生個性閱讀與寫作能力提升的策略和方法。

⑤科學分配、合理協調課題組各成員的研究工作,揚長避短,加強交流與合作,及時解決他們存在的困難和問題,保證課題研究工作的順利進行。

⑥積極與課題指導專家聯繫,加強專家對我們研究全過程的指導,以求少走彎路,高效高質完成各項研究工作。

⑦課題研究與日常教學有機融合,課內閱讀與課外閱讀相結合,閱讀與寫作相結合,全面提升學生的語文能力和語文素養,提升教師的專業素養,教學相長,提高教育教學品質。同時做好各階段記錄、學習、活動、總結等過程性資料的收集整理工作。

5. 課題研究方法

主要採用的方法有：調查法、理論研究法、行動研究法。

①調查法:對學生、教師採用問卷、訪談調查等方法,對目前中學生個性化閱讀和教師閱讀指導現狀進行調查、分析、歸納、整理,為課題研究提供事實依據。

②理論研究法：借鑒教育學、現代閱讀心理學等相關學科的理論,關注國內外閱讀和作文教學研究發展動態,收集相關文獻資料,提高教師理論水平。嘗試探討中學生個性化閱讀與寫作的認知特點,以及影響中學生課外閱讀寫作的因素,為行動研究明確方向。

③行動研究法：在調查分析的基礎上,明確問題所在,在課堂教學上巧設問題,引發思維碰撞,積極探索培養學生審辯式思維的方法,課下開展了豐富多彩的閱讀、寫作活動,培養學生寫作的興趣。在行動中研究,在研究中行動,不斷反思、修正課題實施方案。歸納指導學生個性閱讀提升寫作能力的策略和方法。

五、研究的過程和步驟：

（一）研究準備階段：2014 年 11 月——2014 年 12 月

1. 我們 2014 年 11 月底成立課題組，完成了課題的申報、課題實施方案、課題研究計畫的制定工作。

2. 提升理論素養，奠定扎實基礎。以工作坊、QQ 群、博客等為平臺，採用集中學習與自主學習相結合、網路學習與報告培訓相結合的方式，先後學習了《國家中長期教育改革和發展規劃綱要 (2010-2020 年)》朱永新《書香也醉人》《卡爾維諾：為什麼要讀經典》等教育論著和閱讀寫作方面的文章 40 多篇，聆聽了李鎮西老師《幸福比優秀重要》魏書生老師《教育與人生》王滿利老師《2015 年高考衝刺策略報告會》《2015-2020 年度最有前景的教育技術》等報告，同時圍繞課題學習了《如何進行一個專題的學習》《高中議論文寫作教學研究》等十多門網路研修課程，拓展了研究視野，提升了理論修養，明確了研究方向。確定了本課題的理論基礎，完成了開題報告。為課題深入研究奠定了較扎實的根基。

3. 搭建網路平臺，完成課題調研。

我們利用問卷星的網路平臺，精心設計調查問卷，調動各課題組成員學校的教師和學生積極參加了《中學語文教師閱讀與寫作教學現狀調查問卷》《中學生閱讀與寫作現狀調查表》的問卷調查，收回 26 份教師、866 份學生的有效樣本問卷。統計了調查結果，完成了統計分析和調查報告。

存在問題及原因

1. 中學語文閱讀教學重課內輕課外，閱讀功利化傾向比較嚴重。

2. 閱讀心態浮躁，閱讀資訊碎片化傾向嚴重。

3. 對閱讀和對寫作實踐的認識，兩者反差較大。

4. 影響閱讀寫作因素較多，教學指導有待改進。

提出了解決問題的對策

1. 教與學要轉變觀念，宣導個性化閱讀

2. 推薦適合學生閱讀的作品，積極搭建閱讀平臺。

3.加強閱讀指導，激發學生閱讀和寫作興趣。

4.指導學生做讀書筆記，逐步培養寫作興趣和能力。

調研讓我們明確了現實中存在的問題，將研究工作重點落在糾正閱讀偏差，注重深層理解和個性化解讀，激發學生寫作的積極性的策略研究上。為研究工作的展開明確了方向。

（二）深入研究階段：2015 年 1 月---2015 年 7 月

1.開展豐富活動，架起閱讀與寫作橋樑

我們按照《語文新課標》「尊重學生在學習過程中的獨特體驗。應該讓學生在廣泛的語文實踐中學語文、用語文，逐步掌握運用語言文字的規律。」的要求，根據教師、學生不同特點開展了 8 項豐富多彩的課外閱讀活動，我們不僅保留了傳統的演講、讀書交流、金秋詩會等活動，如「與書為伴，快樂成長」演講比賽「讀書交流會」，還有「我的一本課外書」、「好書共欣賞」課前鑒讀等學生喜聞樂見、新穎別開生面的讀書交流，還有趙海燕老師激發了學生創造力的「我為自己代言——學生作文雜誌編寫活動」，學生將自己的作文編輯成冊，插圖、設計全部自己完成，鍛煉了學生的動手能力，讓學生品嘗到成功的喜悅。劉躍紅老師的《我喜愛的一本書（文章）》課前演講活動不僅要求學生讀好文章，還要求學生品味鑒賞，提升了學生的鑒賞能力和文學素養。我們組織學生參加全國第 21 屆「聖陶杯」作文大賽更是對學生閱讀寫作能力的綜合檢測，14 名學生榮獲一二三等獎。這些活動架起閱讀與寫作的橋樑，將個性化閱讀指導與寫作實踐有機結合，拓寬了學生學習視野，培養良好的語文學習習慣。同時這些活動促使他們學以致用，有效增強了學生的語文創新意識，培養了審辯式思維能力和動手實踐能力，學生寫作趣味更濃，讀書自覺性更強，書香氤氳校園，成為校園文化靚麗的風景線。它們更豐富了語文教育教學的內涵，促進了語文課堂教學的改革，提高了語文教學的效率，提升了學校教育教學的品質。

開展學生活動一覽表

序號	時間	活動名稱、內容	負責人	活動參與者

1	2014/11	《我喜愛的一本書（文章）》課前演講活動	劉躍紅	市一中高三
2	2014/12	全國第21屆「聖陶杯」作文大賽	羅暢	市一中
3	2015/2	「與好書為友」寒假讀書活動	郭柯	市一中高一學生
4	2015/2	我為自己代言——學生作文雜誌編寫活動	趙海燕	益新學生
5	2015/3——今	「好書共欣賞」課前鑒讀活動	郭柯	市一中高一學生
6	5/6	誦讀經典 弘揚文化 牢記歷史 報效祖國	趙海燕	益新中學初一學生
7	5/13	「我的一本課外書」讀書交流活動	李林梅	西安市第一中學高一
8	9/29	「詩情歌韻詠青春」高2018屆金秋詩歌朗誦會	羅暢	西安市第一中學高一

2. 廣開教研資源，搭建交流平臺，共用教學智慧

為了拓展研究視野，進一步提高課題組成員的理論與實踐相結合的能力，本課題組除了課題組內聽評課研討交流學習之外，還與西安市特級教師王吾堂名師工作室、臨潼狄聰玲名師工作室、陝西省優秀教學能手王毅軍工作站積極聯繫，帶領課題組成員共同組織教研活動。前後組織大的教研活動23次。我們赴臨潼鐵中參加了「高考語文二輪複習的重點和方向」研討活動，到西北大學附中參加了「高中語文低起點與高起點課堂教學對比」研討活動，到交大二附中參加了「異文異構長文短教」的教學研討活動，在西電中學與慶安大學區王春英名師工作室成員和大學區全體語文教師開展了「語文學科如何說課」的教研活動，劉躍紅老師做了報告。到西安市戶縣電廠中學參加了「賽教模式下的中學語文教師專業成長課題專題研討」活動，到西飛一中參加了「高中語文翻轉課堂教學觀摩研討」活動，到乾縣花口初中參加了「高效課堂審辯式教學研討活動」，劉躍紅老師還兩次參加了送教下鄉活動，為西安市灃東新城、長安區教師進行了培訓。大量的觀課、評課活動，拓展了課題研究管道，優化了教研資源，在更廣的交流平臺上互動，思維碰撞，切實發揮了聯合教研的獨特作用，創造了相互開放、優勢互補、共同發展的教研環境，促進了各工作室之間的交流與合作，實現了課題研究工作的新跨越，

進一步促進教師的專業發展,提高了老師們對課題的認知度。

課題組開展教研活動一覽表

序號	時間	活動地點	活動名稱、內容	活動參與者
1	2014/12/09	市一中	課題開題與研討會	課題組全體成員
2	2014/11/26	市一中	羅暢老師做《關於教育教學資源開發與利用的思考》報告	一中大學區教師、課題組部分成員
3	2014/12/23	市一中	課題理論學習、分工安排	課題組全體成員
4	2015/1/6	市一中	「打造精品教學設計,構建實施高效課堂」的主題教研	課題組全體成員
5	2015/1/8	市一中	劉躍紅做《教師應有專業化發展的自覺》報告	一中大學區教師、課題組全體成員
6	2015/2/2	臨潼鐵一中	2015年高考二輪複習研討會、課題工作碰頭會	課題組全體成員、王吾堂、狄聰玲工作室成員
7	2015/3/15	長安二中	李鎮西《幸福比優秀更重要》報告會	課題組部分成員
8	2015/3/23	西北大學附中	「高中語文低起點與高起點課堂教學對比」研討活動	課題組全體成員、王吾堂、狄聰玲、王毅軍工作室成員
9	2015/3/24	西安市89中	2015年高考衝刺策略報告會	課題組部分成員
10	2015/3/27	大學南路小學	華南師範大學焦建利教授報告《2015-2020年度最有前景的教育技術》	課題組部分成員
11	2015/4/2	市一中	劉躍紅老師《新人新事新亮點議理論證勝昔篇——高考作文論據一材多用方法》聽評課研討、課題工作小結	課題組全體成員
12	2015/6/2	西電中學	劉躍紅老師報告《語文學科如何説課》	課題組全體成員、慶安大學區語文老師、王春英工作室成員
13	2015/6/2	市一中	課題中期工作研究	課題組全體成員
14	2015/6/3	交大二附中	異文異構長文短教教學研討活動	課題組全體成員、王吾堂、狄聰玲、王毅軍工作室成員

15	2015/10/20	西安市第33中學	劉躍紅老師參加省教育廳「名師送教大篷車」活動	課題組部分成員
16	2015/10/27	閻良西飛一中	「『異課同模』翻轉課堂」教學觀摩研討活動	課題組全體成員
17	2015/10/27	市一中	「高效作業」主題教研活動	課題組全體成員
18	2015/11/19	戶縣電廠中學	「賽教模式下中學語文教師專業成長」研討活動	課題組部分成員
19	12·4	慶安中學	聽陝師大霍有明教授《唐詩鑒賞方法及技巧》講座	課題組部分成員
20	12/7	建國飯店	教育與人生——魏書生教育教學思想專題報告會	課題組部分成員
21	12/12	乾縣花口中學	「審辯式高效課堂教學研討活動」	課題組部分成員
22	12/21	市一中	課題結題工作安排	課題組全體成員
23	12/22	長安二中	劉躍紅老師送培下鄉為長安區教師培訓《如何說好語文課》	課題組部分成員

3. 骨幹示範引領，立足課堂指導，輻射課外閱讀

我們立足課堂，輻射課外，積極開展了行動研究，通過骨幹教師專題講座、上示範課、實踐指導等形式，帶動課題組全體成員積極學習，啟發思考，推動了課題研究。全課題組成員在研究中思考，在課堂中實踐、成長。我們對教師、學生進行專題講座、具體分類指導，不同文體指導如何品味鑒賞，結合學生作文的弊端，力爭每次作文講評突出1個重點，解決1個問題，帶動學生閱讀，寫作。圍繞課題，我們共上公開課12節，網上曬課3節。全體坊員平均聽評課36節。

課題組公開課研討一覽表

時間	報告或公開課題目	姓名	範圍
2014/11/27	《氓》	郭柯	市一中
12/23	《赤壁賦》電子白板教學展示	郭柯	市一中
2015/3	《登高》	劉躍紅	網上曬課
3月	《知之為知之，不知為不知》	羅暢	網上曬課
3月	《項脊軒志》	郭柯	網上曬課

3/19	小說塑造人物的方法	李林梅	市一中
3/23	《蜀道難》磨課	郭柯	市一中
3/24	《蜀道難》校內省級能手推薦賽教活動	郭柯	市一中
4/2	《新人新事新亮點議理論證勝昔篇——高考作文論據一材多用方法》	劉躍紅	市一中
4/15	《新材料作文審題立意方法》	劉躍紅	市一中
4/21	《考場作文素材的調用》	羅暢	市一中
9/9	《雨巷》	羅暢	市一中

4. 在研討中發展，在反思中成長

課題研究的意義應在於教師在研究中主動學習探究，學會比較思考，積極大膽實踐，自我反思，自我修正，使自我與教育教學物件共同逐步成長。本課題組目前完成論文9篇，教學設計6篇，教學反思6篇。在《語文教學與研究》《中華活頁文選》等國家級核心期刊、省級刊物上已發表論文5篇。在西安市教科所 西安市教育學會2014年度教育教學論文、教學設計評選活動中有2篇論文獲一等獎，1篇論文獲二等獎，1篇論文獲3等獎。另外完成個人專著1部《簡靜躍紅》正在審稿中。

附：課題論文獲獎、發表、完成一覽表

序號	姓名	教學論文	備註
1	劉躍紅	《讓經典影片引入作文教學》	發表在《中華活頁文選》2014年第10期
2	劉躍紅	《從名師課堂實例看語文課堂提問設計的優化策略》	發表在《語文教學與研究》2015年4月期刊上
3	劉躍紅	《把握文言文教學少教多學的度》	發表在《中華活頁文選》2015年第9期上，2015年5月獲市教科所、教育學會一等獎
4	劉躍紅	《慧眼精裁妙剪，巧用成就佳篇》	
5	羅暢	《貫通古今，各司其職》	發表在《中華活頁文選》2015年第7期上，2015年5月獲市教科所、教育學會一等獎

6	羅暢	透心的寂寞，無言的痛	發表在《中華活頁文選》2015年第10期上，2015年5月獲市教科所、教育學會三等獎
7	羅暢	《發現你的作文甘泉》	
8	郭柯	《問君哪得清如許，為有源頭活水來——以多管道閱讀促寫作能力提高》	2015年5月獲市教科所、教育學會二等獎
9	馬濤	《淺談閱讀教學中的整體感知》	

附：完成課題教學設計及反思一覽表

序號	姓名	教學設計及教學反思
1	劉躍紅	《捕捉時事亮點》教學設計及反思
2	羅暢	《作文素材的運用》教學設計及反思
3	薛藝香	鍥而不捨，緣疑而進——《愚公移山》教學設計及反思
4	郭柯	《陳情表》教學設計及反思
5	馬濤	《小狗包弟》教學設計及反思
6	馬濤	《學會修改作文》教學設計及反思

5. 課題研究初見成效，成績喜人。

經過課題組全體教師共同努力，課題研究初見成效，成績喜人。我們組織學生參加了全國第21屆「聖陶杯」中學生作文大賽賽，14名學生喜獲一二三等獎。學生習作上報率大幅增長，短短一年時間課題組老師指導學生習作發表37篇。進一步鼓舞了學生的鬥志，我們趁熱打鐵收集了學生活動中的優秀作文，編寫了《中學生優秀作文集》1冊。

附 2014.10-2014.12 組織學生參加全國第21屆「聖陶杯」中學生作文大賽參賽獲獎名單（西安市第一中學）

序號	班級	學生	指導教師	題目	獎次
1	高二1班	黃佳琪	李翠萍	茶根 鄉根 心根	一等獎
2	高一1班	韓思琪	李林梅	古樹裡的文化	一等獎
3	少30屆1班	烏昕語	王勿妮	尋文	二等獎
4	高三1班	李昊龍	劉躍紅	大寫的人生必有方圓	二等獎
5	高二8班	司瑾	劉軍旗	根	二等獎

6	高一3班	牛夏草	汪振婧	方圓的訴説	二等獎
7	高三5班	雷海婕	任年順	華夏之根，民族之根	三等獎
8	少30屆2班	姚柯羽	王勿妮	打開心門	三等獎
9	高二3班	瞿余成	呂海波	根	三等獎
10	高二6班	丁文姝	張創文	這座城	三等獎
11	高二7班	嚴藝航	劉軍旗	談方圓	三等獎
12	高二7班	上官月茜	劉軍旗	根	三等獎
13	高一1班	孫秀男	李林梅	石雕	三等獎
14	高二10班	何暢	劉鵬周	根	三等獎

附：指導學生習作發表於西安市第一中學校報《晨風》一覽表（2014.10—2015.4）

序號	校報期號	姓名	班級	作品	輔導教師
1	第55期	王甜	高三（8）班	《老師，我想對你説》	羅暢
2	第55期	李晶藝	高三（7）班	《聆聽自己內心的聲音》	羅暢
3	第55期	向晨宇	高三（6）班	《老師，我想對你説》	任年順
4	第55期	職慧芯	高二（2）班	《星之芒》	李翠萍
5	第55期	章霈琦	高一（2）班	《一季青葉塑玉蘭》	李林梅
6	第56期	嶽培藝	高三（8）班	《偉大的失敗者》	羅暢
7	第56期	史靜文	高二（1）班	《帶著你的親人去遠方》	李翠萍
8	第57期	王誠楷	高三（8）班	《與法同行》	羅暢
9	第57期	王嘉鑫	高二（2）班	《好老師·排位子》	李翠萍
10	第57期	穆雨新	高一（7）班	《軍訓隨筆》	郭柯
11	第58期	孫紫荊	高三（8）班	《守住生命之根》	羅暢
12	第58期	王嘉鑫	高二（2）班	《我的課堂展我風采》	李翠萍
13	第58期	趙婉伊	高二（2）班	《我的課堂我做主》	李翠萍
14	第58期	瞿余成	高二（3）班	《我的邊城》	呂海波

15	第58期	李楊格格	高一（7）班	《君若離時秋已半》	郭柯
16	第59期	王鎮	高一（2）班	《一路有你》	李林梅
17	第59期	劉楠茜	高一（1）班	《擇路人》	李林梅
18	第59期	楊雯竣	高一（8）班	《秦嶺山腳下的迷彩天空》	郭柯
19	第59期	李佳美	高三（1）班	《此心安處是吾鄉》	劉躍紅
20	第59期	黃含含	高三（1）班	《方圓之美》	劉躍紅
21	第60期	雷海婕	高三（5）班	《華夏之根 民族之根》	任年順
22	第60期	黃佳欣	高二（3）班	《微青春》	呂海波
23	第60期	王蘇嘉	高二（3）班	《陽光流過是感動》	呂海波
24	第60期	史靜文	高二（1）班	《媽媽，你有沒有超能力》	李翠萍
25	第60期	黃佳琪	高二（1）班	觀《飛屋環遊記》有感	李翠萍
26	第61期	何欣瑞	高三（1）班	《執著信仰 生命燦爛》	劉躍紅
27	第62期	李晶藝	高三（7）班	《根》	羅暢
28	第63期	劉雨佳	高三（8）班	《月缺如詩》	羅暢
29	第64期	馬恩鵬	高二（1）班	《天淚雲傷》	李翠萍
30	第65期	何知非	高二（3）班	《寸心方圓》	呂海波
31	第66期	田雨薇	高三（1）班	《守舊也是傳承》	劉躍紅
32	第66期	蘇志璿	高一（8）班	《軍訓！軍訓！》	羅暢
33	第67期	袁予初	高三（2）班	《老也要有尊嚴地活著》	劉躍紅
34	第67期	陳朝宇	高三（2）班	《規劃好我們的忙碌》	劉躍紅
35	第67期	董一直	高一（8）班	《老屋》	羅暢
36	第67期	少騰	高一（2）班	《成長是一種美麗的痛》	李翠萍
37	第67期	邱夢凡	高二（1）班	《太白之旅》	李林梅

6. 撰寫上報了課題中期報告。

（三）課題總結階段：2015年8月——2015年12月

1. 對課題深入研究階段的實踐成果進行整理、分析，總結出中學生個性

化閱讀與寫作實踐的指導策略。

2. 對課題研究工作的成果進行了分類整理，完成了論文、教學設計及反思集子 1 冊。《課題學習資料彙編》1 冊。學生誦讀資料 1 冊。

3. 撰寫了結題申請和結題報告。

4. 整理研究的所有資料，做好了相應的結題工作。

六、研究結果與成效

（一）對中學語文教師閱讀與寫作教學指導、中學生個性化閱讀與寫作的現狀進行了調研和分析，明確了改進的目標。

明確了學生閱讀與寫作上存在著中學語文閱讀教學重課內輕課外、閱讀功利化傾向比較嚴重閱讀心態浮躁、閱讀資訊碎片化傾向嚴重、對閱讀和對寫作實踐的認識兩者反差較大、教學指導有待改進等問題。提出了教與學首先要轉變觀念，教師要積極推薦適合學生閱讀的作品，積極搭建閱讀平臺，宣導個性化閱讀，加強個性化閱讀指導，加強審辯式思維能力培養，激發學生閱讀和寫作興趣，逐步培養學生的寫作興趣，提升寫作能力的對策。

（二）對中學生個性化閱讀與寫作實踐進行了研究、分析和思考。

通過學習和研究，我們認為閱讀和寫作是語文教學的重要內容之一，要讓學生有個性的表達，首先要讓學生廣泛的閱讀，不斷激發學生的閱讀興趣，拓寬學生的閱讀管道，拓展學生的閱讀視野。其次要讓學生有審辯式思維的能力。讓學生個性化閱讀和寫作，進而提高語文素養，不是僅僅讓學生讀多少本書，寫多少篇文章的問題，而是在於通過讀書給了學生什麼、能給學生什麼、怎麼給的問題，是有沒有培養出學生們獨立思考的習慣和能力，學生們會不會審辯式思維的問題。有了審辯式思維的能力才會有個性化閱讀和寫作的能力。如今資訊技術高速發展，互聯網時代各類課程越來越多，足不出戶，就可以不受時間、空間的限制，選擇最好的老師聽課，知識的獲取可以隨時隨地輕而易舉的得到。但是教授一門知識課程更為重要的意義恰恰是為了使孩子的思維技能得到發展。「教育就是教人去思維」，于漪老師說：「思維就是力量。教育要轉變思想，轉變人的思維模式。」不懂得思維的學生只

是高分低能的「搬磚者」，有審辯式思維能力的人才是推動社會前進富於創造變革的創新者。創造力從根本上說是一種思維能力。它是指一個人能提出問題、解決問題、幫助人適應環境的能力。創造力體現在「勤思考」，「常動手」「常提問」「敢質疑」「不放棄」等方面，因此教師課堂教學就應圍繞這幾個方面對學生進行指導，通過思辨讀寫，培養中學生具備尊重、理解和包容的現代人格；培養學生合理、公正和創新的現代思維方式；通過文本讀寫和寫作活動，培養學生追求事實、邏輯、情理與表達相統一的思維技能。只有這樣學生們的閱讀才有深度、有個性的解讀，思想才有高度，才能促成學生寫作的深度和個性化。從而實現學生的自我教育，培養他們美好的德行，為他們的人生奠定堅實的基礎。

學生閱讀需要理性的指引，教師在學生讀什麼書、如何讀書、如何表情達意的引導上擔負著重要的職責。教師具有激發學生閱讀興趣、創設維護良好的閱讀環境、樹立學生正確的價值觀、培養學生良好的思維方式、讀書方法、提升學生閱讀能力、評價學生閱讀效果的職責。教師示範、幫助學生制定個性化閱讀計畫、閱讀指向、指導的策略、方法、闡釋與回饋的深度往往決定了學生閱讀的層次，決定了學生閱讀的功效。指導的內容應包含兩個方面。一是激發學生去讀作品，即激發興趣；一是培養學生的審辯式思維能力、文學鑑賞能力，能感受形象，品味語言，領悟作品的豐富內涵，體會其藝術表現力，有自己的獨特的情感體驗和思考。即得法。

經過近一年的研究，我們認為中學生個性化閱讀與寫作實踐策略有一下幾點：

1. 激發閱讀興趣，尊重個性和愛好

在閱讀書目的推薦上尊崇廣泛性、自主性、差異性、課內輻射課外的原則，不強制、不越俎代庖。只要學生感興趣的就可以讀，讀得越多越好。讀來讀去，學生便發現自己的興趣所在，同時也培養起了鑑別力。同時讀書的形式是不拘一格的：範讀、默讀、誦讀、泛讀、精讀、跳讀、選讀、個讀、齊讀、反復讀等。形式可以多種多樣，教師不必求同，應尊重學生個性和愛好。教師可以採用推薦閱讀目錄、開設閱讀課、課前美文欣賞、讀書交流報告會、編寫手抄報電子小報、組建文學社、朗誦演講活動、名著影視賞析、

知識競賽、讀書節、參加徵文作文大賽等活動讀寫結合，以讀促寫，以寫帶讀，激發興趣，展示閱讀成果，形成激勵機制，推動閱讀深入開展。

2. 培養閱讀習慣，貴在長期堅持

教師在閱讀過程中要注意培養學生動腦、動筆的良好閱讀習慣。指導學生在閱讀一個段落之後，學會用心去思考，自我提問：讀了些什麼，為什麼這麼寫，寫的怎麼樣。然後盡可能找出答案，並用圈點劃線、摘抄、做卡片、批註、列提綱、寫心得、寫鑒賞評價等方法及時記錄一閃即滅的思想火花、自己獨特的感受，長期堅持，閱讀能力自然就能提高。養成勤於動腦動筆的習慣。這既避免了學生閱讀時走馬觀花、淺嘗輒止，又鞏固了閱讀的效果，豐富了語言積累，為寫作奠定了很好的基礎。

3. 授之以漁，重在思維引導

能力比方法重要，能力又來自於思維方式、方法。中學生個性化的閱讀和寫作實踐離不開教師課堂教學的指導。教師課堂教學的立足點應放在對學生審辯式思維方式、方法的培養上。所謂審辯式思維就是不盲從、不人云亦云接受的邏輯清晰嚴密的思維，是「勤學之、慎思之、明辨之、篤行之」的理性判斷後的行動。課堂上教師應以思維差異為資源，以多維對話為形式，為學生創設對話、爭辯的機會，讓學生各抒己見、百家爭鳴，發表自己不同的見解，碰撞出智慧的火花，努力實現學生與學生、學生與教師之間的多重「思維碰撞」，促成「思維方式和課堂文化」的變革。

點燃「思維碰撞」導火索是「問題導向」。課堂要形成「思維碰撞」的關鍵是有能夠挑起認知衝突和思想交鋒的話題。我們認為：課堂活力不應是簡單對話所形成的課堂喧囂，而是學生的思維被啟動後所形成的思想火花。課堂改造應該回歸「思維」這一智慧核心，組織「競爭、思辨、質疑、回饋」性的教學活動，歸化到課堂活力的生命本質。

課堂「思維碰撞」還需要注意「產出導向」。美國學者愛德格·戴爾的「學習金字塔」理論認為：主動學習方式，鞏固率可達 90%。如果讓學生在搜集、探究、展示、回饋的過程中建構知識、啟迪思維、提升智慧、養育人格，並通過獲得成果激發學生學習的內部動機，讓學習者體驗到知識收穫的成就感

與解決問題的實踐智慧會大大提升課堂效率。於是交往與溝通就成為教學的核心，但交往與溝通必須以產出成果為目標，否則課堂活動就難以保證有效。產出即創造，產出即體驗。以產出為導向的課堂教學，既可以讓學生高效率地接受、內化現成的定論性知識，又可以引導學生探求知識，培養學生獨立解決問題與預見未知的能力。我們在課堂上積極促成「思維碰撞」，使我們的課堂發生了較大的改變：找准文本切入點，精心設計課堂問題；教學過程從知識學習努力走向問題解決；教學評價關注到學生思維的方式、方法，不僅僅是知識正確與否，能力是否形成；課堂教學從淺層引導走向深度喚醒。

當然學生個性化閱讀與寫作還離不開科學的方法的引導。教師不僅要指導學生學會安排好閱讀的時間，調整保持純靜、樂觀、專一、渴求的良好心態，學會選擇利用工具書，針對不同的文體，根據不同的目標，要採用相應的方法，還要引導學生理論聯繫實際，鞏固閱讀成果。一般地，易懂的現代文，採用默讀、掃描式、泛讀的跳躍讀法，以期快速的篩選有效資訊，達到高效閱讀的目的；一些精美散文，採用精讀、標記、批註、涵詠、反芻式的感悟閱讀法，通過閱讀體會文章的語言美、意境美、情感美、價值美等；對於經典詩歌，採用誦讀、反復、多種感官協同的涵詠閱讀法，重點體會詩歌的語言、形象、意境和感情；至於經典文言文，則採用理解文獻注釋、誦讀、反芻、質疑的閱讀方法。做到眼觀其文，口讀其聲，耳聽其音，腦思其義。字從句順，文意暢達。

此外還需學生懂得閱讀要圍繞既定目標刻苦努力，要善於追蹤、擴展書本知識，對比分析，借鑒吸收，能讀進去，又能出得來，不拘泥，會變通，善於理論聯繫實際，才能讀出味道，讀出情趣，品出生活的真諦。

4. 提升教師素質，豐富文學素養

教師指導的水準與教師的教學能力、教學個性、教學風格、教師對課堂的把握能力、課堂教學的設計、教學方法是否科學有效等因素密切相關，成敗與否更取決於教師自身的文學素養。如果教師具有豐厚的文學素養，善於運用自己的教學智慧，善於創設恰當的教學情境，就會激發學生讀書的衝動，使學生走進書籍。進而使學生在優秀文化的薰陶中，充分領略經典文化反思的力量和文化傳承的價值，培養學生的人文素養，提升學生的思想素質。

5. 尊重個性體驗，提倡個性解讀

每一個生命的個體是有差異性的，學生的成長經歷、家庭教育、思維方式、品行修養等因素決定了他們對作品的感悟力不同。教師不能以某種權威解讀壓制學生的個性解讀，應以真誠平等的態度，帶領學生共同研討，積極搭建民主、科學、平等、和諧的交流平臺，鼓勵學生大膽質疑、探究、論辯，甚至應不急於得到結論。放開手腳，要學會讓學生自我成長。

6. 創設和諧民主的閱讀環境，多管道搭建交流平臺

蘇格拉底「產婆術」引申出的學習「產出觀」認為：只有學生「思維產出」的知識，才可能成為學生自己的知識。在學習過程中，學生需要把知識變成自己的思想、見解、學識，並呈現出來。人的社會性，在於他有被同伴接受、肯定的心理需要。教師要為學生積極搭建的充分交流的平臺，這是個性化閱讀與寫作實踐的需要，也是對成果檢驗的必要手段。課前美文欣賞、讀書交流報告會、編寫手抄報電子小報展示、朗誦演講活動、知識競賽等和諧充分的交流形式，可以讓學生們的思想交匯碰撞，激發學生的靈感，觸發學生的想像，挖掘學生的潛能，讓學生體會到潛心研究某些問題的成功與快樂，可以多角度、多層次地調動學生思維的主動性。會激發學生的創造性思維，調動起每一個人參與的積極性，促進每一個人的進步提高。反過來這種和諧交流也能促進教師完善自己的閱讀指導，促使教師自我反思，與學生共同成長。

7. 及時評價回饋，發揮激勵作用

教師應善於運用學生自評、小組互評、教師評價、家長評價等多元評價方式，發揮教學評價診斷、激勵、調控等功能。明學生認識自我，樹立自信，讓每一個學生在原有基礎上進步和發展。教師對學生的評價還應具有一定的前瞻性、及時性、全面性。不僅僅在於結果，更在於閱讀的動態參與過程，對學生的閱讀態度、閱讀習慣、閱讀方法、閱讀思考、閱讀結果都應作出評價，讓學生在樂於閱讀、樂於分享中獲得成功的體驗

（三）積累了一些成功的經驗，提升了教師的教學水平和專業素養。

進行課題研究，不僅促使我們圍繞課題閱讀了 1 部教育論著 40 多篇，學習了 10 多門網路課程，還開展了 23 次較大的跨區域、優化教育資源、共用教學智慧的諸多工作室的聯合教研聽評課研討等教研活動，並促使教師在課堂上大膽實踐，上公開課 12 節，作報告 4 場，人均聽課 36 節，開闊了教育教研視野，在學習、比較、分析、總結、實踐、提升的過程中豐富了教師專業素養和學習生活，實踐水平的同步發展，課題組教師共完成論文 9 篇，教學設計 6 篇，教學反思 6 篇。在《語文教學與研究》《中華活頁文選》等國家級核心期刊、省級刊物上已發表論文 5 篇，在西安市教科所 西安市教育學會 2014 年度教育教學論文、教學設計評選活動中有 2 篇論文獲一等獎，1 篇論文獲二等獎，1 篇論文獲 3 等獎。另外完成個人專著 1 部《簡靜躍紅》正在審稿中。它也促使我們以課堂教學和活動為突破口，致力於其他課堂教學藝術的研究，循序漸進全面地提升自己的教學藝術水平。讓我們在課堂上更加努力創設和諧、民主、輕鬆的教學氛圍，注意培養學生學習的主動性和創造性，恰當地選擇運用靈活多樣的指導方法指導學生的學習，提高了課堂教學效率。

（四）學生的語文素養在不斷提升，成績喜人，促進了學校教育教學品質的提升。

「我的一本課外書」、「好書共欣賞」課前鑒讀、「我為自己代言——學生作文雜誌編寫活動」等 8 項學生喜聞樂見、別開生面的讀書交流，拓寬了學生學習視野，激發了學生個性化閱讀和寫作的興趣，培養了良好的語文學習習慣，促進了學生審辯式思維能力的提升。參加活動的學生數量日益增多，日常寫作能力有了明顯提升。學生學得快樂，生活注入了活力，對他們的人生產生了積極的影響。14 名學生榮獲全國第 21 屆「聖陶杯」中學生作文大賽一二三等獎，課題開展至今共有 37 篇學生習作發表，學生習作的上報率大幅上升，大量的閱讀活動促使學生學以致用，有效增強了學生的創新意識，培養了實踐能力，全面提高了他們的語文素質。教師的聽評課研討、與學生一起閱讀、思考都帶動了學校的教育教學研究工作，促進了教師的成長，促進了學校教育教學品質的提升。

八、課題研究需深化內容：

我們的課題達到了預期的目的，但並不意味著本項研究活動的結束，該課題值得進一步研究的問題主要有：

1. 因為時間緊促，研究內容需要進一步細化充實。如何再結合各年級學生特點，讀寫結合分類推進，形成科學化、序列化的指導活動，以此全面推進個性化閱讀與寫作實踐策略的推廣，這是今後的課堂實踐中急待解決的問題。

2. 由於學生的語文基礎與學習能力在同一班級存在著客觀的差異，如何使全體學生在原有基礎上都得到最佳的發展，這是值得研究的課題。

3. 中學生個性化閱讀與寫作實踐是積極促進語文教學高效的重要手段，本課題也是一個永恆的課題，需要不斷完善，不斷發展。我們將在取得成功經驗的基礎上，進一步努力，爭取在理論和實踐上再有新的發展。

課題研究結果告訴我們，只要我們轉變觀念，勇於實踐，給學生閱讀寫作以正確的指導和鼓勵，積極提供學生交流的平臺，就會讓語文的課堂有著鮮活豐富的內容，永遠充滿活力，就會讓學生受益終身，擁有積極向上的人生。

九、課題成果

主件：課題鑒定申請書和課題鑒定書

附件：

1. 課題相關論文、教學設計、教學反思集 1 冊

2. 課題相關學生作文集 1 冊

3. 課題教師學習資料集 1 冊，學生誦讀資料 1 冊

4. 學生參加全國作文大賽獲獎證書影本及名單、校報發表學生作品統計表

5. 課題教師公開課、報告、聯合研討、聽評課活動、學生活動等過程性資料、照片

6. 課題的調查問卷、調研報告

7. 促使教師以課堂教學和活動為突破口，立足課堂培養學生審辯式思維能力，把握個性化閱讀與寫作實踐的策略，研究課堂教學藝術，循序漸進全面地提升自己文學修養、專業素養。更加靈活多樣的指導學生的學習，提高了課堂教學效率。

8. 激發了學生閱讀和寫作的興趣，培養了良好的語文學習習慣，促進了學生個性化閱讀與寫作能力的提升。有效增強了學生的創新意識，培養了實踐能力。為校園生活增添了活力，帶動了學校的教育教學研究工作，促進了學校教育教學品質的提升。

關於西安市第一中學語文學科減負增效的調研報告

一、調研的基本情況

調研時間：2011 年 3 月 10 日~3 月 15 日

調研主題：語文教學減負增效的有效途徑。

調研範圍：西安市第一中學

調研對象：語文組全體教師、高一高二部分學生

調研方式：問卷、訪談、座談、聽課的案例分析

調研目的：調查新課程背景下語文教學低效癥結之所在，積極探求以校本教研促教師專業成長、以教師能力提升促語文教學增值高效的有效途徑，關注學生心理健康，以有效方式激發學生的學習興趣，不斷提升學生語文能力和語文素養，提升學校教育教學品質。

調研情況說明：本次調研共發放教師問卷 15 份，回收 15 份。發放學生問卷 338 份，回收 338 份。學生問卷選取了高一高二各三個班，每個年級選取了上、中、下三個層次的班級，較有代表性。教師問卷從教師負擔、對減負增效的認識理解、對學生學習方法的指導、課堂教學方式方法手段的運用、教學效果、知識的鞏固、校本教研的有效途徑等方面進行了設計。學生問卷從對減負增效的認識理解、學習的動力、學習閱讀的習慣方法、聽課的效率、作業閱讀量的多少、課餘時間安排、提高學習效率的方法等方面進行了設計。我對所有問捲進行了編號，設計了統計表，將所有答案輸入電腦，進行統計，得出了詳實的資料。教師訪談注意了業務能力、年齡差異、男女差異，對劉朋周、楊永、羅暢、唐豔、高美娟 5 位教師進行了訪談。學生座談會選取了高二年級文理科三個層次的班級、每個班級不同層次共 18 位元學生進行了座談。為避免與問卷內容重複，在座談會上偏重於方法問題、心理問題對學生學習負擔的影響。聽課案例分析選取了羅暢、唐豔、郝萬平三位老師的課，意在探究教師運用減負增效策略的實際情況和效果。

二、調研具體情況

（一）學生方面

1. 對減負增效的認識

60% 以上的學生對減負增效認識正確，他們感受到語文學習對他們未來的升學、就業有較大影響，希望自己學得好。與對知識的掌握相比，他們更希望教師培養自己的分析問題、解決問題的能力，掌握解決問題的方法。大部分喜歡學習語文，認可教師的課，經常得到老師的鼓勵，並從課堂上獲得了美的體驗，認為語文知識不難，其他方面的收穫也較大，易於樹立他們的自信心。有近 40% 的學生懂得減負增效不僅僅是教師的事，要靠自身的行動來實現，近 20% 的學生關注到了教師層面，看到減負更要靠解放教師才能實現。這是極其可貴的。但有近一半的學生不喜歡死記硬背，感到學習效率太低，進步緩慢。

2. 學習的習慣、方法

約有 40% 的學生有預習的習慣，80% 的學生有閱讀習慣，大部分學生有一定的學習語文的方法，方法的獲得 60% 來自教師傳授，40% 來自自我摸索。他們認為較有效的方法是多看書、多識記、多動筆、多摘抄。80% 的學生懂得運用分類歸納、比較分析、概括總結的方法學習相關知識。但有一半的學生不預習，其中有 20% 的學生不懂得如何預習，課後也是邊寫作業邊複習。閱讀每週達到 3 小時以上的只佔到了 30%。近 80% 的學生認為課業負擔較重，沒有時間讀書。

3. 學習的方式、課堂的效率

大部分學生喜歡課堂上開展的各類教學活動，喜歡教師課外的延伸，喜歡課堂的師生互動研討，希望課堂形式更活潑，教學方法更靈活。他們認為這些活動、內容激發了他們的興趣，發散了思維，鍛煉了他們的能力，活躍了課堂氣氛，使他們原本只有 30 分鐘左右的注意力得以持久。課堂效率提高了。70% 的學生聽課效率較高，聽得懂、學得快，不用課下花時間複習。認為課堂上老師對知識準確透徹地傳授，方法的指點、師生共同研討總結、上課認真聽講的學習效率最高。20% 的學生聽課較被動，效率較低。有 60% 的

學生學得快忘得也快，需要進行知識鞏固。40%多的學生希望有更多獨立思考和自主學習的時間，他們需要有一定的時間在相互研討中質疑、解疑。

4. 學習時的情緒、心理

絕大部分學生平日情緒較穩定，能認真對待自己的學習，遇到作業多、考試成績不理想時情緒會有波動，對作業也會出現應付的現象，此時學習效率最低。一天之中早晨、休息好後、晚上安靜的學習環境中情緒最穩定，心情最好，學習效率最高。中午學習效率最低。大部分學生能採用適當休息、聽音樂、運動、看課外書或者採用換科目學習等方式自我調整。少數學生靠意志力，個別學生消極對待。

5. 知識的鞏固與課餘安排

75%的學生認為老師留的作業難易適度，能鞏固所學，一半的學生能在較短時間內完成，25%的學生認為量有點多，負擔較重。近20%的學生不希望有作業，更希望看書去解決問題，拓展知識。64%的學生有意識在完成作業後鞏固拓展知識或積極參加學生社團，願意參加各種有意義的活動，感受生活。35%的學生僅僅停留於作業，一半的學生業餘時間更願意上網。

6. 實現高效的途徑

學生普遍認為語文學習實現高效的途徑是：上課認真聽講，多讀書、多利用零星時間識記，多動腦歸納總結，豐富自己的生活體驗多動筆寫作。

（二）教師方面

1. 對減負增效的認識

絕大部分教師看到減負增效是教育雙方的連體行動，認識到教育制度的根本變革才能帶來素質教育的徹底推進。認識到教師業務素質不斷提高，才能改進教學方法，提高教學效率，培養學生能力。而且將學生能力培養放在了知識傳授之上，注意知識的生成和學生的體驗。希望在教學中達到兩相愉悅，學有所得、教有所獲教學相長的境界。他們追求上進，渴望提升自身的素質和能力。一半的教師較有危機感。

2. 教學方式、方法、學習指導

大多數老師能以新課程理念採用啟發引導、合作交流、自主探究的方式

組織教學，採用多媒體、創設優美的教學情境、積極鼓勵評價、聯繫生活實際、有一定深度的拓展等方法調動學生學習的積極性和主動性，激發學生的學習興趣。注意以多種學習活動培養學生的語文能力，注意學生學前預習和學習方法的指導，收效顯著。大部分教師並不盲目否認講的傳統，能認真設計自己的課堂環節，不玩花架子，務實而追求本真。絕大多數教師能夠注意分層次教學，因材施教。在設置教學環節、問題上有所偏重。也有33%的教師對電腦操作不熟練，甚至有33%的教師不會做課件。

3. 教學效果、知識鞏固

90%以上的教師上課受學生歡迎，學生感興趣，較投入。在減負增效的實踐中教育教學品質提高，自身的業務素質也有所提升。作業的佈置較合理，一半的教師會留分層作業。他們對作業全批全改，還經常寫些鼓勵性的話，將作業本作為與學生心靈溝通的平臺，對學生及時進行心理疏導，受到學生的喜愛。60%的教師下班後要備課改作業工作負擔較重。

4. 提高課堂教學效率的途徑

80%的老師認為減負增效的有效途徑是教師不斷修煉內功，大膽整合教學內容，熟練準確地把握教材，合理設置教學環節，講課做到少而精，把課上精彩，盡可能採用現代化教學手段，達成學習目標。60%的老師認為要給學生充分的時間和空間，讓學生在活動中、在生活中提高能力。80%的老師害怕成績下滑而不敢大膽實踐，近一半的教師覺得自己還缺乏新的理念、新的方法。遇到問題時100%的教師用各種方式去解決問題採取了積極的態度。

5. 教研對教學增效的作用

近70%的教師認為參加各種業務培訓對教學品質的提高最有益，近一半的教師認為專題報告、專家引領、觀摩名師上課實錄及時反思研討效果顯著。兩者結合使他們不僅有理念，也有了實踐的榜樣。我校開展的「與名師為伴，促專業成長」的課例分析研討活動、肖川賈玲張迎春老師的專業培訓、近日我校教研室開展「教研素質增值」主題教研活動——《教學的智慧》（華南師大劉良華老師的視頻報告）等不僅僅開拓了視野，給人一種全新的感受，而且給人一種繼續探究思考的衝動。老師們觀後在網上查找報告中的電影、相關材料繼續學習研討，自覺成長，形成了較濃郁的教研氛圍，形成了近日

我校教研的一個亮點。主題鮮明、提前設置好討論話題的集體研討、對一週教學內容的集體備課也頗受青睞。

三、存在的問題

1. 負重前行，矛盾的兩難抉擇

語文學習在夾縫中求生存。學生懂得語文的重要性，懂得自己語文能力較低，語文素養不高，清楚地知道要加強自己聽說讀寫，加強自己的課外閱讀和生活體驗，但如果有時間，他們還會把時間用在數理化的學習中去。不是不愛語文，不是不愛閱讀，而是其他學科的重負驅使他們必須忍痛割愛。

教師們一方面渴望學習，渴望專業成長，希望提高自己的教學能力和教學水平，另一方面語文繁重的備課、作業批改、學校的各項工作瑣事的侵擾使他們難以為繼，大部分語文教師還承擔著班主任、教研組長、年級組長的工作，有的身兼多職，專業學習如果放在日常的工作中，會讓他們望而生畏，勉強培訓，也難有效果。

評析：

不論是學生還是教師都需要一個自主學習的空間和時間，需要一個寬鬆愉悅的學習環境。焦慮的心態之下產生的必然是浮躁，日久必然會使人喪失感受語文、感受生活之美的能力，更可怕的是會使人喪失追求學習樂趣的願望和情趣。奧卡姆剃刀定律說：「如無必要，勿增實體。」許多東西是有害無益的，我們正在被這些自己製造的麻煩壓垮。我們自己受到煎熬，又在轉嫁這些麻煩，煎熬他人。我們的行政事務正不斷膨脹，制度越來越煩瑣，檢查越來越多，但效率卻越來越低。隨著社會、經濟的發展，時間和精力成為人們的稀缺資源，現實迫使我們應該使用「奧卡姆剃刀」，化繁為簡，將複雜的事物變簡單。學生要從繁重的學習中解脫出來，教師要從繁重的事務中解脫出來，要回歸生活、回歸閱讀學習寫作的自由空間，才可能擁有獨立的思想、獨立的人格、獨立的精神，才可能擁有創新的思維和創新的能力。當人們真正有了生活的體驗，感受到生活之美，才有與他人分享的衝動，才有寫作的欲望，才能真正走出語文低能的困境。

各學科的學習是一個整體。木桶理論告訴我們：一隻木桶盛水的多少，

並不取決於桶壁上最高的那塊木塊，而恰恰取決於桶壁上最短的那塊。語文能力的下降和喪失必然影響到其他學科能力的培養，最終決定了一個人的綜合能力和素質。

2. 師生的閱讀量小，閱讀品位不高

學生陷入繁重的學業中，與社會隔絕，與生活隔絕，日益成為學習的機器，考試的機器。教師埋頭於繁重的工作中，成為工作的機器，製造機器的機器。只有 30% 的學生每週閱讀在 3 小時以上。學生閱讀的內容往往是驚悚鬼怪小說、動漫、日本的漫畫、推理、郭敬明等人的作品，《讀者》《意林》《格言》之類的雜誌，讀雜誌又往往是高考作文的需要。教師的閱讀往往停留在上學讀書時期，自己專業方面學習性的書讀得較少。極少數人會擠時間讀書，但速度緩慢，常被困擾，堅持艱難。平日以生活消遣性閱讀為主。師生閱讀的品位都不高。

評析：

整天與書本打交道的人竟然沒有自由讀書的時間，閱讀量很小，閱讀品位不高應該是讀書人最大的悲哀，也是教育最大的悲哀。沒有現實生活的深入，沒有廣泛的閱讀，教書、學習就沒有源頭活水，沒有了間接學習、感受生活的管道。教師沒有廣讀博取，就難以不斷提高自己的知識水平和專業素養，難以給學生提供豐富的知識，就難以有鮮活的課堂，高效的課堂，就難有駕馭課堂教學的能力。學生沒有廣泛的閱讀，就難有對生活的深刻認識和感受，難以有自己的思考和思想，就難以有素材的積累，就只能套用他人假大空的話，寫作能力的提高就只能是空談。語文的外延是生活，當繁重的學習和工作阻斷了他們與生活的通道，就會使學習和課堂喪失鮮活的生命力。語文學習就只能是一潭死水，語文能力和素養的提高就只能是海市蜃樓。

3. 精品課堂缺失，亟需加強教師自身造血功能

一中在西安市範圍內尚屬教育教學品質中上等學校，平日的教學中也有「點課」「約課」「磨課」制度，教研活動內容較充實，形式多樣。但通過聽課感到教師雖然有了新的理念，懂得減負增效的意義和途徑，但自身實踐中的常規課堂還缺少精心打造，亮點不夠，沒有特色，教師教學水平參差不齊，更缺失充滿個性的精品課。教師理想中的課堂與他們實踐中的課堂還存

在較大的差距。的確是「理想很豐滿，現實很骨感」。

評析：

教學是科研的起點，科研是教學的深化。科研的思考成果最終要回歸課堂，指導課堂的教學實踐。教師應邊教學邊研究，拋開功利性的狹隘，始終堅持自己的事業追求，才有可能成為學者型教師。學會研究並且具備發現問題、研究問題、積極實踐不斷修正自我的能力，是教師專業成長的前提，是教師自身造血保持課堂生命鮮活的前提，更是精品課堂、個性化課堂產生的前提。沒有全體教師的專業自覺成長，就難有學校教育教學品質的提高。所以學校、教研部門要想方設法調動教師教科研的積極性和主動性，營造良好的科研氛圍，為教師的教科研積極創造條件。學校及上級部門還應儘量減少各種事務對教師的侵擾，還教育教學的清淨。更應從政策、資金等方面積極扶持，創造條件，積極推動教師的專業學習，教師的成長才能落到實處。

四、調研後的思考建議

1. 繼續加大教師培訓力度。教研機構、學校都要為教師的專業成長積極搭建更廣闊的平臺。多舉辦專題報告，專家引領是促進教師理念更新最有效的手段。

2. 充分挖掘名師資源，發揮名師輻射效用，名師聯手帶動青年教師迅速成長。多舉辦名師觀摩課，樹立一堂好課、優質高效課的標準，為廣大教師的課堂教學改革提供樣本。這是教師自我反思、完善自我的捷徑。

3. 制定新的課堂評價標準，減少教學內容，將教師從備課、改作業繁重的繁重勞作中解放出來，給教師業務自我研修的時間，自我發展創新的空間。

4. 關注學生的心理健康，把時間還給學生，加大閱讀、寫作指導力度，加強與生活的聯繫，讓學生真正走進生活，獲得生活的體驗，在讀書中品味，在生活中認識提高，才能真正促進學生成為能獨立思考、有自己思想、能流暢表達、真正具備語文能力和一定素養的人。

《中學語文閱讀教學提問設計的優化研究》結題報告

一、課題背景及界定

　　《美國教學創意手冊》中有一句名言：教師的責任就是動用一切有創意的方法讓學生被書本深深吸引。我認為教師的課堂提問就是讓學生被深深吸引，進而有所創造的最簡易的方法，當然前提是問得深入，思考深入，立足點高。北宋文學家王安石在《書洪範傳後》中說：「問之不深，則其聽之不專；思之不深，則其取之不周。」《語文課程標準》告訴我們：「閱讀教學是學生、教師、文本之間對話的過程。」是在教師指導下的學生自主的閱讀實踐活動。學生在閱讀活動中具有自主性、獨立性，教師則起引導、點撥的作用。這並不是說教師的作用無足輕重，而是要求「他熠熠閃光的思想必須溫柔地俯視不易調控的課堂」。它更需要教師吃透文本，對問題精心設計。

　　可實際教學中我們常常看到一些教師的課堂提問盲無目的滿堂問，零碎單調不系統，層次混雜無情趣。表面熱熱鬧鬧，實則徒勞、低效，教師上得吃力失落，學生學得寡淡無味，一無所獲。相反眾所周知的名師課堂提問往往是舉重若輕，一問激起千層浪，不僅僅激發了學生的興趣，更能抓住文本的靈魂，學生學得主動，意興盎然，教師教得輕鬆，渾然天成。

　　看似尋常一問，結果為何這般懸殊？其原因就在於名師問的背後是他們豐厚的學科積澱，是他們對所教文本的獨特理解和感悟，是他們過人的技能、技巧及教學智慧。自然不同的個性和風格決定了他們問題設計的不同特點。不同的理念、不同的文本、不同的領悟、不同的學情、不同的教學環境等因素更決定了他們對問題設計的不同選擇。雖然問得方式千差萬別，但其中的規律隱隱可循。研究眾多名師課堂提問設計，尤其是同課異構課的問題設計，必將有助於我們認識課堂提問設計的規律，把握課堂提問設計的優化策略，優化設計我們自己的課堂提問，進而提高課堂教學效率，提升我們的專業素養。

　　中學語文閱讀教學提問設計的優化研究是指在語文閱讀教學中，教師根

據課堂教學的目標和內容，採用某種策略，選取提問最佳方式，努力創設最好的教育環境和氛圍，精心設置問題情景，使提問有計劃性、針對性、啟發性，能激發學生主動參與的欲望，有助於進一步培養學生創造性思維的提問設計方面的研究。

二、理論依據及意義

《語文課程標準》告訴我們：「閱讀教學是學生、教師、文本之間對話的過程。」是在教師指導下的學生自主的閱讀實踐活動。學生在閱讀活動中具有自主性、獨立性，教師則起引導、點撥的作用。這就意味著課程是教材、教師、學生、環境眾因素的整合。不僅是知識，同時也是體驗，是探究活動。不僅是師生共同探求新知識的過程，更是學生自我建構完善的過程。新課程宣導學生主動參與，樂於探究，勤於動手，培養學生搜集和處理資訊的能力、獲取新知識的能力、分析和解決問題的能力以及交流與合作的能力。所以把學生從枯燥的教學中解放出來，培養和提高學生獲取新知識的能力，分析、解決問題的能力和創新能力，提升教師的教學藝術水平，改善課堂教學，提高教學效率，就有必要開展「中學語文閱讀教學提問設計的優化研究」。

三、研究的目標、內容、方法、步驟及過程

提問是教師授課中一種常見的教學手段，也是談話法、討論法、探究式等教學方法的基礎。提問藝術是教師教學藝術的重要組成部分。精心設計的提問能優化課堂教學過程，提升學生思維品質和語文素養，提高教師教學藝術水平，提高課堂教學效益。

通過本課題的研究，力圖解決以下問題：

1．減少課堂教學中的無效性提問，解決課堂以課本為中心，以教師為中心，教師被動施教的問題。將課堂真正還給學生。

2．探索教師課堂提問設計的優化策略，探索課堂提問設計的優化原則和方法，啟動課堂，使學生自覺主動學習，深入思考，提升語文素養。

課題研究方法：

行動研究法、文獻法、、調查研究法、經驗總結法、課例研究法。

研究的過程和步驟：

第一階段（2013年7—9月）理論學習和實際調查研究階段。

1. 完成了開題報告，做好了課題研究計畫。

2. 我利用「問卷星」這個網路平臺，在學生和教師中開展了「語文閱讀教學提問設計」的問題調查，完成了調查分析報告。明確了語文閱讀教學提問普遍存在的具體問題，特別是我個人存在的在課堂提問設計上還不夠精心，還沒有圍繞教學目標，啟動課堂；課堂提問的面還不夠廣，對學得一般、較沉靜的學生關注不夠；對學生思維能力的培養的方法不多、不活等問題。提出了繼續加強學習，拓展自己的認知視野，積極開展行動研究，加強對名師課例研究，大膽實踐，改進自己課堂提問策略等改進措施。

3. 利用網路、圖書、報刊等文字資料主動學習有關閱讀教學提問的教育教學理論，如學習了《語文新課程標準》余映潮老師的《這樣教語文》《課中提問的創新設計》，學習了《課堂提問的類型》等文章，並將部分學習資料上傳到了博客。

第二階段（2013年10月—2014年4月）行動研究與理論研究相結合階段。

1. 收集、整理了30多節名師課堂實錄，重點研究了語文界名流最有個性、最有活力的王君、程少堂、程紅兵、李鎮西、程翔等人的經典課例16節。特別注意了同課異構的研究，研究了王君《我的叔叔于勒》、程紅兵《我的叔叔于勒》，程少堂的《荷花澱》、洪鎮濤的《荷花澱》，王君的《紙船》《出師表》李衛東的《背影》《全神貫注》程翔的《再別康橋》、李鎮西的《裝在套子裡的人》等課堂實錄。邊記錄邊研究邊反思，上傳了4篇總結反思。

2. 反思自己課堂，結合所教內容進行提問優化嘗試性設計，並運用到教學實踐中。上傳了《擬行路難》《春江花月夜》《揚州慢》《方山子傳》《項羽之死》《伶官傳序》等部分課文的問題設計。

3. 注意總結、反思，撰寫論文《博觀約取 厚積薄發——例談如何做名師教學課例研究》發表在國家級核心期刊《中學語文教學參考》上。

4. 通過研究反思歸納，我看到優化、高效的課堂提問設計的問題切入點往往選取巧妙，教師的課堂教學的功力深厚與否決定了課堂提問設計的層次。

而且是冰凍三尺非一日之寒。這種功力需要長期的積累和磨礪才能養成，非吃速食而能鑄就。對文本審美解讀的個體差異、教學目標差異，都會造成閱讀教學問題設計的差異，教學的個性差異會使教學問題設計與教學實際效果之間產生差異性。尤其是教師往往受到自身知識經驗、人生閱歷和某些文章觀點的影響。所設計的問題與學生角度的認知、思考也會有一定的距離。學生群體內部因個體的語文素養、審美經驗等諸多差異性，會從另一個層面造成同一問題在課堂教學中的不同效果。

5. 完成了中期報告。

第三階段（2014年4—2014年5月）總結、結題階段。

1. 在前一階段的基礎上又收集、整理了10多節名師課堂實錄，如竇桂梅的《牛郎織女》《圓明園的毀滅》《難忘的一課》《晏子使楚》程翔的《傷仲永》郭初陽的《套中人》《父母的心》等。

2. 繼續進行了課例研究，加強了同課異構課的研究，如李鎮西的《裝在套子裡的人》與郭初陽的《裝在套子裡的人》進行了比較分析。完成了論文《從名師課堂實例看語文課堂提問設計的策略》。

3. 繼續加強學習，學習了余映潮老師的《語文閱讀教學藝術》，葉瀾的《重建課堂教學價值觀》《讓課堂煥發出生命活力——論中小學教學改革的深化》等文章。以課例研究為引導，總結出了課堂提問優化的策略。並以課題為平臺，以自己的課堂為陣地，不斷總結提升自己的教學實踐能力。

4. 完成了結題申請表和結題報告。

5. 整理研究的所有資料，做好相應的結題工作。

四、研究結果與成效

（一）對課堂教學中教師提問的現狀進行了調研和分析，明確了改進的目標。

通過對學生和教師的「語文閱讀教學提問設計」的問題調查分析，我明確了語文閱讀教學提問普遍存在的具體問題是：在課堂提問設計上還不夠精心，還沒有圍繞教學目標，啟動課堂；課堂提問的面還不夠廣，對學得一般、

較沉靜的學生關注不夠；對學生思維能力的培養的方法不多、不活等。針對此我提出了繼續加強學習，拓展自己的認知視野，積極開展行動研究，加強對名師課例研究，大膽實踐，改進自己課堂提問策略等改進措施。

（二）對課堂提問的優化策略進行了研究、分析和思考。

課堂提問是組織課堂教學的重要環節。課堂提問按對象分可分為教師提問和學生提問兩種。教師的提問是「為學而導」的手段，學生的提問是「循導而學」的途徑。現實教學中我們往往看到的是教師提問目的不明確，零碎不系統，單一沒層次，膚淺無興趣。表面熱熱鬧鬧，實則徒勞、低效的現狀。要把學生從枯燥的教學中解放出來，培養和提高他們獲取新知識的能力，分析、解決問題的能力和創新能力，就要改善教師的課堂教學，提高教學效率，提升教師的教學藝術水平。而對課堂提問設計進行優化就是其中的一個重要舉措。

通過一年的課題研究，對幾十節名師課堂實例的比較分析，我認為課堂提問設計優化策略有如下幾點：

1. 提問要圍繞教學目標善於找准文章的切入點；

2. 提問要有整體性和層次性，做到問題明確，條理清晰，化大為小；

3. 提問要善於創設情境，激發學生學習語文的情趣；

4 提問要善於將提問的主體轉移到學生身上，讓學生自主去發現問題；

5. 提問要給學生提問和思考的時間和空間，利於師生交流；

6. 教師要對學生回答的評價以啟發、鼓勵為原則，促使學生思維昇華。

此外，還應有四點重要補充：

（1）巧妙切入，牽一髮而動全身。

（2）獨具慧眼，於無疑處生疑。

（3）無中生有，彰顯教育智慧。

（4）山重水複，紛呈無限精彩。

課堂提問的精彩設計千千萬萬，但大道至簡。正如蘇立康教授所說：教師只有把學生真正放在主體的地位上，他才能從學生的實際出發來設計教學；

教師只有真正認識到教學的過程是一個通過對話實現溝通與合作的過程，他才能從這一理念出發來設計教學；教師只有把閱讀過程看作是每一個學生都要同文本進行對話的過程，他才會去尋找課文內容的共鳴點，並且選擇最能引發學生興趣的方式來組織教學活動。這才是教師問題設計優化策略的根本！

（三）積累了一些成功的經驗，提升了教師的教學水平和專業素養。

進行課題研究，不僅促使我圍繞課題閱讀了大量的文章和相關資料，也讓我積累了大量的名師教學實例，對名師的同課異構課例的比較分析更讓我獲益匪淺。在學習、比較、分析、總結、實踐、提升的過程中自身理論素養和實踐水平的同步發展，掌握了問題設計優化的原則和技巧，對教學的問題設計更加精心，提升了課堂教學藝術，豐富了專業素養。它也促使我以課堂教學和活動為突破口，致力於其他課堂教學藝術的研究，循序漸進全面地提升自己的教學藝術水平。讓我在課堂上更加努力創設和諧、民主、輕鬆的教學氛圍，注意培養學生學習的主動性和創造性，恰當地選擇運用靈活多樣的教學方法、提問方法指導學生的學習，提高了課堂教學效率。

（四）啟動了課堂，激發了學生的求知欲，充分張揚了學生的個性，形成了自主探究的學習氛圍。

研究前課堂時有沉悶，活力不夠，學生不善喜歡回答問題，甚至不敢回答問題，課堂張力不足。開展課題研究後，我圍繞課題研究，精心設計提問，不斷優化自己的課堂提問設計，充分調動了學生參與活動的積極性，學生在課堂上大膽參與，積極思考，情緒高漲，思維靈活，甚至不斷的提出新的問題，培養了學生的探究精神和良好的思維品質，提升了他們的語文素養，充分張揚了學生的個性。

五、存在的問題和不足

1.研究的時間安排還不合理，前鬆後緊。即使是課堂提問的小問題，探究起來也覺得值得研究的東西很多，什麼都想深入，面鋪的較大，時間、精力不夠，研究的還較淺，深度不夠。

2. 因為是偏於教師的課堂提問設計方面，學生的活動較少研究，資料沒有去積累和上傳。

3. 研究的效果還缺少衡量的具體辦法。

主件：結題申請書和結題報告

附件：

1. 論文《博觀約取　厚積薄發——例談如何做名師教學課例研究》發表在國家級核心期刊《中學語文教學參考》上。論文《從名師課堂實例看語文課堂提問設計的優化策略》。

2. 《擬行路難》《春江花月夜》《揚州慢》《方山子傳》《項羽之死》《伶官傳序》等 6 篇課文的問題設計。

3. 《關於語文課堂提問的教師、學生調查問卷》、問卷統計、分析報告資料。

4. 名師課例研究的記錄、分析、反思表格 4 篇。如王君《我的叔叔于勒》、程紅兵《我的叔叔于勒》王君《紙船》王君《出師表》課堂實錄研究記錄等。

5. 收集、整理的名師優秀教學案例、同課異構課堂實錄資料 40 多節。

6. 圍繞課題研究收集整理的學習資料。如餘映潮《課中提問的創新設計》《這樣教語文》《語文閱讀教學藝術》葉瀾《重建課堂教學價值觀》《讓課堂煥發出生命活力——論中小學教學改革的深化》《課堂提問的類型》書和文章。

7. 教師在學習、比較、分析、總結、實踐、提升的研究過程中自身理論素養和實踐水平的同步發展，掌握了問題設計優化的原則和技巧，對教學的問題設計更加精心，提升了課堂教學藝術，豐富了專業素養。

8. 學生更是直接的受益者，他們在課堂上大膽參與，積極思考，情緒高漲，思維靈活，甚至不斷的提出新的問題，培養了學生的探究精神和良好的思維品質，提升了他們的語文素養，充分張揚了他們的個性。

《西安市第一中學中學生素質拓展訓練校本課程建設案例研究報告》

劉躍紅 強小強

〔摘要〕

中學生由於自身特殊的生理、心理特點，加上家庭、學校、社會等諸多因素的影響滲透，心理承受能力同比大幅下降，心理問題日益突出。而現行教材的內容、教育體系的設置，凸顯欠缺和滯後。為了學生順利度過成長的危險期，快樂健康的成長，我們將問題作為課題，積極探究攻克教育「堡壘」，率先把中學生素質拓展訓練引入中學校園，開設了現已成為我校最受學生歡迎的特色課程——中學生素質拓展訓練課程。

通過對我校此課程開發、實施過程、評價制度等的深入剖析和深度研究，對學習課程學生的跟蹤觀察，我們認為我校中學生素質拓展訓練課程獨具特色，成果豐碩。它依託秦嶺、城牆、校園訓練場所，將豐富的自然、人文課程資源開發利用，在提高學生體能和心理承受能力、培養學生意志力、培養學生的團隊意識與合作精神、提高學習效率、打破常規思維、克服個體在學習和生活過程中的心理焦慮、培養學生的健康審美情趣、增強學生與自然和諧相處的意識、培養學生的人文素養等方面產生了積極的作用，對學生的終身發展有不可估量的影響，對豐富學校辦學內涵，促進學校特色化發展，充分發揮示範性高中在課程建設方面的示範引領作用，為其他學校提供範本及實踐方面具有特殊的意義。

[關鍵字]

中學生　素質　拓展訓練　校本課程建設　研究

一、中學生素質拓展訓練校本課程的確立

1.國家政策的支援，學校發展的需要

國家《普通高中課程方案（實驗）》對高中課程內容選擇提出了「時代性」「基礎性」「選擇性」的原則要求，它打破了國家課程「大一統」式管理，

使學校擁有了一定的課程管理的自主權。《國家中長期教育改革和發展規劃綱要（2010—2020年）》明確提出，要「推動普通高中多樣化發展」、「鼓勵普通高中辦出特色」，將「開發特色課程」作為推進素質教育的重要內容。《陝西省貫徹＜國家中長期教育改革和發展規劃綱要（2010-2020年）＞實施意見》「鼓勵普通高中在培養目標、課程設置、教學方法、培養模式等方面形成特色，滿足不同潛質和志趣學生的發展需要。」這些方針政策為我校校本課程研發及實施提供了制度保證。中學生素質拓展訓練校本課程正是我校教育工作者審時度勢率先研究開發的一項具有地方特色和學校特色的校本課程，具有一定的時代特點和地域特點，並且它針對學生心理健康、成長發展的需求，是學校素質教育工作的有效補充。是省級示範校深入發展的需要。

2. 當前中學生身心健康發展的需要

中學生處於青春發育階段，是心理從不成熟到逐步成熟的關鍵時期。由於自身特殊的生理、心理特點，他們身上常體現出獨立性和依賴性、自覺性和幼稚性錯綜複雜的矛盾，又由於學生學業負擔較重，加上家庭教育目標不適當、教育方法不正確、父母身教缺失、經濟貧困、家庭結構裂變、學校管理、社會不良風氣、不良網路等諸多因素的影響滲透，現在的中學生身上越來越多的出現自卑、逆反、孤獨、嫉妒、懼怕、唯我獨尊、貪圖享樂、厭學等不正常心理狀態。我校雖是一所省級示範學校，許多學生成績不差，但體能、心理、意志力等素質嚴重下滑。上述八種心理問題同樣存在，且學習壓力較大，學生心理承受能力同比大幅下降，很多學生缺少準確認識自身的能力，對自身的潛能開發不足，有的學生因為承受不了學業的壓力、情感的困惑、人際交往的挫折等問題而迷失自我，抑鬱自閉、錯誤的宣洩、心理問題日益突出。現行的教材內容、教育體系設置，凸顯欠缺和滯後，為了學生身心健康的成長，順利度過成長的危險期，我校領導和教師將問題作為課題，積極探究攻克教育「堡壘」的辦法，結合學校實際，我們在整合原有野外生存訓練的基礎上，2009年與北京大學錢永健教授合作率先把中學生素質拓展訓練引入中學校園，從此它成為我校特色課程。

二、中學生素質拓展訓練課程設計

（一）中學生素質訓練課程的特點

中學生素質拓展訓練課程是當前德育和體育的有益補充，以體驗式教學為主，針對學生存在的問題，通過創設各種情境和教育活動誘導學生實現心理活動干預，調適心理變化，達到教育目的。有以下三個特點：

1．訓練內容源於生活，基於生存，立於超越。

2．訓練目的在於培養團隊協作精神，提高思想品質，打破常規思維，克服個體在學習和生活過程中的心理焦慮，實現自我突破和超越。

3．訓練過程以體驗式教學為主，輔以活動中的分享回顧，達到內省。

（二）目前我校中學生素質拓展訓練環境的開發

1．依託秦嶺構建自然訓練場，用大自然的魅力感染學生

壯麗的秦嶺和八百里秦川豐富的風土人情，為培養學生的審美情趣，進行野外生存訓練提供了豐富的課程資源。每次出行，學生壓力得到釋放，內心歸於平和，產生了較強的社會責任感，更對他們一生的成長產生了深刻的影響。

2．依託關中和西安悠久的歷史文化開發人文和城市生存訓練場

西安是幾千年中華民族文化底蘊積澱深厚的城市，作為西部經濟發展的領頭羊，其城市環境的發展為我們創造了城市生存訓練的基本條件，是我們素質拓展訓練課程的天然課堂。我們將部分學生選修的拓展訓練課程擴大為全體學生，開展了「徒步城牆 激揚青春」體驗式教學活動，礪意志於無形之中，育英才於談笑之間，強體魄於秦磚漢瓦之上，強化了學生潛在的關注人類自身發展的意識。

3．依託歷史名校開發校園訓練場

學校堅持教育方針，秉持「幸福教師、快樂學生、卓越學校、和諧發展」的辦學理念，以「出名師、育英才、樹品牌、強特色、上水平」為辦學目標，開拓創新，與時俱進，文化立校，銳意改革，走素質教育之路，迅速躋身省級示範高中之列。2010年10月雲嶺拓展訓練中心的建成使用，整合了校內

場地拓展和校外生存拓展訓練，開設中學生素質拓展訓練課程，成為我校素質教育多樣化的里程碑，是對資優生教育手段研究探索的標誌，更是超常教育與潛能開發的緊密結合。

4．我校中學生素質拓展訓練課程開發歷程

自2006年5月至今已成功舉行40多期，參與人數近千人次，無一起不安全事故。編印了校本教材《野外生存拓展訓練》。自2009年10月起，我校與北京大學和中國教育學會聯合，建設了拓展訓練場地，培訓了專業的拓展訓練教師，引進了豐富的拓展訓練專案，使我校拓展訓練教學開始逐步走向成熟。2010年我校投資近30萬元建成的雲嶺拓展訓練中心投入使用，隨後被中國教育學會授予陽光體育新課程資源研訓基地。標誌著我校素質拓展訓練課程進入了全新的階段。2007年10月陝西電視臺教育頻道對我校野外生存訓練進行了跟蹤報導，2011年西安教育電視臺對我校宏志班的素質拓展訓練進行了專題報導。此課程已成為我省影響深遠的特色課程。

三、中學生素質拓展訓練課程的實施

（一）中學生素質拓展訓練的訓練體系（圖表一）

訓練科目	基本專案	訓練內容	預期目的

中學生素質拓展訓練課程	校內場地拓展	基本身體能力訓練	耐力、上肢力量、翻滾技術等	基礎訓練為後續訓練活動作準備
		基本技術訓練	帳篷、睡袋、營地的選擇與搭建、氣爐的使用、繩結、緊急救援、山地行走、野外用火及做飯、做飯等	
		高空項目	高空抓杠、天使之手、巨人梯、高空斷橋等	克服心理焦慮，挑戰自我，開發自身潛能
		平地項目	破冰、團隊組建、團隊臺階、同進共退、同心鼓、生日排隊、雷區取水、電網、畢業牆、足夠高、翻葉子、溝通造橋、女王圈、蜘蛛網、雷陣等	溝通交流、組織與協調、創新思維訓練、團隊協作
	校外生存訓練	攀爬和速降技術	攀岩和岩壁速降、專業裝備的使用和管理	掌握攀爬和索降技術、挑戰身心極限
		野外生存訓練	負重越野	挑戰生理和心理極限，增強生理和心理承受能力。突破自我，開發生命潛能。體驗生命與自然的密切關係。
			涉水	
			野外攀爬和速降	
			野炊、野生植物與菌類及動物的認識	
			水源的尋找與水質檢測	
		城市生存訓練	現有資源的開發與利用	掌握城市生存技能，建立初步創業與現有資源的開發與利用的基本方法和理念。增強社會適應能力和心理承受力。
			基本生活物資的分配與管理	
			與不同社會人群的溝通與交流	
			在尋找機會的過程體驗社會現實當中的成功與失敗	
			體驗父母工作的壓力和社會責任	
	徒步城牆	高一年級新生為主要參與對象	團隊徒步13.7公里城牆，瞭解古城西安的文化與歷史	通過團隊之間的相互鼓勵，磨練意志，挑戰自我，熱愛民族傳統文化，提升思想素養

（二）中學生素質拓展訓練的目的意義

中學生素質拓展訓練通過較大強度體力消耗和一定強度的心理刺激為干預手段的體驗式教學可以在提高學生體能和心理承受能力、培養學生意志力、培養學生的團隊意識與合作精神、提高學習效率、打破常規思維、克服個體在學習和生活過程中的心理焦慮、培養學生的健康審美情趣、增強學生與自

然和諧相處的意識、培養學生的人文素養等方面產生積極的作用。

1・培養學生堅強的意志力

野外生存訓練中，具備堅強的意志力是學生參加拓展訓練成功的關鍵，它必須在逐漸積累的過程中一步步形成。由於野外生存訓練中的大任務是由若干小任務組成，大目標是由若干小目標群組成，每一次小任務的完成和小目標的實現都能帶給學生成就感和愉悅感，因此每一次成功也都會使學生的意志力有所增強。

2・培養學生的團隊意識和合作精神

團隊意識和合作精神是現代社會生存的基本要求。訓練中，隊員之間相互鼓勵，互相理解支持，不斷刷新紀錄。關愛弱者成為每一個成員的自覺行動。在這種「痛並快樂著」的艱苦環境中，團隊成員更加團結、信任、寬容，增進了情誼。

3・打破常規思維模式，克服心理焦慮

中學生素質拓展訓練注重學生創新思維培養，開發設計了相關教學內容，如雷陣、生日排隊、足夠高、經濟取水、電網、女王圈以及高空專案等，都是需要隊員打破常規思維，才能找到出路。

4・培養學生的健康審美情趣，增強學生與自然和諧相處的意識

有較高審美情趣的人，往往具有積極向上的人生態度。每當我們置身精妙絕倫的秦嶺自然環境中，自然界的鬼斧神工，春夏秋冬的更迭，總會帶給我們心靈的震撼與感動，自然之美會孕育心靈之美。

5・提高了學生的體能和心理承受能力

體能包括健康相關性體能和競技運動相關性體能兩類。中學生素質拓展訓練具有綜合性，兼顧了競技運動相關性體能中的耐力和敏捷度的訓練與提高。根據我校校醫和體育教師對參訓學生課堂觀察、實測、長期跟蹤檢測表明：他們的心肺耐力、肌力和肌耐力、身體組合、身體柔韌性、神經肌肉鬆弛度比以前有了較大改善，長期保持著高於同齡學生的水平。學生體能水平有了大幅度提升。

四、中學生素質拓展訓練課程評價體系的建立

（一）制定中學生素質拓展活動評價體系的指導思想

拓展訓練課程要求以學生為主體，以學生綜合素質的全面發展為出發點和歸宿點，既要重視學生的主動性，也要重視學生的未完成性，以及多方面潛能的發展，注重學生的創新能力和實踐能力提高。在評價學生時，不分優劣等級，尊重學生個體差異，只要學生在某一個方面有提高，就是收穫，就要充分肯定，鼓勵學生自我超越和突破。對學生的評價不僅要注重結果，更要注重發展和變化過程。

（二）中學生素質拓展活動評價管理工作小組。

組　長：校長

副組長：分管教學副校長、教務主任

組　員：拓展培訓師、學生代表、家長代表

（三）中學生素質拓展訓練活動評價體系

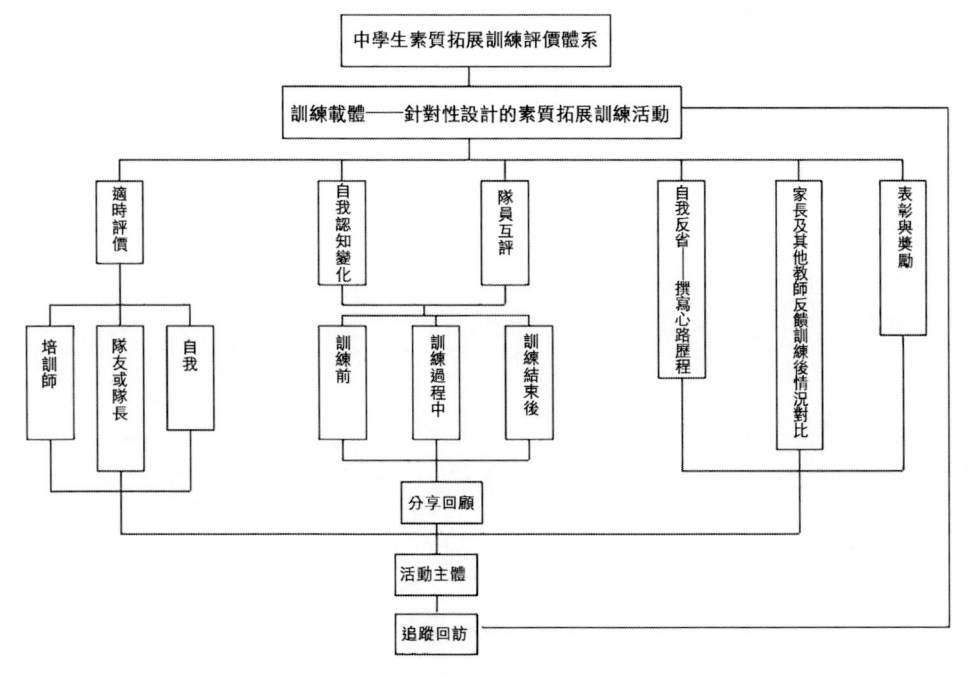

五、中學生素質拓展訓練課程的發展

第一階段：2006 年 5——7 月探索階段。主要內容是通過長途跋涉、野外宿營、山地穿越和登山、攀岩、負重越野、漂流等，為活動的順利開展積累了經驗，迄今為止已經組織了 40 多期活動，有近千人參加。

第二階段：2006 年 10 月——2009 年 10 月野外生存規模化訓練階段。使活動內容融入學校教學計畫，實現了更有針對學生心理、成長瓶頸的設計、組織和實施的主題活動，編寫了校本教材。

第三個階段：2009 年 10 月——現在。通過前兩個階段的發展，在學校領導的支持下，與北京大學素質拓展訓練創始人錢永健教授合作，引進素質拓展訓練內容並斥資修建了校內場地，其中包括場地拓展和高空拓展項目，並使其與我校原有的野外生存選連相結合，實現了校內訓練與校外訓練相結合，為構建完整的中學生素質拓展訓練課程體系建立了實踐模型。

第四階段：項目整合、挖掘開發，在目前開展的基礎上拓展訓練項目，由野外生存和場地拓展向更為貼近生活的城市生存過渡。

六、中學生素質拓展訓練課程的保障

1．我校中學生素質拓展訓練的理論和技術支援

2009 年我們整理多年來的經驗，研究搜集資料，編寫了《西安市第一中學中學生野外生存訓練》校本課程教材，同時積極外派教師參與高水平培訓，先後 5 人次參加了由中國教育學會和北京大學聯合舉辦的素質拓展訓練師培訓，考取了資格證。北京大學錢永健教授還來我校指導拓展訓練工作，並建立了穩定的合作關係。

2．政策和制度支持

學校對中學生素質拓展訓練課程建立了《野外生存訓練小組章程》《中學生野外生存基本守則》《雲嶺拓展訓練課安全常規》《雲嶺拓展中心岩壁管理條例》等一系列相關制度和保障措施，課程納入學校教學計畫，定期開展活動。

3．物資保障

學校陸續投資購買了相關理論學習資料、戶外專用裝備，投資修建了校內場地，提供學生素質拓展訓練的專用費用，確保了中學生生存拓展訓練在我校落地生根。

　　中學生綜合素質的培養和提升，關乎民族的未來。如何讓學生的優秀潛力更大限度的挖掘，更加尊重生命，熱愛生活，是當代教師義不容辭的責任。2007年海峽兩岸中學生素質交流會上，受到與會專家一致好評。來自臺灣學者稱：這是培養民族脊樑的一項活動。2010年香港兩岸十城智慧鐵人大賽中，我校收穫了本次大賽十個項目總分第一、六項冠軍、一項亞軍、一項季軍的好成績。

　　我校「中學生素質拓展訓練」校本課程的開發，是新課程背景下校本課程研發的有益探索和實踐，是我校普通高中新課程資源開發與利用的優秀教學成果，是對傳統教育教學文化的有效補充。希望我們的努力與實踐能給廣大教育同仁提供借鑒與參考，更希望能借此為學生綜合素質的提高做出我們應有的努力與貢獻。

教師應有專業化發展的自覺

尊敬的各位領導、各位老師：

早晨好！

學校是教育發生的地方，課堂是教師成長的地方。課堂的精彩在於學生的自主，在於他們能力的突破，更決定於教師的理念、視野和專業的高度。沒有教師的專業化發展的自覺，就沒有課堂的精彩，自然我們也難以得到學生的愛戴。所以今天我想跟大家交流自己對教師專業化發展的一點膚淺的認識，懇請得到各位的批評指正。

一、教師為什麼應有專業化發展的自覺？

近日《時間都去哪了？》（教師版）紅遍大江南北。歌詞寫得很美，概括出了我們一輩子的教書生活。

門前老樹長新芽

校內枯木又開花

半生存了好多話

藏進了滿頭白髮

記憶中的那笑臉

渴求知識的眼睛

一生把愛交給他

只為那一聲老師

時間都去哪兒了

還沒好好感受年輕就老了

教書育人一輩子

滿腦子都是孩子哭了笑了

時間都去哪兒了

還沒好好看看你眼睛就花了

三尺講臺半輩子

轉眼就只剩下滿桌的講義了

記憶中的那笑臉

渴求知識的眼睛

一生把愛交給他

只為那一聲老師

時間都去哪兒了

還沒好好感受年輕就老了

教書育人一輩子

滿腦子都是學生來了去了

時間都去哪兒了

還沒好好看看你眼睛就花了

三尺講臺一輩子

轉眼就只剩下滿滿的回憶了

時間都去哪兒了

還沒好好感受年輕就老了

教書育人一輩子

滿腦子都是學生來了去了

時間都去哪兒了

還沒好好看看你們眼睛就花了

辛勤付出半輩子

轉眼就只剩下滿臉的皺紋了

　　時間如流水一般，轉瞬即逝。歌詞深深的觸動了我，除了滿臉的皺紋，我們還應有什麼留下來呢？

　　記得 2002 年我去西藏旅遊，途中與上海教育學院的 4 位五十多歲的老師結伴而行。那時的我工作已有 14 年，教學、帶班都進入了成熟期，有一些令我自豪的成績。因為是同行，話題自然少不了學生。聽我談了許多學生的趣事之後，一位老師問我：最令你驕傲的是什麼呢？我脫口而出：學生。學生是我工作的核心，我生活中的重要組成部分，我愛他們，也得到他們的愛，他們因為我及其他老師的付出而夢想成真，考上一流的大學，畢業後的在各行各業中依然出類拔萃，學生的優秀是我的最大的驕傲。一批批學生走了，他們有他們自己的生活和事業，鐵打的營盤流水的兵，繁忙緊張的教學依舊是我不變的生活。高考成績、一屆屆學生，如生活之河的歡快的浪花，隨著歲月消失在遠方，如今，那句問話深深地刻在了我的心裡，如芒在背讓我惶恐，學生都在進步，在成長，我自己在專業上還有進步發展嗎？留下了別的令我驕傲的東西嗎？

　　影片《蒙娜麗莎的微笑》有這樣的臺詞：

　　是誰在敲打學習之門？

　　我代表所有女性。

　　你尋求什麼？

　　通過努力學習喚醒我的心智，並奉獻畢生與知識。

　　那麼我們歡迎你。所有相隨你的女性都能進來。

　　初看影片，就被這話震懾住了。剛踏上講臺時，我們都有過這樣美好的夢想，現在，我們反問自己：我們這種教育理想還在嗎？努力學習，喚醒我們的心智，在我們不斷喚醒學生的時候，我們自己有足夠的清醒嗎？有這樣

一個故事：

蘋果樹的故事

一棵蘋果樹，終於結果了。

第一年，它結了 10 個蘋果，9 個被拿走，自己得到 1 個。對此，蘋果樹憤憤不平，於是自斷經脈，拒絕成長。第二年，它結了 5 個蘋果，4 個被拿走，自己得到 1 個。"哈哈，去年我得到了 10％，今年得到 20％！翻了一番。"這棵蘋果樹心理平衡了。

但是，它還可以這樣：繼續成長。譬如，第二年，它結了 100 個果子，被拿走 90 個，自己得到 10 個。

很可能，它被拿走 99 個，自己得到 1 個。但沒關係，它還可以繼續成長，第三年結 1000 個果子……

其實，得到多少果子不是最重要的。最重要的是，蘋果樹在成長！等蘋果樹長成參天大樹的時候，那些曾阻礙它成長的力量都會微弱到可以忽略。真的，不要太在乎果子，成長是最重要的。

「老了，成熟了。」我們習慣這樣自嘲。但實質是，你已停止成長了。

之所以犯這種錯誤，是因為我們忘記生命是一個歷程，是一個整體，我們覺得自己已經成長過了，現在是到該結果子的時候了。我們太過於在乎一時的得失，而忘記了成長才是最重要的。

什麼是一個人的成長？儒家思想要求人成長的軌跡是：修身、齊家、治國、平天下。而哲學家羅素則認為，人的成長要遇到三個方面的矛盾：一是人與自然環境的矛盾，二是人與社會，也就是人與人的矛盾，三是人與自己的矛盾。人的成長過程實際上就是不斷地尋找自己人生座標的過程。人從小到大，視野不斷開闊、知識不斷豐富、經驗不斷積累，從而越來越深刻地認識自己，同時也在認識周圍世界，這就是人的成長過程了。人的成長路徑不同，人生追求也千差萬別，無論成功與否，人的最終歸宿大致是相同的。而區別就在於每個人所走過的道路不同，每個人對自己人生的瞭解程度和自己內心的真實體驗是不可複製的。人的成長就是要不斷地突破自己的小環境，而進入一個更廣闊世界的過程。這種突破，不僅要突破物理空間的界限，也

要突破心靈空間的界限。

人的成長，應該去尋找三個座標：

一是時代的座標。

二是社會座標。與別人比較，你的比較優勢是什麼？

三是自己內心的座標。

每個人都應該成長，這種成長是一個不斷發展的動態過程，成長是無止境的。生活中很多是難以把握的；但是成長是可以把握的，這是對自己的承諾。我們雖然再努力也成為不了劉翔，但我們仍然能享受奔跑。可能會有人會妨礙你的成功，卻沒人能阻止你的成長。換句話說，這一輩子你可以不成功，但是不能不成長。我們的成長原因如下：

第一、為了提高職業競爭力。

第二、順應職業發展的要求，增強生活幸福感。

第三、為了滿足學生全面發展的需要。——專業發展的意義

第一、為了提高職業競爭力。

教育工作應被視為專門職業。這種職業是一種要求教員經過嚴格而持續不斷的研究才能獲得並維持專業知識及專門技能的公共業務；它要求對所轄學生的教育和福利具有個人的及公共的責任。

——國際勞工組織和聯合國教科文組織《關於教師地位的建議》

社會職業有一條鐵的規律，即只有專業化才有社會地位，才能受到社會的尊重。如果一種職業是人人可以擔任的，則在社會上是沒有地位的。教師如果沒有社會地位，教師的職業不被社會尊重，那麼這個社會的教育大廈就會倒塌，這個社會也不會進步。

——中國教育學會會長顧明遠教授

張思名老師案例

張思明，北大博士。18歲當老師，北京大學附屬中學特級教師，「北京市十大傑出青年」、北京市青年教師「師德之星」、全國模範教師、全國十傑教師、享受國務院特殊津貼專家，榮獲胡楚南優秀教學成果獎、北京市第

一屆、第二屆、第四屆基礎教育教學成果一等獎和數學教育的最高獎「蘇步青數學教育獎」一等獎等。撰寫了80餘篇文章、200餘萬字的著作。在全國和市級以上評比中獲獎的就有8項。在中學數學建模、數學課題學習等教學研究中取得了豐碩成果。

張思明老師父親因公犧牲，母親重病，岳母半身不遂，他在當班主任和滿工作量的條件下，完成了24門課程的自學考試並以全優成績完成了碩士、博士學業。他多次利用假期去教育貧困地區支教、助教。在日本進修學習期間，他以出色的學習成果和人品贏得了導師、他國留學生的稱讚和所在地留學生黨組織的很高評價。

他在總結自己的工作時寫下了這樣的話：「從事教育工作多年，我慢慢感悟到教育這一平凡工作蘊藏著無限的希望與挑戰，展現著人性之中最真誠的情感和人生的最高智慧。教育不僅開發了學生的潛能，同時也挖掘了教師的智慧，增長了教師的才幹。用心做教育，用心為中華民族的創造力奠基、用心為學生們一生的發展和幸福奠基是教師最崇高的追求。

用心和用力是不一樣的，用心就是要努力認識、感悟教育的規律，努力把素質教育的理念轉變成自己的教育實踐，把自己的教育工作不僅看成是一項事業，而且是自己生活中必不可少一部分，不斷地想著它、念著它、琢磨它、感悟它、享受它。「用心做教育」是一句質樸、簡潔凝練而又具有豐富內涵的話。用心做教育方能留心觀察、細心品味；用心做教育方能專心實踐、恆心堅持；用心做教育方能達高致遠、寵辱不驚；用心做教育方能童心不泯、擁有愛心；用心做教育方能心懷感激、胸襟坦蕩；用心做教育方能展示自我、感悟生命」。

程紅兵的案例

享受國務院特殊津貼的專家，上海市特級教師、上海市特級校長、華東師大特聘教授集「四特」於一身的榮譽稱號，發表了100多篇文章，出版了10多部專著，作了100多場專題報告和示範課。最讓我感動的是程紅兵教育人生的三境界：

清代學者王國維在《人間詞話》中說，「有境界者，則自成高格」。縱

觀程老師的教育生涯，其教育思想與教育實踐之所以能自成高格，正是因為他的教育追求和人生追求有著獨特的眼光與境界。可以說，程紅兵之所以成為程紅兵，是不斷提升的與眾不同的境界使然。

第一境界：書生本色：飽讀經典，率性而為。

程紅兵是書生，但他首先是思想者，思想著的書生，這也許將成為他終身的定位之一。他博覽群書，視野開闊，思想強健，激情煥發，底氣充盈，富有創造力，具有自由開放式的教學風格。

1991年他在《語文學習》上發表了《語文教學「科學化」芻議———與魏書生同志商榷》一文，針對魏書生老師所構建的完整而龐大的科學化語文教學管理系統，提出了商榷意見，拋出了自己的觀點：「千篇一律、標準規範的器件是好器件，千篇一律的標準化文章絕不是好文章，而用一個模子塑造出統一的標準化的人，那絕不是科學的教育。」並初步確立了「傳授知識、培養能力、塑造人格」三位一體的語文教學理念。在《語文教學的人文思考與實踐》一書中，他勇敢地亮出理性之劍，高揚獵獵招展的人文精神的大旗，為語文人文精神的回歸搖旗吶喊，字裡行間洋溢著令人振奮的思想與精神，他在學術界發出了他的第一聲吶喊。他的論文《對高師中文專業教育的反思》發表在《江西高教研究》上，對20世紀末由《北京文學》發起，由中央電視臺《實話實說》欄目推向高潮的那場語文教學大討論起了推波助瀾的作用。

第二境界：人師情懷，關懷終極，負責當下。

古人云：「經師易得，人師難求。」「人師」與「經師」的本質區別就在於，人師「重人」，而經師「重術」。90年代以來，愈演愈烈的考試競爭，使得中學語文教學被日益異化，功利主義、技術主義的價值取向大行其道，出現了閱讀教學程式化、作文教學模式化、能力訓練機械化等諸多弊端。他思索能影響學生一生的語文教育。他逐漸明確了人格教育的理念，認為「語文教育的終極目標就是人格完善，這是語文教師必須堅持的理念。只有人格完善，才是統一人的各種素質和能力的本質價值，堅持終極目標是完全必要的，而且應把它置於語文教育目標體系的最高層」。他立足於當下的語文教學，在自己任教的班級裡開展「自主探究性語文教學模式」的實驗。如果說，「經師」的過人之處在於把自己的經驗傳給學生，把學生訓練到位，在各種考試中勝

出，而「人師」的感人之處則在於為學生的人生奠定厚實的底子，把學生培養成聰明智慧、具有健全美好人格的人。程老師的學生一個月自讀一本文化名著，一節課自學一首課外詩詞，在課堂上組織自由的交流。引導學生學會讀書的同時，也學會讀腦，讀別人頭腦中的真知灼見，這些豐厚的養料為學生的一生奠定了文化基石。

第三境界：教育家氣質，謙和睿智，思想無疆

思想著的書生，追求理想的人師，博大的胸襟和情懷，構成了程紅兵的大家氣質。每隔一段時間，程老師就會有一篇思想鋒利的重量級文章引起教育界的強烈關注。幾乎每一年，程老師都會有一本專著問世。其人如靜海深流，含蓄得寧靜深邃；其文如海底火山，噴發得磅 壯闊。他的教育人生之路如同拾級登樓，從書生本色、人師情懷到「大氣謙和、睿智進取、理性鋒利」的大家氣質，每上一層都展現出異常亮麗的風景。

努力做一個優秀的教師，努力使自己不可替代，就是做最好的自己，這是我們教師專業發展的要求。

二、順應職業發展的要求，增強生活幸福感

葉瀾教授說：「如果一個教師缺少智慧，就缺少尊嚴。」教師要廣泛涉獵，五湖四海，古今中外，上下五千年，縱橫八萬里；來自於對工作的滿腔熱愛，勤思考，善鑽研，在平時的點點滴滴中不斷積累。這樣，教師在課堂上才有可能口吐珠玉、遊刃有餘、旁徵博引、妙趣橫生、談吐不凡，這樣的課堂，才能深深吸引學生，教師深受學生愛戴，並不斷成長。

布克認為：學習的特權以及幫助他人學習的特權，乃是教師工作中最令人感到興奮與刺激的部分。

大學之道，在明明德，在親民，在止於至善。知止而後有定，定而後能靜，靜而後能安，安而後能慮，慮而後能得。物有本末，事有終始。知所先後，則近道矣。——《禮記》

【注釋】

明明德：前一個「明」作動詞，有使動的意味，即「使彰明」，也就是發揚、弘揚的意思。後一個「明」作形容詞，明德也就是光明正大的品德。

親民：根據後面的「傳」文，「親」應為「新」，即革新、棄舊圖新。親民，也就是新民，使人棄舊圖新、去惡從善。

知止：知道目標所在。

得：收穫。

【翻譯】

大學的宗旨在於弘揚光明正大的品德，在於使人棄舊圖新，在於使人達到最完善的境界。知道應達到的境界才能夠志向堅定；志向堅定才能夠鎮靜不躁；鎮靜不躁才能夠心安理得；心安理得才能夠思慮周祥；思慮周祥才能夠有所收穫。每樣東西都有根本有枝末，每件事情都有開始有終結。明白了這本末始終的道理，就接近事物發展的規律了。

北師大肖川博士說儘管教師的幸福與其他因素有關，但教師的幸福主要體現在教書育人的過程中。

具體說來，教師的幸福首先來自教育教學的工作。教育是教師的生命，課堂教學是教師的基本的生活方式，是教師生命價值的體現。把學生從「生物人」提升為「社會人」，從較低的水平提升至較高的水平，這是社會賦予教師的責任和使命，教師的幸福也正體現在對這種社會責任感和歷史使命的肩負上。教育教學過程成了師生思想碰撞、心靈交流的過程，教師的教成了學生的需要、嚮往，學生的學，則成了教師的期待、目的。

其次教師的幸福來自學生的成長與發展。因為從學生身上看到自己的勞動成果，進而體驗到精神上的無限幸福，學生的道德成長，桃李滿天下，便成了教師最大的幸福；

再次教師的幸福來自教師的專業成長。這種發展不僅意味著教師教育能力的增強，而且還是教師個人整體素質的發展，而發展本身就能帶個人幸福感。

教師幸福來自教師的教育研究。教師能否獲得職業幸福感需要一種能力，需要一種職業境界，這就依賴於教師是否從事教育教學研究，是否樹立「教師即研究者」的專業發展理念。

教師的幸福來自善好的學校生活。所謂善好的生活是一種自我實現的生

命歷程,是一種「不惑、不憂、不懼」的生活。它能促進教師的自我實現,又能使學生形成陽光般的心態和健康人格,提高學生的自尊和自信,使學生內心變得越來越充實和富有力量。

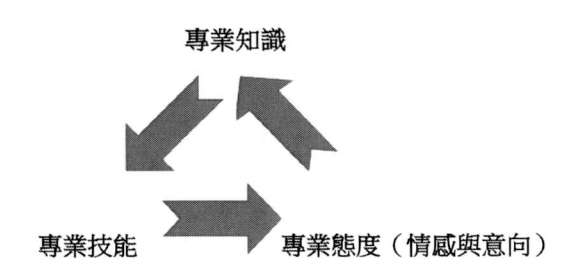

專業知識

專業技能　　　專業態度(情感與意向)

專業態度影響了我們對專業知識的獲取,技能的掌握取決於專業知識的多少,他們又會影響我們的情感態度。三者相輔相成。

熱愛教育,熱愛生活,這是教師幸福的起點。

教師的幸福,一定不僅僅取決於自身。我們期盼政府重教的政策越來越實,我們期盼社會尊師的氛圍越來越濃,我們期盼學校的管理更加民主,我們期盼每一個學生都能成才⋯⋯所有這些,都可能讓你發自內心地感到幸福。

但是,反觀自身,在通往幸福的路上,教師自己能做什麼?又需要做什麼?

繁雜的工作根本就讓你無暇思考幸福與否,只是日復一日匆匆向前。我們一起聽一個域外的故事。31歲的美國數學教師肯特每年都會親近大自然,在過去數年間,他深入大自然近距離記錄了約19公里的門登豪爾冰川下冰穴裡連續消融和結凍的奇觀,並繪製它們日益變化的過程。

肯特不是一個乏味的人,他有著自己的興趣和業餘生活的焦點。冰川下洞穴美景舒緩了他的壓力,激發了他的靈感。一個可能和你我同樣倦怠的肯特走出去,一個充滿活力的肯特從冰穴裡回來,站在學生面前。而且,不只是活力,還有閱歷、視野、對生命更深沉的體悟與理解。這些生活的印記,不僅豐富教師的人生,也會變成滋養學生的雨露。

跳出單調、庸常的生活,敢於改變自己,給自己生命更多驚喜,從生活中積澱教育的智慧與財富,你才可能獲得更為幸福的職業生涯,更有底氣把

這種驚喜帶給學生。很難想像，一個個人生活失敗的教師能夠擁有一個幸福的教育生涯。懂得追求生活詩意與幸福的教師，才能給學生充滿希望的未來。

教育即生活，生活即教育。有生活的激情，有教育的樂趣。一切都在教育之外，一切又在教育之中。幸福的個人生活與教育生活的幸福水乳交融。我們在生活中思考著、示範著我們的教育觀念，在教育中尋找著、實踐著我們幸福的職業生活。

李鎮西老師的故事

朱永新稱李鎮西的意義：童心、愛心與用心。

自1982年從教以來曾獲「四川省中學語文特級教師」、「全國優秀語文教師」、「成都市有突出貢獻的優秀專家」、「成都市十大優秀青年」、「成都市十大教育明星」等稱號，享受成都市人民政府專家特殊津貼，2000年被提名為「全國十傑教師」。被譽為「中國蘇霍姆林斯基式的教師」。「全國優秀班主任，全國知名校長李鎮西是一位真正的教育思想者，在他追求自己教育理想的同時，也為全國廣大班主任指明了前進的方向。作為一名優秀班主任，他以自己的思想和行動引領了全國一大批優秀的班主任的成長：李俊興、薛海榮、方海東、石春紅、郭文紅、杜美清、李迪、王曉波等；他親手打造了武侯實驗學校一支優秀的班主任團隊：鄒顯惠、潘玉婷、許忠應、鄭聰、胡成、張清珍、李青青等等，這些優秀的班主任將李鎮西的教育思想與自己的教育實際和教育個性相結合，形成了自己獨特的教育教學風格，用言行感染並影響著更多的年輕班主任。」

保持童心，就是保持對人民的善良之心。保持童心，就是保持對邪惡的正直之心。保持童心，就是保持對事業的創造之心。保持童心，就是保持對生活的熱情之心。

其次看他的愛心。在鎮西的教育辭典裡，童心與愛心是相輔相成的。他認為，只有童心能夠喚醒愛心，只有愛心能夠滋潤童心。「離開了情感，一切教育都無從談起。」他說，教師真正的尊嚴，從某種意義上講，並不是老師們個人的主觀感受，而是學生對老師的道德肯定、知識折服和感情依戀。「愛心與童心，是我教育事業永不言敗的最後一道防線。」

再看他的用心。鎮西的用心，是一般人難以想像的。三十年前孩子們的聲音，他能夠完整地保留著；谷建芬老師三十年前的來信，他能夠完整地收藏著。他幾十年如一日堅持寫日記，記錄著班上和學校發生的一切，李鎮西寫過很多書，如《青春期悄悄話——給中學生100封信》、《愛心與教育——素質教育探索手記》、《從批判走向建設——語文教育手記》、《走進心靈——民主教育手記》、《教育是心靈的藝術——李鎮西教育論文隨筆選》、《風中蘆葦在思索——李鎮西教育隨筆選》，《花開的聲音》，《教有所思》《心靈寫詩——李鎮西班主任日記》、《李鎮西班級管理日誌》、《民主與教育：一個中學教師對民主教育的思考》、《做最好的班主任》，《做最好的家長》，《做最好的老師》，《用心靈贏得心靈——李鎮西教育演講錄》等等，其中大部分是在教育手記與工作日記的基礎上整理出來的。

李鎮西的意義，在於他用童心、愛心、用心這「三心」，創造了教育的奇跡，也書寫了自己生命的傳奇。李鎮西的意義，在於他離我們並不遙遠，就在我們每個人的身邊。他的教室，與我們何其相似？他的孩子，與我們多麼相同？為什麼他能夠做到，我們做不到？

學習、研究、反思和創新，正是教師職業的魅力所在。擺脫教師低水平重複勞動所帶來的枯燥乏味感，在創新求索之中，體驗到研究樂趣和幸福，收穫職業成長。發現職業的價值，享受職業的樂趣，感悟職業的魅力，這是教師幸福的鑰匙。把學生帶到有光的地方，這是教師幸福的大門。與學生共同成長，這是教師幸福的動力。

三、為了滿足學生全面發展的需要——專業發展的意義

《蒙娜麗莎的微笑》片段二

《大宅門》中的教育啟示

小時候的白景琦真是玩劣成性，教書先生沒一個能教時間長的，都被他捉弄的拂袖而去。而最後的季先生，白景琦和他較量了幾個回合後，均敗下陣來，於是開始由輕視變得敬畏，進而變得敬佩了。敬佩的原因是季先生文武雙全，而且足智多謀。看來古今的先生都不是很容易當的。試想天下能有幾個文武雙全、足智多謀的先生呢？

季先生還有他的教育思想：每天他並不是把孩子關在屋子裡讀死書，而是帶著孩子滿世界的遊歷，大有我們今天素質教育的思想。

白景琦的爸爸說的話：你說著教育孩子吧，就像養小鳥。關上籠子吧，鳥沒了靈氣；打開籠子吧，又怕鳥飛了。這養鳥不容易，當鳥也不容易啊！

多麼貼切的比喻啊！教育真的是一個需要智慧加耐心的工作。沒有了智慧，你的教育，事倍功半；沒有了耐心，你的教育，半途而廢。

生活中遇到了這樣的孩子，該如何教育？

教師是個終身學習的專業，教師的成長是慢成長。

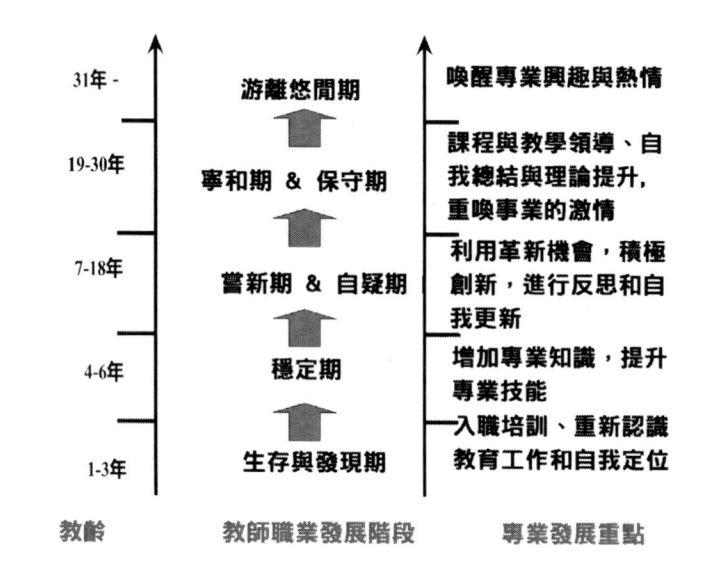

教齡	教師職業發展階段	專業發展重點
31年-	游離悠閒期	喚醒專業興趣與熱情
19-30年	寧和期 & 保守期	課程與教學領導、自我總結與理論提升，重喚事業的激情
7-18年	嘗新期 & 自疑期	利用革新機會，積極創新，進行反思和自我更新
4-6年	穩定期	增加專業知識，提升專業技能
1-3年	生存與發現期	入職培訓、重新認識教育工作和自我定位

教師成長的規律

経驗教師 ▮▮▮▮▮

職初教師 ▮▮▮▮▮

▮ 原理知識（學科的原理、規則，一般教學法知識）

▮ 案例知識（學科教學的特殊案例、個別經驗）

▮ 策略知識（運用原理於案例的策略，核心是反思）

——美國學者·舒爾曼

● 教師職業生涯有走向成熟與追求卓越的兩次跨越
● 案例成為聯結教師成長各階段的紐帶。

所以我們更應加強案例研究，掌握更多的教育策略。

教育者的目光所及，關係到對教育的把握，有什麼樣的視界就有什麼樣的教育。

某種意義上說：教師的視野決定了學生的高度。

美國版

上課鈴響了，孩子們跑進教室，這節課老師要講的是《灰姑娘》的故事。

老師先請一個孩子上臺給同學講一講這個故事。孩子很快講完了，老師對他表示了感謝，然後開始向全班提問。

老師：你們喜歡故事裡面的哪一個？不喜歡哪一個？為什麼？

學生：喜歡辛黛瑞拉（灰姑娘），還有王子，不喜歡她的後媽和後媽帶來的姐姐。辛黛瑞拉善良、可愛、漂亮。後媽和姐姐對辛黛瑞拉不好。

老師：如果在午夜12點的時候，辛黛瑞拉沒有來得及跳上她的南瓜馬車，你們想一想，可能會出現什麼情況？

學生：辛黛瑞拉會變成原來髒髒的樣子，穿著破舊的衣服。哎呀，那就慘啦。

老師：所以，你們一定要做一個守時的人，不然就可能給自己帶來麻煩。另外，你們看，你們每個人平時都打扮得漂漂亮亮的，千萬不要突然邋裡邋

邊地出現在別人面前，不然你們的朋友要嚇著了。女孩子們，你們更要注意，將來你們長大和男孩子約會，要是你不注意，被你的男朋友看到你很難看的樣子，他們可能就嚇昏了（老師做昏倒狀）

老師：好，下一個問題，如果你是辛黛瑞拉的後媽，你會不會阻止辛黛瑞拉去參加王子的舞會？你們一定要誠實喲！

學生：（過了一會兒，有孩子舉手回答）是的，如果我辛黛瑞拉的後媽，我也會阻止她去參加王子的舞會。

老師：為什麼？

學生：因為，因為我愛自己的女兒，我希望自己的女兒當上王后。

老師：是的，所以，我們看到的後媽好像都是不好的人，她們只是對別人不夠好，可是她們對自己的孩子卻很好，你們明白了嗎？她們不是壞人，只是她們還不能夠像愛自己的孩子一樣去愛其它的孩子。

老師：孩子們，下一個問題，辛黛瑞拉的後媽不讓她去參加王子的舞會，甚至把門鎖起來，她為什麼能夠去，而且成為舞會上最美麗的姑娘呢？

學生：因為有仙女幫助她，給她漂亮的衣服，還把南瓜變成馬車，把狗和老鼠變成僕人。

老師：對，你們說得很好！想一想，如果辛黛瑞拉沒有得到仙女的幫助，她是不可能去參加舞會的，是不是？

學生：是的！

老師：如果狗、老鼠都不願意幫助她，她可能在最後的時刻成功地跑回家嗎？

學生：不會，那樣她就可以成功地嚇到王子了。（全班再次大笑）

老師：雖然辛黛瑞拉有仙女幫助她，但是，光有仙女的幫助還不夠。所以，孩子們，無論走到哪裡，我們都是需要朋友的。我們的朋友不一定是仙女，但是，我們需要他們，我也希望你們有很多很多的朋友。

下面，請你們想一想，如果辛黛瑞拉因為後媽不願意她參加舞會就放棄了機會，她可能成為王子的新娘嗎？

學生：不會！那樣的話，她就不會到舞會上，不會被王子遇到，認識和

愛上她了。

老師：對極了！如果辛黛瑞拉不想參加舞會，就是她的後媽沒有阻止，甚至支持她去，也是沒有用的，是誰決定她要去參加王子的舞會？

學生：她自己。

老師：所以，孩子們，就是辛黛瑞拉沒有媽媽愛她，她的後媽不愛她，這也不能夠讓她不愛自己。就是因為她愛自己，她才可能去尋找自己希望得到的東西。如果你們當中有人覺得沒有人愛，或者像辛黛瑞拉一樣有一個不愛她的後媽，你們要怎麼樣？

學生：要愛自己！

老師：對，沒有一個人可以阻止你愛自己，如果你覺得別人不夠愛你，你要加倍地愛自己；如果別人沒有給你機會，你應該加倍地給自己機會；如果你們真的愛自己，就會為自己找到自己需要的東西，沒有人可以阻止辛黛瑞拉參加王子的舞會，沒有人可以阻止辛黛瑞拉當上王后，除了她自己。對不對？

學生：是的！！！

老師：最後一個問題，這個故事有什麼不合理的地方？

學生：（過了好一會）午夜 12 點以後所有的東西都要變回原樣，可是，辛黛瑞拉的水晶鞋沒有變回去。

老師：天哪，你們太棒了！你們看，就是偉大的作家也有出錯的時候，所以，出錯不是什麼可怕的事情。我擔保，如果 ?? 你們當中誰將來要當作家，一定比這個作家更棒！你們相信嗎？

孩子們歡呼雀躍。

此為美國一所普通小學的一堂閱讀課。我們是幾歲的時候才想到這些層面？

——小學老師教的，終身受用——

王君《我的叔叔于勒》教學案例

（用王君的課堂實錄為例）

教師的視野、思考所給學生提供的空間，決定了學生發展的高度。

當代學生具有四大典型特徵：市場經濟的時代特徵、網路資訊的時代特徵、終身教育的時代特徵、國際化的平臺。我們已經感受到學生越來越難教，越來越有自己的看法，不輕易聽信老師，我們必須要有所改變。更何況我們處在一個劇烈的變革時期。我們必須教導現在的學生：畢業後準備投入目前還不存在的工作，使用根本還沒有發明的科技，解決我們從未想像過的問題。我們不論你主動也好，被動也罷，必須有專業化發展的自覺。

我們都很清楚，教育的主陣地是課堂，我們也的確將教改的重心放到了課堂。並且，如今的課堂也發生了或正在發生著巨大的變化：從知識的課堂，到能力的課堂，再到創新的課堂和生命的課堂，以人為本、以學習為中心的理念，將愈加深刻地影響、改變著課堂的生態。從江蘇洋思中學的「先學後教、當堂訓練」，到山東杜郎口中學的「三三六」模式，從上海靜教院附校的後「茶館式」教學，到上海青浦一中的「基於預學習的自主課堂」，我們看到，以往以教師為中心、以教科書為中心的課堂正進行著以學生為本、"以學定教"的變革。

然而，我們更應該清楚，我們是為未來培養學生，是在培養未來的學生。很顯然，未來是什麼樣的我們很難說清楚，但我們必須要面對這樣的時代命題：教育是為了每一個學生的終身發展。這就給我們提出了新的更高的要求。

美國新媒體聯盟在不久前公佈了2014年地平線報告基礎教育版，報告對未來課堂是什麼樣子做了六項預測。

六項預測：

圖景一：自帶設備真正實現個性化學習

自帶設備將是1至2年內就將實現的技術。指人們把自己的筆記型電腦、智慧手機、平板電腦、kindle（電子書閱讀器）等移動設備帶到學習或工作環境的做法。學生在設備上可利用和建構個性化的內容，讓每位元學生都能以自身獨特的方式對新學科新知識進行探索。

學習將變得更加自主化，學生將有更強的主人翁意識。

圖景二：雲計算讓「學習場」無處不在

雲計算構建了一個無處不在的「學習場」。只要有網路，所有學生都可以通過某種終端設備，依靠雲計算訪問和共用資訊、硬體設備和應用程式。雲計算也為各種創新的教學模式和方法提供了各種可能。

這種「創智雲課堂」已在楊浦區27所學校試點，實現從預習、互動交流、作業測驗、課外閱讀的全數位化記錄。學生處在一個「無處不在的學習場」，可以進行隨時隨地的學習。

圖景三：「大資料分析」將孩子的思維過程完全呈現出來

學習分析在中小學校中已開始逐漸發展。許多利用成熟的網路追蹤工具精確地捕捉到學生在學習網路課程時的行為，不僅可以記錄簡單的變數，還可以記錄越來越多的細節資訊。

圖景四：遊戲化技術，讓孩子學習更加輕鬆

「學習就像玩遊戲一樣！」未來3－4年將會有越來越多的教育遊戲和學習遊戲出現，學生們通過遊戲進行學習的比重將會比現在多得多。將遊戲的元素應用於教與學領域，將教與學遊戲化。而遊戲元素（藝術性、社交性、可合作性）如：炫酷的介面、角色扮演、任務、闖關升級、經驗值、生命值、獎章等，這些都是值得借鑒於教育的。

圖景五：「創客」式自主學習形態出現

創客」(努力把創意變成現實的人)。互聯網讓鼓勵協作、創造和積極參與的「創客」運動得以發展，「創客」式學習形態正在不斷傳播普及，學生即將經歷作為消費者到創造者的轉變。

圖景六：物聯網和可穿戴技術進入課堂

物聯網就是「物物相連的互聯網」（Internet of Things）。有兩層意思：第一，物聯網的核心和基礎仍然是互聯網，是在互聯網基礎上的延伸和擴展的網路；第二，其用戶端延伸和擴展到了任何物品與物品之間，進行資訊交換和通訊。因此，物聯網的定義是通過射頻識別（RFID）、紅外感應器、全球定位系統、鐳射掃描器等資訊傳感設備，按約定的協定，把任何物品與互聯網相連接，進行資訊交換和通信，以實現對物品的智慧化識別、定位、跟蹤、監控和管理的一種網路。物聯網被稱為繼電腦、互聯網之後世界資訊產

業發展的第三次浪潮，它是互聯網的應用拓展，與其說物聯網是網路，不如說物聯網是互聯網基礎上的業務和應用。物聯網用途廣泛，遍及多個領域。當司機出現操作失誤時汽車會自動報警；衣服會「告訴」洗衣機對顏色和水溫的要求等等。

可穿戴技術：指主要探索和創造能直接穿在身上、或是整合進用戶的衣服或配件的設備的科學技術。孩子帶著智慧手環參加各種體育鍛煉，能夠更好地瞭解自己身體的狀況；

六項趨勢：

近期趨勢：重塑教師角色，追求深度學習。

中期趨勢：增加開放教育資源關注度，促進混合學習

長期趨勢：加強直覺技術應用，須重建學校運行機制

1、近期趨勢：

重塑教師角色，追求深度學習

重塑教師角色

任何一個崗位提到職業角色重塑都是一個艱難的過程。教師也是如此。教師重塑的關鍵在於讓學生真正具備終身學習的能力。教師需要認真思考傳遞知識與引導學生學習二者的關係。教師需要合理地把握技術工具，並以更為開闊的視野引導學生學習。

在轉變的過程中需要重塑新的專業技能。如何綜合利用各種工具與學生們交流，如何利用碎片化的時間開展交互，如何更好地引導學生群體之間的互動，如何關注到各具特色的學生在不同時期遇到的瓶頸。

無論如何，教師需要改變統一步調的一致化教學步驟，為學生們的學習做出改變；而學生們需要明白教師不再是唯一的知識來源，而需要與教師在更大的學習共同體中面對未來。

追求深度學習

資訊在這樣一個時代急劇爆炸，資訊量呈現幾何級增長！在學校教育中，讓學生們擁有深度學習的體驗就顯得非常關鍵。引導深度學習的專題學習，

探究學習，是否能夠更為深入，讓更多的學習者真正領會，甚至讓學習者在模糊的邊界繼續探究。深度的學習是學生們形成自己系統觀點和思維路徑的關鍵。

如果在整個學習過程中缺乏深度學習，那麼學生們將更容易在資訊時代迷茫。因為他們將很難找到自己未來的立足點。也只有比較系統的深度學習之後，碎片化學習也才能夠達到更好的效果。

2、中期趨勢：增加開放教育資源關注度，促進混合學習

增強開放教育資源關注度。

教育資源正在不斷開放。在中國也可以看到已經有非常多的開放資源。

在網路上教師們和學生們都可以迅速地找到最直接的資源。在網路公開課上各種各樣的系列課程全部開放給所有人。在TED上來自各個領域的前沿人物深入淺出地講述，開拓著我們的視野。甚至包括各種各樣的網路公眾平臺都在推送給我們大量的資源。

這些都可以說是開放的教育資源。品質自然會有參差不齊，但我們可以選擇關注與否，在挑選中不斷地調整自己的接受來源。這樣我們才能夠真正建立起自己關注開放教育資源的路徑，而不僅僅是來自於他人的資訊介紹。

對開放教育資源的關注，本身就需要具備開放的精神。這完全可以成為師生共同探索的一個重要方面。

增強混合學習設計的應用。

線上學習和線下學習的混合，讓我們在教學組織活動上可以更加靈活。教與學的活動設計可以打破常規，在空間和時間上也可以重新組合。甚至在碎片化學習和系統學習的過程中，也需要更多樣的策略設計。

3、長期趨勢：加強直覺技術應用，須重建學校運行機制

加強直覺技術應用。

觸屏技術讓大部分人可以非常輕鬆地操控設備。比起以前還需要一定階段學習才能夠掌握如何使用臺式計算的時代，如今，平板電腦，智慧手機更加直觀地讓大部分能夠輕鬆駕馭。不僅如此，隨著手勢控制，體感觸控的不

斷升級，直覺技術範疇內的技術正在不斷地得到應用。在地平線報告裡介紹了其中一種較為典型的技術。

「其中，一項技術叫電震動。電震動是一項更為真實的體驗式學習技術。它是指當手指滑過一個帶靜電的、絕緣表面時，產生靜電力而導致有彈力、黏性、顛簸或振動感的過程。這項技術能使學生在觀看內容或媒介時產生觸摸實物的感覺。同時，它還能夠滿足身體或智力殘疾者的需要，為他們獲取學習內容提供便利，這些都使它成為特殊教育中一項令人極其興奮的技術。」

重建學校運行機制。

「目前，徹底改造學校傳統的課堂模式，重新規劃整個學校的經驗已成為教育發展的重要動向——這一趨勢在很大程度上受到創新學習方式影響。」

「以專案或挑戰為基礎的學習方式要求學校調整結構，使學生能夠從一個學生活動更有計劃地轉到另一個活動，摒棄傳統課程表的限制。這些新的計畫促使我們圍繞以促進小組互動為目的，重新考慮教室內的佈局。」

重建學校運行機制的趨勢無疑是整個地平線報告內最關鍵的一個趨勢。教師和學生們都在不斷改變，但是這些改變的背後需要有整個學校的機制改變作為支撐。而最後，這些改變是否正在促成更具顛覆性的結構性變革呢？這需要學校管理的改變，需要考核機制的改變，需要學校日常運行的改變。

前不久，國際機構世界教育創新峰會彙集了全球 WISE 社區超過 15,000 位成員中的 645 位專家的觀點。對未來 2030 年教育進行了預測。根據預測我們可以看到我們未來的課堂將出現翻天覆地的變化，傳統課堂會被徹底顛覆。社會生活會有全新的變化。

誰來提供知識？實體學校，還是線上學習

線上教育如火如荼，很多老師都在思考：學校還有沒有存在的價值，老師還有沒有存在的價值？我們向誰學習知識？誰來教知識？

約一半的調查對象（43%）認為，私人或機構提供的線上學習內容將成為知識的最重要的來源；29% 的調查物件仍然認為，實體學校是知識的主要來源；13% 的調查物件將與社會和個人交際環境有關的外部因素作為獲取知識的優先來源；8% 的調查對象將工作場所排在前列；3% 的調查對象則選擇

了文化機構作為未來知識的主要來源；4% 的調查物件選擇其他。

誰提供知識？

近半數受訪者認為在線內容將成為最重要的知識來源

- 1st 在線內容
- 2nd 傳統學校
- 3rd 社交與個人環境
- 4th 職場
- 5th 其他

學歷文憑和專業資格，哪個更吃香？

我們都在批判當今社會的「唯學歷論」傾向，到 2030 年會不會有所改觀？

答案是肯定的，專家們都認為，到 2030 年，個人能力將大受推崇，其次是實踐能力，最後才是學術知識，而學歷唯上的地位，也將被專業資格認證所撼動。

當問及如何評價未來教育中各種能力的重要性時，75% 的專家認為個人能力將具有基礎性作用，59% 的專家相信實踐能力將具有基礎性作用，只有 42% 的專家認為理論知識仍將發揮基礎性作用。

調查顯示，學歷唯上的地位將被專業資格認證所撼動，學歷和專業資格認證將同等重要。39% 的調查物件認為傳統學校的文憑是評價能力最重要的標準；37% 的調查物件認為，從業水平與職業能力（管理能力、合作能力、創新能力）的資格證書將為能力的評價提供最重要的依據；24% 的調查對象相信，對個人能力的同行評定將成為最重要的評估手段。

何種能力？

2030年，個人能力將大受推崇

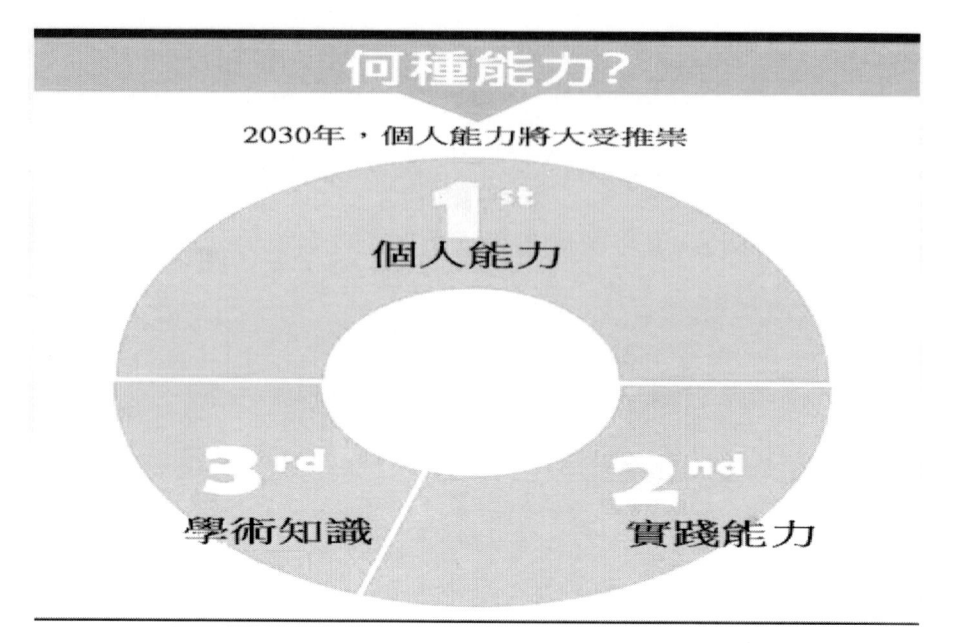

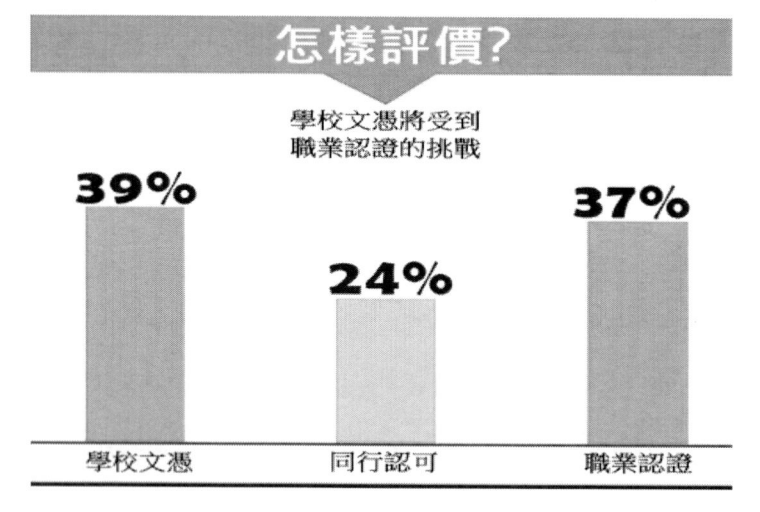

- 1st 個人能力
- 2nd 實踐能力
- 3rd 學術知識

怎樣評價？

學校文憑將受到職業認證的挑戰

- 學校文憑 39%
- 同行認可 24%
- 職業認證 37%

教師角色將轉變為學生自主學習的指導者

未來教師什麼樣？恐怕是很多老師最關心的問題。

隨著線上教育突飛猛進的發展，很多老師擔心自己的飯碗會不會被慕課技術所打破；隨著後喻時代的到來，自主學習成為可能，教師的權威性備受爭議；在這樣的時代背景下，教師何去何從？

73% 的專家認為，教師角色將發生巨大的變化，將向指導學生自主學習方向轉變；19% 的專家相信，教師繼續承擔傳授知識的責任，仍然具有高度的權威和重要的作用；8% 的專家預想，教師的角色將受到更多的限制，可能僅有監督和保障學生完成線上學習的職能。

教師的角色?

教師的角色將轉變為學生自主學習的指導者

73% 指導學生

19% 教授面試

8% 檢查學生的在線作業

學習將成為終身的追求

很多人都敏銳的感覺到，終身學習時代已經到來，活到老，學到老已成為必需。這一觀點，也得到眾多教育專家的認可。90% 的專家認為，終身教育將貫穿整個職業生涯。只有 10% 的調查物件堅持傳統的學制——在職業生活開始之前是長期的正規教育。

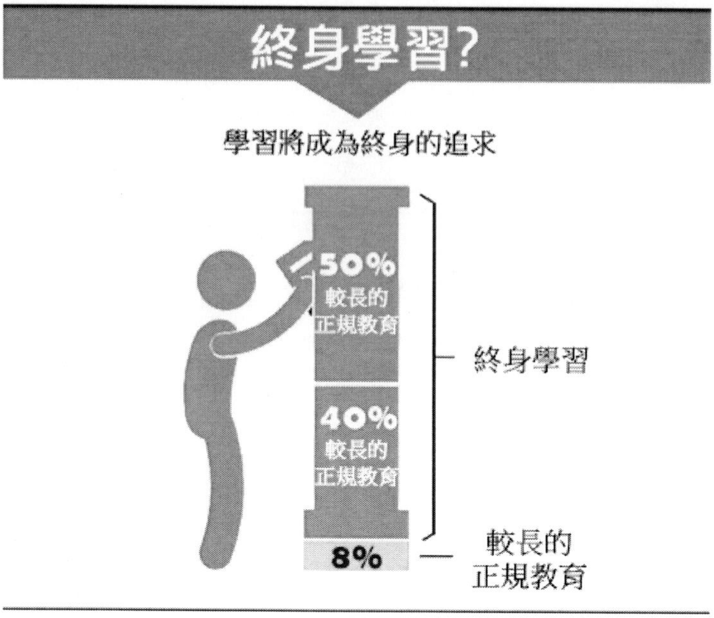

終身學習？

學習將成為終身的追求

50% 較長的正規教育
40% 較長的正規教育
8% — 較長的正規教育

終身學習

未來課堂什麼樣？個性化還是標準化？

到 2030 年，我們的課堂會變成什麼樣？

不會是農耕時代的「耳提面命」，也不會是工業化時代的「標準化大綱、標準化考試」，而是朝著個性化、定制化的方向發展，讓學習真正滿足每個人的需要，實現「因材施教」。83% 的專家認為，2030 年的課堂，教學內容將向定制和個性化的內容方向轉變，從而適合每一位元學生的發展情況；其餘 17% 的調查物件認為，課程內容在主體上應保持標準化。

何種類型的課程？

大部分專家認為內容將更加個性化，以適合每位學生的需求

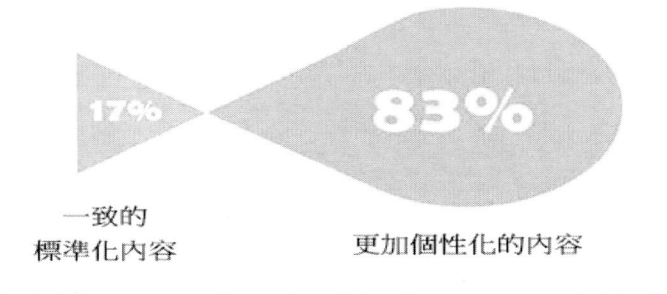

17% 一致的標準化內容

83% 更加個性化的內容

公共部門將不再壟斷教育

誰來辦教育？這個在當代社會不容置疑的問題，在 2030 年也許有不同的圖景。70% 的專家認為，國家和政府不再是教育經費的主要來源，取而代之的是，家庭（43%）或者企業資助（27%）；30% 的專家堅信教育經費仍應該主要由公共部門承擔。

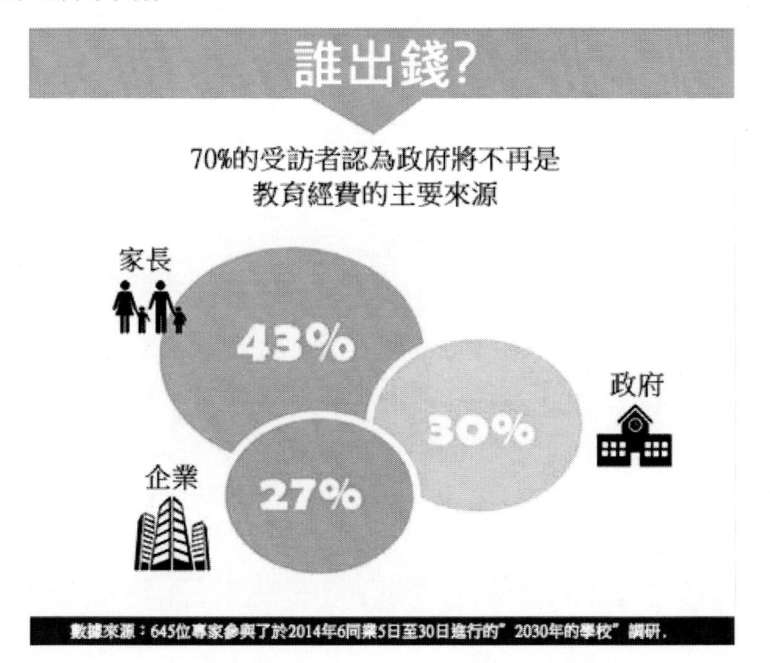

誰出錢？

70%的受訪者認為政府將不再是教育經費的主要來源

家長 43%
政府 30%
企業 27%

數據來源：645位專家參與了於2014年6同業5日至30日進行的"2030年的學校"調研。

未來課堂什麼樣（視頻）

六項挑戰

1、可應對的挑戰：提供實景學習機會，整合個性化學習

實景學習是指在真實和虛擬的世界中開展探究的學習，並結合具體的問題，連接學校內外進行綜合性地學習。整合個性化學習意味著隨著各種各樣豐富資源和軟體應用的普及，是否能夠更多地滿足學生的個性化學習。教師如何在這其中扮演組織小組學習和輔助個人個性化學習的角色。

2、有難度的挑戰：培養複合思維及交流能力，確保學生資訊安全

面對複雜問題的時候需要的是複合思維以及溝通交流的能力。資訊化時代，人類社會面臨著更為複雜而又不斷交織的問題。確保學生資訊安全是一個非常模糊的挑戰。隨著資訊化更進一步的發展，每一個學生想得到更個性化的服務就需要更開放的分享。在這個過程中，資訊安全問題會變得越來越難以看清。

3、嚴峻的挑戰：應對新教學模式的競爭，推動正規教育與時俱進。

這種趨勢性變化的內在卻是一種人的改變，而在劇烈的改變或是被改變之中，挑戰迎面而來。試圖通過技術解決挑戰問題將最終無解，只有通過體制內外的觀念改變，人的習慣改變，組織管理與運行機制改變才能夠迎接挑戰，把握機遇。

那麼，針對這些變化的未來的課堂絕不僅僅是利用了多媒體技術或使用了幾個PPT，它所帶來的是一種全新的教育模式，必將對以人為本的理念進行更為徹底的踐行和詮釋。以學定教、少教多學、讓學生在快樂中學習，這成了課堂教學未來發展的方向。先前的以學科知識體系為課堂教學結構的流程，慢慢的開始向著以學生學習為結構的課堂流程發生著轉變；同樣，教師的出發點和著力點，也開始從關注自己如何"教"轉向關注學生如何"學"；另外，標準化的程式化的育人模式，也轉向了開發學生多元智慧，為學生提供多樣化的課程以及個別化的教學，來豐富學生的學習經歷。

從更寬遠、深邃的角度來說，資訊技術將為個性化學習和個性化教學帶來契機和可能，因材施教將不再是夢想；課堂將不再僅僅是物理空間的概念，

更是創造新知、激發創新潛能、實現心靈溝通的樂土；優質教育資源將不僅僅在區域內，而且在全球實現最大程度的共用，教學從平面走向立體；無所不在的學習環境，將讓終身學習的理念深入人心。不僅如此，更為重要的是，未來的課堂一定是師生共同學習、共同成長、共同探究、共同體驗學習和成長快樂的場所，是師生思想碰撞、情感交流、思緒飛揚的心靈港灣。對此，我們又該做些什麼？

朱永新「新教育核心理念」（新教育：意在使教育不斷地創新與發展。）

為了一切的人，為了人的一切。

教給學生一生有用的東西。

重視精神狀態，宣導成功體驗。

強調個性發展，注重特色教育。

讓師生與人類崇高精神對話。

什麼是教師的專業化發展

教師專業化發展是指教師在整個職業生涯中，通過專門訓練和終身學習，逐步習得教育專業的知識與技能並在教育專業實踐中不斷提高自身的從教素質，從而成為一名合格的專業教育工作者的過程。

它包含雙層意義：既指教師個體通過職前培養，從一名新手逐漸成長為具備專業知識、專業技能和專業態度的成熟教師及其可持續的專業發展過程，也指教師職業整體從非專業職業、准專業職業向專業性質進步的過程。

教師專業發展的途徑

一、專業閱讀——站在大師的肩膀上前行

　　一個人的精神發育史就是他的閱讀史。一個人的精神成長在一定意義上取決於他的閱讀水平，一個人的精神境界和他的閱讀水平緊密相關。一個民族的精神境界取決於這個民族的閱讀水平。民族的競爭力取決於精神力量，民族的精神力量不取決於人口數量而取決於閱讀力。閱讀經典，與過去的教育家對話，是教師成長的基本條件，也是教師教育思想形成與發展的基礎。沒有教師的閱讀，就沒有教師的真正意義上的成長與發展。

　　對每一個教師而言，都存在著一條獨一無二的閱讀路徑，在特定的發展階段中的教師可能需要不同的圖書，面對特殊的場景，一定有一本最適合他閱讀的書。

　　一個教師的專業知識結構大概可以分為三部分：職業知識、本體性知識、人文科學知識。這三部分不是彼此孤立的，而是相互支撐的。我們以數學為例，一個好的數學教師應該有關於數學歷史、數學教育、數學文化和哲學、數學課程及數學理論、數學科普等方面的知識，應該有教育心理學、教育管理、教育文學、教育視野、課程理論、實踐教育學、教育學等方面的知識，還應懂得人文綜合、科學綜合、文學藝術、哲學宗教、經濟管理、電影及其他知識，這些知識都是作為教師必不可少的。很多教師始終沒有讀過影響他教育理念的書，從來沒有被一本書打動過，所以他很難形成自己真正意義上的教育思維。

　　活的知識遠高於死的知識，基於實踐的知識遠高於強調系統的知識，整體的知識結構應最大限度促進教師教育生活的幸福完整為根本目的。所以在這個結構裡面有哲學、有心理學、有教育學，有那些人類經典的案例學，這些才是關鍵。

　　附李鎮西老師給優秀教師的書單：

　　古典類：《論語》、《孟子》、《莊子》、《老子》、《孫子》、《韓非子》、《史記》、《古文觀止》、《唐宋詞鑒賞詞典》、《唐詩鑒賞詞典》、

《宋詩鑒賞詞典》、《蘇東坡詩文選》、《陸遊詩詞選》、《李清照詩詞選》、《劉禹錫詩文選》、《李白詩選》、《杜甫詩選》、《紅樓夢》、《三國演義》、《水滸》、《西遊記》、《儒林外史》、《聊齋志異》、《中國古代文學史》等。

文學類：《悲慘世界》、《巴黎聖母院》、《九三年》、《笑面人》、《人間戲劇》、《愛之路》、《莫泊桑中短篇小說選》、《莎士比亞戲劇集》、《約翰·克利斯朵夫》、《靜靜的頓河》、《復活》、《愛的教育》、《斯巴達克斯》、《茨威格小說選》、《百年孤獨》、《簡·愛》、《老舍作品選》、《冰心選集》、《朱自清散文全集》、《魯迅全集》、《巴金作品選》、《圍城》、《寫在人生邊上》、《戀愛的季節》、《躊躇的季節》、《失態的季節》、《青春萬歲》、《沉重的翅膀》、《張潔作品集》、《平凡的世界》、《畢淑敏文集》、《我是你爸爸》、《風過耳》、《京華聞見錄》、《文化苦旅》、《文明的碎片》、《山居筆記》、《人間魯迅》等。

教育類：《外國教育史》、《教育心理學》、《人格心理學導論》、《和教師的談話》、《巴班斯基教育文選》、《西方教育家文論選》、《給教師的一百條建議》、《把整個心靈獻給孩子》、《愛情的教育》、《關於人的思考》、《給兒子的信》、《巴甫雷什中學》、《陶行知全集》、《葉聖陶語文教育文集》、《中國著名特級教師教學思想錄·語文卷》、《控制論、資訊理論、系統論與教育》、《中國當代語文教育改革名家評介》、《西方主要心理學流派》、《教育哲學》、《教育詩》、《馬卡連科教育文集》等。

人文類：《懺悔錄》、《寬容》、《馬克思主義原理》、《自我實現的人》、《鄧小平文選》、《顧准文集》、《中國古代思想史論》、《中國近代思想史論》、《中國現代思想史論》、《文化的衝突與抉擇》、《歷史深處的憂慮》、《第三次浪潮》、《當代著名批評家隨筆叢書》、《我的精神家園》、《六大觀念：真、善、美、自由、平等、正義》、《民主和專制的社會起源》、《城市季風》、《中國的危機》、《尼采：在世紀的轉捩點上》、《傅雷家書》、《相約星期二》、《六月雪》、《原上草》、《荊棘路》

二、專業寫作——站在自己的肩膀上攀升

李鎮西好老師、名師的標準

「好老師」的標準，就三條：課上得好，班帶得好，分考得好。

做到了這三點，你就很牛，就有了立身之本。但有了這三點還不算名師，名師還得有影響，因此還得有兩個條件：「能說」「會寫」。能說，就能作報告，面對面地給更多的老師講你的教育智慧，這不就有影響了嗎？但面對面聽你講座的老師畢竟有限，所以嘛，如果你還會寫，就可以通過論文或著作，讓你的思想、智慧傳遍全國。

當然，要成為名師，必須做到四個「不停」——不停地實踐，不停地思考，不停地閱讀，不停地寫作……做到了這四個「不停」，堅持五年八年，乃至更久，你想不成功，都十分困難！

「不停地實踐」。這裡的「實踐」，指的是每一天平凡的教育行為——上課、帶班、談心、處理突發事件……關鍵是在這過程中，要有創新與研究。要把每一堂課都當做研究課，把每一個班都當做試驗田。要不斷超越自己，不斷超越的過程，就是自身潛力不斷挖掘和自我價值不斷實現的過程。

再說「不停地思考」。這裡的「思考」，就是思考每一天的教育教學行為……特別要勇於用常識識破一些裝腔作勢的所謂「理論」。憑良知做事，用常識思考！

又說「不停地閱讀」。不讀書，無以教，無以活。讀什麼呢？教育報刊、教育經典、學生讀物：、人文書籍，等等。不要只是上網，更要閱讀書籍。流沙河說，網路更多的只能給你資訊，只有閱讀才能給你知識。只有廣泛的閱讀，才不被蒙蔽，只看新聞聯播怎麼行呢？

「不停地寫作」。寫什麼呢？可以寫教育備忘、教育隨筆、教育故事、教育實錄等等。

閱讀是學，寫作是思。通過教育日記、教育敘事、教育案例分析、論文、課題研究等形式，記錄、反思、研究師生的日常教育、課堂教學、學習生活，主動自覺追求教師的專業發展和學生的自主成長。我們的教育生活是由無數的碎片組成，這些碎片往往會形成破碎的未經省察的經驗，使教育教學在比較低的層面上不斷重複。而通過專業寫作，就能夠有效地對經驗進行反思，從碎片中提取有意義的東西並加以理解，形成我們的經驗融入教育生活，使之成為我們專業反應的一部分，使我們的教育實踐更加富有洞察力。這樣，

這些碎片就可以經過拼合成為美麗的圖景，就像散落的珍珠串成美麗的項鍊。

三、專業發展共同體——站在集體的肩膀上飛翔

1．教師需要專業發展共同體

打破教師間的隔膜，形成對話傳統，在專業閱讀、專業寫作的基礎上，借助專業發展共同體提升教師的專業化水平，是教師成長的必由之路。孔子曰：「獨學而無友，則孤陋而寡聞」，「三人行必有我師」。教師孤軍奮戰的時代應該終結，教師應該善於把自己融入一個共同的團體中，主動地和其他教師交流，交流的對象不僅限於同一學校的教師，還可與通過網路結識的教師廣泛探討。

2.教師專業發展共同體需要引領與榜樣

「三句半」教研

指定教師上課

大家都來聽課

大家都來評課

張三：普通話講的好

李四：板書設計巧妙

王五：時間搭配合理

組長再動員：還有什麼想說的？

其他教師說：挺好！挺好！

這樣的教研是心靈隔膜的體現，如果我們有著共同的願景，就要突破自我的藩籬，坦誠相見，我相信真誠和友善是我們心靈之門的鑰匙，共同奮進的階梯。在現在大資料的時代，單打獨鬥的個人英雄的時代已經遠去了，取而代之的是團隊的齊頭並進的奮鬥時代。你是誰不重要，重要的是你與誰、與什麼樣的人在一起。他們的人品、素養、智慧等決定了你的一切。個人的力量是有相當大的局限性的，團隊的力量才能帶動你、帶動更多的人一同前行，才能改變我們的環境和周邊的教育乃至更大範圍的教育，教育才真正成為一種改變現實的力量。當然團隊需要領袖，需要引領者，那中學高、身正、

有著開闊世界、博大胸襟的人就能成為團隊的引領者。

　　教師是一個使教育者和受教育者都變得更完善和更幸福的職業。在成就學生的過程中成就自己，在追求卓越的過程中實現自我、超越自我，就是教師的幸福。

　　正如古希臘哲學家所言，對精神的追求，必然通向幸福。

精心組織　穩步推進
突出實效　特色發展

——西安市第一中學教研工作總結

高中新課改實施以來，我校精心組織，群策群力，穩步推進，突出實效，特色發展。圍繞新課程下的高考適應性研究課題，開展了以「課堂教學效益年」、「教學品質提升年」和「師生共同成長年」為主題的學年度系列活動，教育教學品質不斷上臺階，社會聲譽不斷提升。現將新課改實施以來的工作總結如下：

一、加強新課程理論研討，促進教師專業成長

1、加強學習，廣泛宣傳。從 2007 秋季開始，學校有計劃、有步驟的開展了一系列新課程學習、培訓和交流研討活動。將培訓作為教師最大的福利，拓寬培訓管道，讓全體教師接受培訓，更新理念，適應新課改。創造一切條件選派教師到課改實驗省參觀、學習，到兄弟學校觀摩、交流。選派一定數量的教師參加國家、省、市、區等各級骨幹教師培訓。每年暑期都會組織教師參加市上組織的新課程培訓。培訓投資逐年遞增，平均每年投入資金達二十多萬元，培訓人數達 80 人以上。

2、搭建平臺，深入研討。

2007 年 4 月我校創辦了課改專刊《課改風鈴》，目前已出版 28 期，為教師提供學習研究和交流的平臺。同時還利用校園廣播站、校報《晨風》、校園網、宣傳專欄等多種形式做好課改宣傳和理論研討。

我們還探索網上教研，拓寬教研思路。2009 年 11 月 25 日，數學組全體教師參加了海南省「新數學教育交流站」網上研討活動。語文組全體教師觀摩了上海市閔行中學付雅輝的《小溪巴赫》及北京市日壇中學劉雲達的《國殤》課堂實錄，老師們自由發表看法與見解進行網上研討，與遠在海南、上海、北京的課題組專家以及全國各地的教師進行交流。打破了時空限制，拓展了教研的空間。

3、專家引領，提升素養

學校聘請專家作報告,與教師零距離溝通交流,聽課、評課、研討、座談。三年來兩次聘請北京師範大學肖川教授分別作了《有效教學的策略》和《教師的幸福人生與專業成長》的高端報告,先後聘請陝西師範大學博士生導師陳曉端教授、張迎春教授、羅增儒教授等專家為教師作新課改報告;省教科所的地理、外語、語文、歷史、資訊技術等學科的教研員和省電教館課程資源中心10多位專家來校聽課和指導;資訊組老師多次為全校教師進行電腦專業技能培訓。10月底中國科協「大手拉小手——科普報告希望行」演講團原中國科學院空間科學與應用總體部副主任兼載人航太工程副總指揮潘厚任教授做了《太空人的衣食住行》報告,吳瑞華教授做了心理學方面的精彩報告。科學家們的報告激發了我校教師以科學嚴謹的態度鑽研教學的飽滿熱情及在自己崗位上無私奉獻的積極創新的無比鬥志,激發了學生們發奮學習,立志成才報國的壯志豪情。

學校還開展集體備課,集智研討;上好「三課」(點課、約課、磨課),創新課堂;「同課異構」,凸顯風格;教學沙龍,開放交流,達到心靈震撼與思想啟迪的效果。

4、案例教研,探索高效課堂

學校堅持每個備課組每週一節公開課,每個教研組每月一次新課程研討課。通過名師孵化工程、青藍工程、「青年教師彙報課」「新課程教學研討課」「骨幹教師示範課」,點課、約課、磨課等多種形式提高課堂教學的有效性。2010年5月,西安市普通高中新課程優質課評選活動在我校舉行,7月,陝西省高中理化生教師實驗操作技能競賽在我校舉行,為我校教師提供了優質的教研案例。

在蓮湖教育科研年活動中,我校教師楊星照、屈勝利、周慧敏上的新課改示範課,受到參會教師的好評;張軍民、高瑩、李龍強老師在陝西省第五屆中小學新課程資源應用與學科整合展示交流會上的課均榮獲一等獎。

5、課題研究,帶動科研

我校積極組織教師參加各級課題研究,以項目研究帶動教研活動。先後承擔和參與了教育部「十一五」規劃課題《資訊技術條件下新課程教學方式實驗研究》、陝西省基礎教育科研課題《普通高中課程資源開發與利用研究》

等國家、省、市級課題共20項之多,其中結題的6項,其餘14項在研。其中,《普通高中課程資源開發與利用研究》獲階段成果一等獎,《「三年教育,終生受益」責任感教育分年級實施方案》獲「十一五」科研規劃重點課題——學校文化建設與策劃科研成果一等獎。

課題研究帶動老師們積極撰寫論文,近三年來,在市級以上報刊上發表的論文就達120篇,獲獎論文多達200多篇。部分骨幹老師參與編寫的有關教材和輔導書達十餘本。各項教研工作的開展得到了上級的充分肯定。2009年11月,我校被授予「國家教師教育創新平臺專案實驗基地學校」;2010年3月我校榮獲「陝西省教科研先進單位」,「陝西省科研興校明星學校」,並被中國教育教學研究會授予「教育科研先進單位」稱號。

6、提升經驗,樣本示範

閻春喜校長在我市新課程教學校長培訓班、西安市第33、34、35期校長崗位培訓班上分別作了《新課程背景下的校園文化建設》、《新課程背景下的校園文化建設校長自覺》等報告。2010年4月,閻春喜校長在西安市首屆高中校長論壇上作了題為《創新校本研訓模式,促進教師專業發展》的報告。

作為課改樣本校,近兩年,香港靈糧堂劉梅軒中學師生、甘肅省臨夏回族自治州教育局、湖北省15所重點中學(省級示範高中)校長、山東膠州市體育局、陝西寧強縣教育局、澳門公職教育協會內地教學交流團、武漢市教育資訊化考察團等省內外多家代表團來我校參觀交流。近日,中國臺北高中體育總會訪問團一行16人在教育部學生體協國際合作與交流部徐輝和陝西省教育廳體衛藝處嚴公建老師的陪同下,到我校就體育工作情況與我校進行了深入交流和研討。德國校長師生考察團、英國校長也來我校進行了較深入的調研。

《陝西素質教育》、《華商報》、《西部教育導刊》、《西安晚報》、《三秦都市報》、西安教育電視臺等多家媒體對我校新課程實施情況進行多次報導。2010年6月,美國加州大學世界領袖學院授予我校「美國加州大學直通車項目學校」。我校還成為美國密蘇裡大學的生源基地學校,荷蘭斯坦尼斯拉斯學院、英國 Lymm HighSchool 學校的姊妹學校。

二、挖掘課程文化內涵，建設特色學校文化

1、廣泛開展社團活動，培養學生特長發展

學校現有運動類、才藝類、器樂類、服務類、學術類、科技類等六類十六個學生社團（青石文學社、大同器樂社、雲嶺野外拓展訓練小組、綠蔭聯盟足球俱樂部、愛無疆志願服務隊、Sola動漫社、軒英象棋社、沙漠之鷹多米諾隊、欣語播音愛好小組、嬋師生讀書會、飛鴻健美操隊、風行籃球俱樂部、極速輪滑隊），參與學生多，積極性高。飛鴻健美操隊在全國第十屆中學生運動會上，參賽三個項目均獲金獎；今年暑假舉行的陝西省2010年中小學生健美操比賽中，我校榮獲三個項目單人操第一名，另有雙人操、三人操第一。榮獲初中組團體總分第一名、高中組團體總分第一名、我校被評為本次比賽的特殊貢獻獎。極速輪滑隊在第24屆「寶獅萊」全國速度輪滑錦標賽比賽上，獲得兩個一等獎。在第25屆「寶獅萊」全國速度輪滑錦標賽比賽上，獲得第三、第四名。第九屆「創程地產、奧得賽」杯全國公路輪滑錦標賽中，榮獲第三、第四、第五的好成績。近日西安市中小學輪滑比賽我校代表隊獲得團體總分第一名，個人專案獲得多個第一。今年3月21日，在西安市高中生創意大賽中，我校「沙漠之鷹隊」多米諾隊獲得最佳實用獎，此事被中央電視臺等多家媒體報導。趙文軒同學參加首屆中國校園電視節暨第六屆全國中小學校園電視主持人大賽，榮獲第一名。被保送為西安電子科技大學本碩連讀生。學生自辦的雜誌《唯一》也於近期出版。大同器樂社成功舉辦了2010年迎新音樂會。

2、開展主題實踐活動，彰顯學校文化特色

每年一屆的「育楨杯」校園文化藝術節、「歡樂戲劇節」、「金秋詩會」、「紀念一二九」運動歌詠比賽等活動，使校園到處生機勃勃。我們組織學生參加「秦嶺因我而美麗」中美學生聯合義務綠色環保活動、「徒步城牆，宣傳世園」活動、「低碳經濟與可持續發展」主題辯論會、西安城牆國際馬拉松賽全民健身與奧運同行萬人健康跑、環曲江公路越野賽、高雅藝術進校園、國學進校園、以「學習雷鋒精神，傳承社會美德」為主題的社會實踐活動、寒暑期城鄉同校同齡同學攜手「走進農村，感受多彩生活」社會實踐活動、與郊縣學校「手把手」聯誼活動、感動一中的人和事評選活動等。我校的志

願者服務活動受到西安市委表彰，獲優秀組織獎。在團市委組織的「舞動青春，智贏天下」活動中獲「先鋒組織獎」。

3、學生參與管理，評價多樣化

學校創造更多的機會讓學生參與學校管理，加強了師生間的交流，在管理中使學生得到鍛煉和提高，培養了他們的自我管理能力。2009 年 6 月學生會主席鄭秦和其他五名學生幹部分別被學校聘任為校長助理、主任助理，此舉得到了媒體的廣泛宣傳和市教育學會許建國會長等教育專家的好評。2010 年的校長、主任助理競聘剛剛結束，此項活動已規範化、常規化。在 2010 年春季田徑運動會上，由 24 名學生參與裁判工作，通過培訓，分別承擔了徑賽的起、終點以及計時裁判等工作。另有 24 名同學自願報名青年志願者，承擔了運動會的服務工作。這些舉措激發了學生們的愛校熱情，強化了學生的責任感和成功體驗，是我校新課改實踐、學校管理工作的深化和發展。

4、開展社區服務，廣灑人間至愛

社區服務是新課改不可或缺的一部分。我校社區服務採取週末和寒暑假結合、個人和小組結合等方式有序進行。如為我校退休教師義務服務、為鐵塔寺社區「陽光家園」智障人士託管中心義務服務、社區掃雪、幫助孤寡老人、到敬老院作義工、為社區辦壁報、為鄰居照看小孩等等，做文明小員警等活動，不僅提高了學生的實踐能力、增強了社會責任感，而且讓人間真愛得以延續和廣大。

校園文化建設的廣泛開展，使學生的各方面素質得到了長足的發展。得到了社會各界好評，學校獲得「全國文化建設先進單位」稱號，閻春喜校長也先後獲得「全國校園文化建設先進個人」、「陝西省校園文化建設創新人物」等榮譽稱號。

三、積極建設課程資源，全面落實課程方案

1、關注必修課程，開足開齊國家課程。課程實施是新課程的主體，按照國家課程方案，以及省、市有關課程設置與編排指導意見的要求，結合我校實際，我們制定了開好必修，開足必修，重視必修，逐步開設選修課的基本思路，來挖掘潛力，努力做好學科整合，彰顯學校特色，提高品質。

2、發掘校本資源，彰顯學校特色。

立足學校，放眼陝西，整合校本資源，樹立人人都是課程資源的思想，加強基礎性、實踐性和綜合性學習研究，積極開發，努力形成具有我校特色的校本課程。目前，《今日世界》《野外拓展生存訓練》《汽車模擬駕駛》《家用電器常識》《影視鑒賞》《機器人製作與程式設計》等特色校本課程已相繼開設。

科技方面，於2009年投資40多萬元建起了高檔次、高品位、高標準、綜合化、特色化的科教實踐基地——通用技術教育實驗室、學生作品展示室以及物理、化學、生物探究實驗室。每年舉辦科技周、科技月活動，舉辦報告會，小製作、小發明展示活動。成立了科技活動小組，建立了機器人教室、野外拓展訓練室、科技活動室。舉辦低碳經濟與可持續發展主題陳述與答辯會，舉行全校性的科普知識競賽活動，組織學生參觀西安科技館等。多次參加機器人大賽和平面設計等資訊技術大賽，榮獲多個獎項；「雲嶺」野外生存拓展訓練小組自2006年5月成立以來，先後完成野外生存活動15次，參與人數達400餘人次。學校科普作品展示室陳列了近年來學生發明創造的600多件作品。2010年9月25日獲得了市級青少年科技教育示範校榮譽。

在體育與健康課程開設方面，開設了籃球、足球、排球、乒乓球、羽毛球、健美操、武術、田徑等選修模組，教師明學生制定個性化的運動方案，尊重了學生個性，有利於學生健康成長，在全省走在了前列。目前我們正積極努力成立西安市中學生健美操、田徑、輪滑學生運動隊，積極申報爭取成為陝西省中小學生健美操基地。

3、加強綜合實踐，提高學生素質。

學校制定了《西安市第一中學社會實踐、社區服務課程實施方案》，建好三類基地（愛國主義、國防教育、社會實踐），做好四個結合（課內與課外相結合、校內與校外相結合、集中與分散相結合、計劃性與靈活性相結合），搞好五類社會實踐活動（考察型、勞務型、智力型、興趣型、藝術型），努力構建具有一中特色的學生社會實踐模式。開展了軍訓、參觀愛國主義教育基地、「走進農村，感受農村多彩生活」、「走進社區，宣傳世園，我為世園做貢獻」、「歡樂關懷」等豐富多彩的社會實踐活動。其中歡樂關懷專

案打造了一個整合了教育專家、新聞媒體、社區代表、大學生實習團隊、家長代表、學校師生等各種教育資源共同參與合作探究的教育學術實踐共同體,成為我校教育的一大特色。它以主題論壇、社區實踐、深度分析調研、參與式培訓等為主要表現形式,成為學生管理、學生參與、學生設計、學生受益,而專家、教師、家長只提供建議的成長平臺,滿足了學生個性多方面發展的需要。目前此項活動已經逐步演變為「育楨書院」的重要主題活動。是我校在新課程理念下的創新探索,更是營造適合青年成長的教育環境、提高中學生綜合素質、健全其人格發展,為國家和民族培育傑出人才的一次大膽嘗試。也是我校培養模式多樣化的一項大的創新。它得到了省、市領導和教育專家的充分肯定。《大公報》、《陝西日報》等媒體也進行了相關報導。

另外,我們還積極探索實踐,不斷拓寬研究性學習新路子。

2007秋季以來,在上級教育行政、教育科研部門的指導下,我校在高中新課程改革的穩步推進和校本化方面做了積極探索。今後,我們將不斷總結經驗,從提高教學有效性著手,聚焦課堂教學,提高教學品質;從校本課程多樣化入手,發展學校特色。我們有信心、有能力在今後的新課程改革實踐中做得更好。

2010年9月25日

高度決定視野

——竇桂梅《我的教育視界》讀後感

《我的教育視界》是全國著名特級教師竇桂梅幾年來遊學多國的見聞和思考，既展示了諸多國家的教育現狀，更展示了竇老師對中外教育對比中的思考，還讓我們感受到她參觀訪問中充滿靈動、溫暖的文字，坦誠質樸的教育情懷。的確值得我們每一位教師細細咀嚼和品味。

「視界」有多大，世界就有多大

記得那句廣告語：心有多大，舞臺就有多大。竇桂梅老師告訴我們：「視界」有多大，世界就有多大。每個人看見的外在世界，都是自己內在心靈的折射。埋頭在校內的三尺講臺，擁有的2個班級、一個校園的視野必然是短視的。不管他如何勤勉，如何精心教書育人，也不會脫離教書匠的範疇。不可避免的會屢犯低級錯誤而不自知，半瓶子晃蕩，自以為是，屢做無用之功，令小我滋生暗長，職業倦怠而不思進取。人只有通過讀萬卷書、行萬里路，站在教育的制高點上，對教育有自己獨到深刻的認識，他才可以打開一個廣闊的世界，看到別人看不到的世界。竇桂梅老師正是因為有了自己獨特的思考和關注，才有了中外教育的碰撞和思考，才有了自己在教育教學課改中的深入實踐。回想自己走過的教育之路，新課程的培訓、省級骨幹教師培訓、市級教研引領者培訓、教師專業發展自主選修培訓、省級學科帶頭人培訓、省級特級教師後備人選的培訓等等，每一次培訓、每一次的聽評課、每一次的教學研討活動，甚至每一次的評委工作，不同層次、一個比一個高的平臺都為我打開了一個比一個敞亮的視窗，給了我全新的視角，讓我看到一個比一個廣闊的世界。群體不同，平臺不同，視界不同。讓我不斷地審視自己的教學，發現自己的短板，提醒日常教育教學中沒有注意到的細節，更給了我追求夢想不斷前行的勇氣和力量。學然後知不足，教然後知困。的確，我們站立的高度決定了我們的視野。

教師是生產力的基石

　　一個學校的品質取決於教師隊伍的品質。優秀教師所佔得比例決定了一所學校在當地教育界的層次。教師是生產力的基石，優秀教師是一所學校的立足之本，能積極推動學校的快速發展。優秀教師來自哪裡？首先來自優秀的畢業生，更來自入職後的培訓。竇桂梅的《我的教育視界》一書中還介紹了英國「六階段培訓模式」——對教師有目標、針對一線教師自身需求的培訓，非常切合實際。培訓的內容包括了課程學習與編制、學科會議、專業講座、研討會、示範課例、展覽活動、參觀等。教師的工資制度裡甚至有鼓勵教師參加在職進修的津貼。所有參加「研究生教育證書課程的人員，學習期間還享有全年 6000 英鎊的培訓工資」。不僅讓教師們知道如何在教育教學實際中如何應用，更帶回了滿滿的自信和快樂。對比我們的培訓，時間短、任務重，有的培訓不接地氣，遠離中學教學實際，老師們不愛，更有所有工作依然要背負的重壓，甚至有經濟上的損失，大大阻礙了教師的積極性，將培訓的效果也打了折扣。

　　「讓好老師留在課堂上」是學校教育教學品質的保證。「好老師」的產生離不了培訓，好教師的背後是政府的政策與經濟的支持和鼓勵，是各級領導高瞻遠矚的決策和開放。當前教育教學的各類培訓經費越來越多，形式也越來越多樣，真誠地期待著我們教師在職培訓的環境越來越好，教師們的培訓越來越拋開功利性，具有成長專業發展的自覺。因為教師們快樂的播種與耕耘，不僅收穫著學生們的成長，也有我們自身和諧相生的教育幸福。

文苑擷英

人間大愛，始於細微——讀《美麗的微笑與愛》

「懷大愛心，做小事情」這是印度著名的慈善家德蕾莎修女的行為準則，她是這樣說的，也是這樣做的。1979年當諾貝爾獎評委會宣佈把年度的諾貝爾和平獎授予德蕾莎修女時，她似乎感到了某種困惑，因為她從沒想過獲獎，而且她做夢都沒有想過自己有一天會突然成為富翁。她本能的遲疑著，想拒絕這個獎項和這筆讓她一夜之間成為富翁的獎金。但是評委會的頒獎理由卻讓她發現了自己應該領這個獎和怎樣用這筆巨額獎金的理由。諾貝爾評選委員會認為「她的事業有一個重要特點：尊重人的個性，尊重人的天賦價值。那些最孤獨的人、處境最悲慘的人，得到了她真誠的關懷和照料。這種情操發自她對人的尊重，完全沒有居高施捨的姿態。」而且，「她個人成功的彌合了富國與窮國之間的鴻溝，她以尊重人類尊嚴的觀念在兩者之間建設了一座橋樑。」讀這篇演講詞，我們會透過它樸實無華的語言看到德蕾莎修女及她的同伴們對每一個最孤獨的人、處境最悲慘的人的尊重，看到她樸素的衣著下蘊含的一顆大愛之心，看到她美麗的微笑、慈愛的眼睛中閃耀的人性的光輝。「誰道平實無深意，淺易更需細思量。」這篇演講詞所描述的都是平常的事情，感情真摯，語言樸素，沒有長篇大論，沒有空洞的呼號，而是從平常的生活和人的最細微的感情出發，闡述她自己所堅持的信念：「窮人是非常好的人」「愛從家庭開始」「我們不需要槍炮彈藥來進行破壞或者帶來和平——我們只需要團結起來，彼此相愛，將和平、喜悅和活力帶回家庭。這樣，我們將能戰勝世界上現存的一切邪惡」。正是這種平常中蘊含的不同尋常的情感力量，讓我們感受到平凡中孕育偉大，發自內心的真情才更動人。它使我們不斷審視自己，洗去心靈的塵埃，促使我們走向高尚。

附：美麗的微笑與愛（節選）

我永遠也不會忘記曾經訪問過的一家養老院。這家養老院裡的老人都是兒女將他們送來的。儘管這裡的生活用品一應俱全，甚至還有點奢華，但是這些老年人卻都坐在院子裡，眼睛盯著大門看。他們的臉上沒有一絲笑容。

我轉向一位老姐姐，問她：「這是怎麼回事？為什麼這些衣食不愁的人總是望著大門？為什麼他們臉上沒有笑容？」

我已經太習慣看到人們臉上的笑容，甚至那些掛在垂死的人臉上的笑容。但是在這裡，我看到的是一種對愛心的乞盼。那位老姐姐對我說：「這裡幾乎天天都是如此，他們每天都在乞盼著，盼望他們的兒女來看望他們。他們的心受到了極大的刺傷，因為他們是被遺忘的人。」瞧，這就是世上存在的另一種貧乏，被愛心遺忘的貧乏。也許這樣的貧乏已經悄悄來到我們的身邊和我們的家庭中。也許就在我們自己的家庭中，已經有成員感到孤獨。也許他們的心已經受到傷害，或許他們處於某種焦慮不安的狀態。如果有這樣的事情發生，可能我們家庭中的其他成員或多或少都會有些煩惱。類似的事情是否已經存在我們的家庭呢？如果是，我們又如何來包容那些心裡感到孤獨的家庭成員呢？假如你是母親的話，你是否能寬容自己的孩子呢？

窮人們是偉大的。他們能教給我們許多美好的習慣。有一天，一些窮人找到我們，向我們表示感謝。他們說：「你們搞慈善的人是最好的人。你們幫我們制定家庭計畫，教我們開展計畫，因為再沒有比自我約束、互相友愛更重要的事了。」他們淳樸的話是最美麗、最生動的語言。也許這些缺吃少穿，甚至沒有一個固定的家，但是他們都是偉大的人。

窮人是非常可愛的人。有一天，我們從街上收容了四個無家可歸的人，其中一個人看起來情況非常糟糕。我對修女們說：「你們去照顧那三個人，我來看護這個病人。」我用全部愛心和所能做到的一切去撫慰這個可憐的人。我扶著她躺在床上。她的臉上露出了美麗的笑容。她緊緊拉著我的手，感激地說了一句話：「謝謝你。」然後閉上眼睛死去了。

我在她面前禁不住對自己反思。我問自己：「如果把我換成她，我會說什麼呢？」我可能會說：「我很餓，我快要死了。我很冷，我渾身都在疼。」或者其他什麼話。然而她的話卻教給了我很多很多，她給了我崇高的愛。她帶著安詳的微笑死去了。再舉一個例子：一天，我們從陰溝裡救起一個人。當時他的半個身體都被蛆蟲吃掉了。我們把他帶到救濟所，他說：「我在街上過著豬狗不如的生活，但是我將像一個天使一樣死去，去接受上帝的愛和呵護。」一個窮人能說出這樣的話，足以看到他內心的偉大，他的品德是非

常令人感動的。他臨死前並沒有詛咒任何人，沒有說過別人的壞話，也沒有去和其他任何人攀比，他就像一個純潔的天使。這就是我們人民的偉大之所在。這也是基督為什麼說「我曾經赤身裸體、無家可歸、沒有食物；我被人遺棄、遭人唾、受人冷落，是你們幫助了我」。

我認為，我們不是真正的社會工作者，也許我們只是做著一些社會工作。但我們卻是這個世界上真正具有深刻思想的人，因為我們每天二十四小時都和基督在一起，和他交流。你和我，我們大家都要將基督帶到自己的家中，因為我們和家人一同生活，也應該共同祈禱。我認為，在我們的家庭中不需要用槍炮彈藥來進行破壞或者帶來和平，我們只需要團結起來，相互愛戴，用愛心為我們帶來和平，帶來歡樂，帶來相互鼓舞的力量。只有這樣，我們才能戰勝世上的邪惡。

我在這裡要對你們講，你們要在這裡發現貧乏，發現你們家中的貧乏，然後將愛灌輸到貧乏之處，從灌輸愛心做起。請把這個喜訊帶到你們家人那裡，帶到你們的鄰居中去，去真正認識他們。我曾經結識了一個印度家庭，這個家庭有八個孩子。從和這個家庭的接觸中，我有一些非常感人的收穫。一天，一位先生來到我們的住處。他說：「德蕾莎嬤嬤，一個有八個孩子的家庭已經斷炊好幾天了，請幫幫他們。」聽了他的話，我馬上給這個家庭送去了一些大米。孩子們看到大米眼睛都睜得大大的，眼睛裡還閃著興奮的光。我不知道你們是否見過饑餓的人的眼睛，但是我太熟悉這些眼睛了。當那位母親接過大米後，立即把它分成兩份，然後就出去了。當她回來後，我問她：「你去了哪裡？做什麼去了呢？」她簡單地回答說：「他們也在挨餓。」原來她的鄰居是一個穆斯林家庭，這個家庭也正在受著饑餓的煎熬。所以她把我送給她的米分了一半出去。這件事深深地感動了我。但我沒有給那個穆斯林家庭另外送過米，因為我想讓她們分享相互幫助的快樂和美好。

家庭中的孩子們從母親那裡得到快樂，他們和母親共同享受著生活的樂趣，因為他們有母親的愛。你瞧，這就是愛的發源地，愛的源頭出自家庭。我們都應該為我們這個世界上有這樣的人感到歡樂。

今天的世界上仍有如此多的苦難存在……當我從街上帶回一個饑腸轆轆的人時，給他一盤米飯，一片麵包，我就能使他心滿意足了，我就能驅除他

的饑餓。但是,如果一個人露宿街頭,感到不為人所要,不為人所愛,惶恐不安,被社會拋棄——這樣的貧困讓人心痛,如此令人無法忍受。因此,讓我們總是微笑相見,因為微笑就是愛的開端,一旦我們開始彼此自然地相愛,我們就會想著為對方做點什麼了。

　　請你們為我們祈禱,將我們所開展的事業的喜訊傳到各個地方。我們需要你們這樣做。你們應該在自己的國家裡逐漸瞭解貧困和貧乏的人,也許我們在座的各位並不為生活發愁,但是如果我們審視一下自己的家庭生活,我們就會發現:有時家人之間相互微笑也是件不容易的事。那麼,就讓我們從相互微笑來開始我們愛的傳播吧。

西點軍校上空的號角——讀《責任・榮譽・國家》

　　與其說這是一篇熱情洋溢的演講，毋寧說這是一支響徹西點軍校上空激動人心的號角。這是一個有著50多年軍齡的老兵對自己軍旅生活的經驗總結，是一位有著傳奇色彩的將軍對世人的鋼鐵般的誓言，是一個兄長對剛剛走入軍旅生涯的兄弟們的殷殷期待，是一個軍人行為和品德的最高準則。

　　「責任、榮譽、國家」，是西點軍校的校訓，是西點精神的精髓，是西點軍人引為驕傲的座右銘，它培養了學員們穩健的意志，讓他們在喪失勇氣時鼓起勇氣，沒有理由相信時重建信念，幾乎絕望時產生希望，堅強的認清自己的懦弱，勇敢地面對自己的膽怯，失敗時懂得自尊、不屈不撓，勝利時懂得謙和、不貪圖安逸舒適，對困難、重壓和挑戰，會巍然屹立於風浪之中。它告訴學員們什麼是偉大的純樸、真正智慧的虛心、真正強大的溫順。它挖掘學員們生命的潛力，激發他們捨棄逸樂而偏愛冒險的欲望，打造出一個個防禦能力強，攻擊迅速而準確，富有犧牲精神的軍官或紳士。麥克阿瑟將軍以充滿激情的語言將「責任、榮譽、國家」神聖的內涵進行了如此豐富而深刻的闡述，為我們描繪了一幅幅波瀾壯闊的感人畫卷——屬於軍人的責任、榮譽的畫卷，並將這三者之間的關係進行了有機的辯證的論述，將「軍人的榮譽是承擔責任，保衛國家」的主題闡釋得透闢又深邃。意蘊博大精深，意味深長幽遠。

　　麥克阿瑟站在這既是他軍人生涯起點又即將是他軍旅生涯終點的地方，告別西點，告別他的軍旅生活，在這裡我們感受到的不是空洞的說教與訓斥，我們如此真切地感受到的是一個老人內心深處的情感波瀾，對往事的追憶、不捨和悵惘。對西點軍校的深厚感情，化為一個老兵的自豪、執著，對未來軍人的期待、激勵，對軍人價值的理解。麥克阿瑟的這種濃烈、樸素而真摯的感情深深地打動著我們，他絢麗多彩、氣勢磅礴、充滿了詩意的語言深深地感染了我們，我們相信「責任—榮譽—國家」這嘹亮的號角會始終縈繞在人們的耳畔，在西點軍校的上空久久地回蕩，回蕩⋯⋯

附：責任・榮譽・國家

今天早晨，當我走出旅館時，看門人問道：「將軍，您上哪去？」一聽說我要去西點，他說：「那是個好地方，您從前去過嗎？」

這樣的榮譽是沒有人不深受感動的，長期以來，我從事這個職業；又如此熱愛這個民族，這樣的榮譽簡直使我無法表達我的感情。然而，這種獎賞主要並不意味著對個人的尊崇，而是象徵一個偉大的道德情操——捍衛這塊可愛土地上的文化與古老傳統的那些人為的行為與品質的準則。這就是這個大獎章的意義。無論現在還是將來，它都是美國軍人道德標準的一種體現。我一定要遵循這個標準，結合崇高的理想，喚起自豪感，同時始終保持謙虛……

責任——榮譽——國家，這三個神聖的名詞莊嚴地提醒你應該成為怎樣的人，可能成為怎樣的人，一定要成為怎樣的人。它們將使你精神振奮，在你似乎喪失勇氣時鼓起勇氣，似乎沒有理由相信時重建信念，幾乎絕望時產生希望。遺憾的是，我既沒有雄辯的辭令、詩意的想像，也沒有華麗的隱喻向你們說明它們的意義。懷疑者一定要說它們只不過是幾個名詞、一句口號、一個浮誇的短詞。每一個迂腐的學究，每一個蠱惑人心的政客，每一個玩世不恭的人，每一個偽君子，每一個惹是生非之徒，很遺憾，還有其他個性完全不同的人，一定企圖貶低它們，甚至對它們進行愚弄和嘲笑。

但這些名詞確能做到：塑造你的基本特性，使你將來成為國防衛士；使你堅強起來，認清自己的懦弱，並勇敢地面對自己的膽怯。它們教導你在失敗時要自尊，要不屈不撓；勝利時要謙和，不要以言語代替行動，不要貪圖舒適；要面對重壓和困難，勇敢地接受挑戰。要學會巍然屹立於風浪之中，但對遇難者要寄予同情，要先律己而後律人；要有純潔的心靈和崇高的目標；要學會笑，但不要忘記怎麼哭；要嚮往未來，但不可忽略過去；要為人持重，但不可過於嚴肅；要謙虛，這樣您就會銘記真正偉大的純樸，真正智慧的虛心，真正強大的溫順。它們賦予你意志的韌性、想像的品質、感情的活力，從生命的深處煥發精神，以勇敢的姿態克服膽怯，甘於冒險而不貪圖安逸。它們在你們心中創造奇妙的意想不到的希望，以及生命的靈感與歡樂。它們就是以這種方式教導你們成為軍人和紳士。

你所率領的是哪一類士兵？他們可靠嗎？勇敢嗎？他們有能力贏得勝利嗎？他們的故事你全都熟悉，那是一個美國士兵的故事。我對他們的估價是多年前在戰場上形成的，至今沒有改變。那時，我把他看作是世界上最高尚的人；現在，我仍然這樣看他。他不僅是一個軍事品德最優秀的人，而且也是一個最純潔的人。他的名字與威望是每一個美國公民的驕傲。在青壯年時期，他獻出了一切人類所賦予的愛情與忠貞。他不需要我及其他人的頌揚，因為他已用自己的鮮血在敵人的胸前譜寫了自傳。可是，當我想到他在災難中的堅忍，在戰火裡的勇氣，在勝利時的謙虛，我滿懷的讚美之情不禁油然而生。他在歷史上已成為一位成功愛國者的偉大典範；他在未來將成為子孫認識解放與自由的教導者；現在，他把美德與成就獻給我們。在數十次戰役中，在上百個戰場上，在成千堆營火旁，我親眼目睹他堅忍不拔的不朽精神，熱愛祖國的自我克制以及不可戰勝的堅定決心，這些已經把他的形象銘刻在他的人民心中。從世界的這一端到另一端，他已經深深地為那勇敢的美酒所陶醉。

　　當我聽到合唱隊唱的這些歌曲，我記憶的目光看到第一次世界大戰中步履蹣跚的小分隊，從濕淋淋的黃昏到細雨濛濛的黎明；在透濕的背包的重負下疲憊不堪地行軍，沉重的腳踝深深地踏在炮彈轟震過的泥濘路上，與敵人進行你死我活的戰鬥。他們嘴唇發青，渾身污泥，在風雨中顫抖著，從家裡被趕到敵人面前，許多人還被趕到上帝的審判席上。我不瞭解他們生得高貴，可我知道他們死得光榮。他們從不猶豫，毫無怨恨，滿懷信心，嘴邊叨念著繼續戰鬥，直到看到勝利的希望才合上雙眼。這一切都是為了它們——「責任—榮譽—國家」。當我們蹣跚在尋找光明與真理的道路上時，他們一直在流血、揮汗、灑淚。20年以後，在世界的另一邊，他們又面對著黑黝黝骯髒的散兵坑、陰森森惡臭的戰壕、濕淋淋污濁的坑道，還有那酷熱的火辣辣的陽光、疾風狂暴的傾盆大雨、荒無人煙的叢林小道。他們忍受著與親人長期分離的痛苦煎熬、熱帶疾病的猖獗蔓延、軍事險要地區的恐怖情景。他們堅定果敢的防禦，他們迅速準確的攻擊，他們不屈撓的目的，他們全面徹底的勝利——永恆的勝利——永遠伴隨著他們最後在血泊中的戰鬥。在戰鬥中，那些蒼白憔悴的人們的目光始終莊嚴地跟隨著責任——榮譽——國家的口號。

這幾個名詞包含著最高的道德準則,並將經受任何為提高人類道德水平而傳播的倫理或哲學的檢驗。它所提倡的是正確的事物,它所制止的是謬誤的東西。高於眾人之上的戰士要履行宗教修煉的最偉大行為——犧牲。在戰鬥中,面對著危險與死亡,他顯示出造物主按照自己意願創造人類時所賦予的品質。只有神明能幫助他、支持他,這是任何肉體的勇敢與動物的本能都代替不了的。無論戰爭如何恐怖,召之即來的戰士準備為國捐軀是人類最崇高的進化。

現在,你們面臨著一個新世界———一個變革中的世界。人造衛星進入星際空間,衛星與導彈標誌著人類漫長的歷史進入了另一個時代——太空時代。自然科學告訴我們,在50億年或更長的時期中,地球形成了;300萬年或更長的時期中,人類形成了;人類歷史還不曾有過一次更巨大、更令人驚訝的進化。我們不單要從現在這個世界,而且要從無法估算的距離,從神秘莫測的宇宙來論述事物。我們正在認識一個嶄新的無邊無際的世界。我們談論著不可思議的話題:控制宇宙的能源;讓風力與潮汐為我們所用;創造空前的合成物質以補充甚至代替古老的基本物質;淨化海水以供我們飲用;開發海底以作為財富與食品的新基地;預防疾病以使壽命延長幾百歲;調節空氣以使冷熱、晴雨分佈均衡;登月太空船;戰爭中的主要目標不僅限於敵人的武裝力量,也包括其平民;切結起來的人類與某些星系行星的惡勢力的最根本矛盾;使生命成為有史以來最扣人心弦的那些夢境與幻想。

為了迎接所有這些巨大的變化與發展,你們的任務將變得更加堅定而不可侵犯,那就是贏得我們戰爭的勝利。你們的職業要求你們在這個生死關頭勇於獻身,此外,別無所求。其餘的一切公共目的、公共計畫、公共需求,無論大小,都可以尋找其他辦法去完成;而你們就是受訓參加戰鬥的,你們的職業就是戰鬥——決心取勝。在戰爭中最明確的目標就是為了勝利,這是任何東西都代替不了的。假如你失敗了,國家就要遭到破壞,因此,你的職業唯一要遵循的就是責任—榮譽—國家。其他人將糾纏於分散人們思想的國內外問題的爭論,可是你們將安詳、寧靜地屹立在遠處,作為國家的衛士,作為國際矛盾怒潮中的救生員,作為硝煙彌漫的競技場上的格鬥士。一個半世紀以來,你們曾經防禦、守衛、保護著解放與自由、權利與正義的神聖傳

統。讓平民百姓去辯論我們政府的功過：我們的國力是否因長期財政赤字而衰竭，聯邦的家長式傳統是否勢力過大，權力集團是否過於驕橫自大，政治是否過於腐敗，犯罪是否過於猖獗，道德標準是否降得太低，捐稅是否提得太高，極端分子是否過於偏激，我們個人的自由是否像應有的那樣完全徹底。這些重大的國家問題與你們的職業毫不相干，也無需使用軍事手段來解決。你們的路標——「責任—榮譽—國家」，比夜裡的燈塔要亮十倍。

你們是聯繫中國防禦系統全部機構的紐帶。當戰爭警鐘敲響時，從你們的隊伍中將湧現出手操國家命運的偉大軍官。還從來沒有人打敗過我們。假如你也是這樣，上百萬身穿橄欖色、棕色、藍色和灰色制服的靈魂將從他們的白色十字架下站起來，以雷霆般的聲音喊出那神奇的口號——「責任—榮譽—國家」。

這並不意味著你們是戰爭販子。相反，高於眾人之上的戰士祈求和平，因為他忍受著戰爭最深刻的傷痛與瘡疤。可是，我們的耳邊經常響起那位大智大慧的哲學之父柏拉圖的警世之言：「只有死者才能看到戰爭的終結」。

我的生命已近黃昏，暮色已經降臨，我昔日的風采和榮譽已經消失。它們隨著對昔日事業的憧憬，帶著那餘暉消失了。昔日的記憶奇妙而美好，浸透了眼淚和昨日微笑的安慰和撫愛。我盡力但徒然地傾聽，渴望聽到軍號吹奏起號時那微弱而迷人的旋律，以及遠處戰鼓急促敲擊的動人節奏。

我在夢幻中依稀又聽到了大炮在轟鳴，又聽到了滑膛槍在鳴放，又聽到了戰場上那陌生、哀愁的呻吟。

然而，晚年的回憶經常將我帶回到西點軍校。我的耳旁迴響著，反覆迴響著：責任，榮譽，國家。

今天標誌我對你們的最後一次點名。但我希望你們知道，當我死去時，我最後自然想到的一定是你們這支部隊——這支部隊——這支部隊。

我向你們告別了。

英雄末路的一曲挽歌——讀《項羽本紀》

　　垓下之圍是一曲英雄末路的挽歌，項羽則是悲劇英雄群像中的絕代典型。從來沒有一個文學人物能像項羽這樣，一經誕生，就在歷史的長河中激起千層浪花，在群山萬壑中回蕩著殷殷不絕的震響。讓無數讀者掩卷而思、拍案而起，讓無數仁人志士盪氣迴腸、扼腕慨歎。這真可以稱得上是一個奇跡。

　　我想項羽之所以光彩奪目，是在於作者帶著強烈的主觀感情色彩，以前所未有的才力和千鈞筆力去打造這一形象，是在於項羽這個叱吒風雲的人物身上有著太多的悲劇性格，令作者及讀者惋惜不已。悲劇就是將有價值的東西摧毀給人看，悲劇就是悲劇人物身上的悲劇性格不可遏止地將英雄推向毀滅的過程。項羽驍勇善戰，令敵手聞風喪膽，無一敗績，但也使他麻痹輕敵，目空一切，剛愎自用，甚至於有時喪失理性，負性嗜殺；他相信自己的能力，身先士卒，常一擊而振軍威，但也使他孤芳自賞，難與他人共事，以至為淵驅魚，為叢驅雀，視忠為奸，認奸為親，不能知人善任，終至孤掌難鳴；他有情重義，愛兵如子，對英雄惺惺相惜，但也因一時婦人之仁而錯失良機，放虎歸山；他坦率真誠，光明磊落，從不施展小人伎倆，這種坦蕩、這種高貴、這種君子風範，讓人仰視，但也註定了他在複雜的政治鬥爭漩渦中無帝王之志而少韜略，胸無城府而目光短淺，機要處優柔寡斷，而最終走向窮途末路。

　　司馬遷巧妙地把項羽性格中矛盾的各個側面，有機地統一於這一鴻篇巨制之中，善於構造矛盾衝突和戲劇性的情節、場面，從而使人物形象在故事化、戲劇性的情節和矛盾衝突中展示出來。他將人物個性化的語言、行動、細節等客觀展示，虛實結合，揭示項羽一生成敗的根本原因，揭示了英雄悲劇的全過程。雖然不乏深刻的撻伐，但更多的卻是由衷的惋惜和同情。他善於寥寥幾筆抓住幾個點睛處，工筆細描，表現人物的細微情態，精神個性。四面楚歌的悲劇氣氛的縱筆渲染，烏江自刎時神態的精雕細刻，都給人以身臨其境之感和無盡的馳騁想像的空間，把一個頂天立地鐵骨錚錚的八尺大漢展現在讀者眼前。

　　陳郁《藏一話腴》中說：「寫其形，必傳其神；傳其神，必寫其心。」司馬遷正是成功地挖掘了人物的精神世界，成功地合成了人物的矛盾性格，

才成功地塑造了項羽這位具有悲劇色彩的傳奇英雄形象。歲月的長河悠然流淌，無情地打磨著世間萬物，而項羽這一英雄形象卻必會更加熠熠生輝，光彩照人。

老臣一片用心苦，一言一語總關情——讀《觸龍說趙太后》

　　愛孩子是女人的天性，沒有了兒子，就沒有了自己的下半生，沒有了自己的精神寄託，國家對一個年事漸高的女人又有何意義？大臣執意進諫的耿耿忠心，大敵在前，國家的危急存亡系於長安君一身，國家與兒子孰輕孰重，精明能幹的趙太后不是不懂，只是心裡不忍、割捨不下，一個「情」字讓她難以取捨。她惱怒異常，連「唾其面」這種婦人最無賴的武器都使上了，足見其內心的脆弱、矛盾焦慮之深。眾大臣不解太后心病，自然屢屢碰壁。觸龍深諳太后這種百般無奈的心理，推己及人循循善誘，以三步法：一拉近距離，緩和氣氛；二借年老托子，道出「父母之愛子，則為之計深遠」的大道理；三擺事實講道理，進一步提出「一旦山陵崩，長安君何以自托於趙」的問題，直揭趙太后心中痛處、憂慮所在。用歷史的、現實的例子證明了趙太后眼下的做法「雖曰愛之，其實害之」，為愛做出了另一番詮釋。自然句句切中要害，藥到病除，打消了太后疑慮，使她心悅誠服，做出長安君任憑大臣差遣的決斷。才能做到「力少而功倍矣」。

　　觸龍步步誘導，旁敲側擊，明之以實，曉之以理，全部對話無一字涉及人質，但又句句不離人質。迂回曲折之中盡顯語言奧妙，循循善誘之餘凸現事情必然。真可謂老臣一片用心苦，一言一語總關情。

不朽的靈魂——讀《巴爾扎克葬詞》

　　這是一個文學天才對另一個先行離開的文學天才的蓋棺定論。面對巴爾扎克的死亡，演說者沒有用低沉的語調、哀傷的言辭，去述說死者的生平和病逝，而是用高亢的語調、詩化和哲理性的語言，表達了對死者的無盡悼念之情，高度評價了巴爾扎克的偉大貢獻。在巴爾扎克的墓前，雨果對這位文學巨匠窮盡了溢美之詞，但絲毫沒有給人誇大虛飾之感。「從今以後，眾目仰望的將不是統治者，而是思想家。」「在最偉大的人物中間，巴爾扎克是名列前茅者；在最優秀的人物中間，巴爾扎克是佼佼者之一。他才華卓著，至善至美，但他的成就不是眼下說得盡的。他的所有作品僅僅形成了一部書，一部有生命的、光亮的、深刻的書，我們在這裡看見我們的整個現代文明的走向，帶著我們說不清楚的、同現實打成一片的驚惶與恐怖。」這種讚美是建立在雨果對巴爾扎克完全而透徹的理解基礎之上的，是一個偉大靈魂對另一個偉大靈魂的感悟。雨果認為巴爾扎克的著作是「一部了不起的書」，「有一切的形式和風格」，「既是觀察又是想像」。雨果不愧是浪漫主義的天才人物，他敏銳的洞察力使他在巴爾扎克的葬禮上迅速地捕捉了時代變化的脈搏，預言了巴爾扎克逝世的偉大意義和深遠影響，感情由悲壯到激越再上升為景仰。更為可貴的是雨果還借巴爾扎克之死，來表達了自己的生死觀，體現了自己的哲理性思考。「死亡是偉大的平等，也是偉大的自由」，「生前凡是天才的人，死後就不可能不化作靈魂」。讀著這篇極具爆發力和詩性智慧的充滿激情的散文，我們仿佛已站在當年的拉雪茲公墓前，連飄飄細雨也渾然不覺，心中充滿了崇高偉大的力量。

附：巴爾扎克葬詞

　　各位先生：

　　現在被葬入墳墓的這個人，舉國哀悼他。對我們來說，一切虛構都消失了。從今以後，眾目仰望的將不是統治者，而是思想家。一位思想家不存在了，舉國為之震驚，今天，人民哀悼一位天才之死，國家哀悼一位天才之死。

　　諸位先生，巴爾扎克這個名字將長留於我們這一時代，也將流傳於後世的光輝業績之中。巴爾扎克先生屬於19世紀拿破崙之後的強有力的作家之

列，正如17世紀一群顯赫的作家，湧現在黎塞留之後一樣——就像文明發展中，出現了一種規律，促使武力統治者之後出現精神統治者一樣。

在最偉大的人物中間，巴爾扎克是名列前茅者；在最優秀的人物中間，巴爾扎克是佼佼者之一。他才華卓著，至善至美，但他的成就不是眼下說得盡的。他的所有作品僅僅形成了一部書，一部有生命的、光亮的、深刻的書，我們在這裡看見我們的整個現代文明的走向，帶著我們說不清楚的、同現實打成一片的驚惶與恐怖。一部了不起的書，他題作「喜劇」，其實就是題作「歷史」也沒有什麼，這裡有一切的形式和一切的風格，超過塔西陀，上溯到蘇埃通，越過博馬舍，直達拉伯雷；一部既是觀察又是想像的書，這裡有大量的真實、親切、家常、瑣碎、粗鄙。但是有時通過突然撕破表面，充分揭示形形色色的現實，讓人馬上看到最陰沉和最悲壯的理想。

願意也罷，不願意也罷，同意也罷，不同意也罷，這部龐大而又奇特的作品的作者，不自覺地加入了革命作家的強大行列。巴爾扎克筆直地奔向目標，抓住了現代社會進行肉搏。他從各方面揪過來一些東西，有虛像，有希望，有呼喊，有假面具。他發掘內心，解剖激情。他探索人、靈魂、心、臟腑、頭腦和各個人的深淵，巴爾扎克由於他自由的天賦和強壯的本性，由於他具有我們時代的聰明才智，身經革命，更看出了什麼是人類的末日，也更瞭解什麼是天意，於是面帶微笑，泰然自若，進行了令人生畏的研究，但仍然遊刃有餘。他的這種研究不像莫里哀那樣陷入憂鬱，也不像盧梭那樣憤世嫉俗。

這就是他在我們中間的工作。這就是他給我們留下來的作品，崇高而又扎實的作品，金剛岩層堆積起來的雄偉的紀念碑！從今以後，他的聲名在作品的頂尖熠熠發光。偉人們為自己建造了底座，未來負起安放雕像的責任。

他的去世驚呆了巴黎。他回到法蘭西有幾個月了。他覺得自己不久於人世，希望再看一眼他的祖國，就像一個人出門遠行之前，再來擁抱一下自己的母親一樣。

他的一生是短促的，然而也是飽滿的，作品比歲月還多。

唉！這位驚人的、不知疲倦的作家，這位哲學家，這位思想家，這位詩人，這位天才，在同我們一起旅居在這世上的期間，經歷了充滿風暴和鬥爭的生活，這是一切偉大人物的共同命運。今天，他安息了。他走出了衝突與

仇恨。在他進入墳墓的這一天，他同時也步入了榮譽的宮殿。從今以後，他將和祖國的星星一起，熠熠閃耀於我們上空的雲層之上。

站在這裡的諸位先生，你們心裡不羨慕他嗎？

各位先生，面對著這樣一種損失，不管我們怎樣悲痛，就忍受一下這樣的重大打擊吧。打擊再傷心，再嚴重，也先接受下來再說吧。在我們這樣一個時代裡，一個偉人的逝世，不時地使那些疑慮重重受懷疑論折磨的人對宗教產生動搖。這也許是一樁好事，這也許是必要的。上天在讓人民面對崇高的奧秘，並對死亡加以思考的時候，知道自己做的是什麼；死亡是偉大的平等，也是偉大的自由。

上天知道自己做的是什麼，因為這是最高的教訓。當一個崇高的英靈莊嚴地走進另一世界的時候，當一個人張開他的有目共睹的天才的翅膀，久久飛翔在群眾的上空，忽而展開另外的看不見的翅膀，消失在未知之鄉的時候，我們的心中只能充滿嚴肅和誠摯。

不，那不是未知之鄉！我在另一個沉痛的場合已經說過，現在 我也永不厭煩地還要再說——這不是黑夜，而是光明！這不是結束，而是開始！這不是虛無，而是永恆！我說的難道不是真話嗎，聽我說話的諸位先生？這樣的墳墓，就是不朽的明證！面對某些鼎鼎大名的與世長辭的人物，人們更清晰地感到這個睿智的人的神聖使命，他經歷人世是為了受苦和淨化，大家稱他為大丈夫，而且心想，生前凡是天才的人，死後就不可能不化作靈魂！

深味悲涼的吶喊——讀《燈下漫筆》

安永興《走向魯迅的初級階段》中這樣說:「在中國沒有誰能像魯迅那樣,對幾千年的封建宗法制度和根深蒂固的傳統觀念有那麼清醒、透徹的瞭解;也沒有誰能像魯迅那樣,對專制和愚昧揭露得那麼深刻和全面;更沒有誰能像魯迅那樣,對滲透到中國人思想基因中的「劣根性」痛下針砭,無情地撕下罩在中國人臉上的形形色色的「假面」。沒有魯迅,也許我們至今仍然對與世俗人情融為一體的虛偽習焉不察,深陷於「瞞」和「騙」的泥淖大澤而不能自拔。」正因為此魯迅的文章充滿了血性。它體現了魯迅先生對國家、民族的赤子丹心。在「世人皆醉我獨醒」的年代,作為少數覺醒的先驅者之一,魯迅已開始大聲吶喊,以喚醒「鐵屋子」裡沉睡的人們,並開始荷戟奮戰,要「肩住了黑暗的閘門,放他們到寬闊光明的地方去」(《墳·我們現在怎樣做父親》)。《燈下漫筆》正是這有血性的代表作之一。

本文由鈔票兌換現銀的一件小事談起:為了方便,把銀元換成鈔票。鈔票貶值,心中惶恐,千方百計再打折換銀元,被欺騙,被愚弄,卻心安,喜歡。這就使作者突然起了另一思想,就是:我們極容易變成奴隸,而且變了之後,還萬分喜歡。作者在深刻冷靜剖析中國歷史、中國社會的基礎上,得出一個充滿理性、前無古人的結論:中國幾千年的封建社會只有兩個時代,一是老百姓想做奴隸而不得的時代,一是老百姓暫時做穩了奴隸的時代;前一時代是天下大亂的時代,後一時代是天下暫時太平的時代;中國社會就在這「一治一亂」中迴圈反復,老百姓則在這兩種時代中掙扎沉浮。魯迅把批判的矛頭,指向中國的老百姓,既「哀其不幸」,又「怒其不爭」,尖銳地批判了國民的奴性人格和奴才傳統。而國民的奴性人格和奴才傳統,正是幾千年中國封建社會的統治得以延續的原因,從而提出了一部中國國民的人生史就是一部奴隸史的大膽見解。面對這樣的國民,魯迅無法掩飾內心的絕望與悲涼。最後終於發出震天一吼——創造這中國歷史上未曾有過的第三樣時代,則是現在的青年的使命!這是何等的勇氣和洞察力,它將千百年來神聖得不容置疑的正史觀點摧而毀之。這是魯迅在深味國家和民族多舛的命運後發出的血性的吶喊。他不僅一針見血地揭示了封建社會的本質。而且在對中國歷史的深刻剖析中,對國民命運的高度概括中,對未來時代的深切期盼中充滿了魯

迅先生一種沉痛而熾熱的情感,充滿了昂揚的戰鬥激情。

寫作上本文敘議結合,文筆自由靈動貫連緊密,採用了以小見大的手法。先從自身感受起筆,然後以大量日常生活事件、歷史事實和文獻典籍為論據,多方進行論證,對中國歷史做出深刻的剖析,最後推導出文章的中心論點。聯想豐富,引據廣博。環環相扣,邏輯嚴密.論述由表及裡,層層深入.使文章既蘊涵了深厚飽滿的思想力量,又具有很強的知識性和可讀性。

附:燈下漫筆(節選)

魯迅

有一時,就是民國二三年時候,北京的幾個國家銀行的鈔票,信用日見其好了,真所謂蒸蒸日上。聽說連一向執迷於現銀的鄉下人,也知道這既便當,又可靠,很樂意收受,行使了。至於稍明事理的人,則不必是「特殊知識階級」,也早不將沉重累墜的銀元裝在懷中,來自討無謂的苦吃。想來,除了多少對於銀子有特別嗜好和愛情的人物之外,所有的怕大都是鈔票了罷,而且多是本國的。但可惜後來忽然受了一個不小的打擊。

就是袁世凱想做皇帝的那一年,蔡松坡先生溜出北京,到雲南去起義。這邊所受的影響之一,是中國和交通銀行的停止兌現。雖然停止兌現,政府勒令商民照舊行用的威力卻還有的;商民也自有商民的老本領,不說不要,卻道找不出零錢。假如拿幾十幾百的鈔票去買東西,我不知道怎樣,但倘使只要買一枝筆,一盒煙捲呢,難道就付給一元鈔票麼?不但不甘心,也沒有這許多票。那麼,換銅元,少換幾個罷,又都說沒有銅元。那麼,到親戚朋友那裡借現錢去罷,怎麼會有?於是降格以求,不講愛國了,要外國銀行的鈔票。但外國銀行的鈔票這時就等於現銀,他如果借給你這鈔票,也就借給你真的銀元了。

我還記得那時我懷中還有三四十元的中交票,可是忽而變了一個窮人,幾乎要絕食,很有些恐慌。俄國革命以後的藏著紙盧布的富翁的心情,恐怕也就這樣的罷;至多,不過更深更大罷了。我只得探聽,鈔票可能折價換到現銀呢?說是沒有行市。幸而終於,暗暗地有了行市了:六折幾。我非常高興,趕緊去賣了一半。後來又漲到七折了,我更非常高興,全去換了現銀,沉墊

墊地墜在懷中,似乎這就是我的性命的斤兩。倘在平時,錢鋪子如果少給我一個銅元,我是決不答應的。

但我當一包現銀塞在懷中,沉墊墊地覺得安心,喜歡的時候,卻突然起了另一思想,就是:我們極容易變成奴隸,而且變了之後,還萬分喜歡。

假如有一種暴力,「將人不當人」,不但不當人,還不及牛馬,不算什麼東西;待到人們羨慕牛馬,發生「亂離人,不及太平犬」的歎息的時候,然後給與他略等於牛馬的價格,有如元朝定律,打死別人的奴隸,賠一頭牛,⑤則人們便要心悅誠服,恭頌太平的盛世。為什麼呢?因為他雖不算人,究竟已等於牛馬了。

我們不必恭讀《欽定二十四史》,或者入研究室,審察精神文明的高超。只要一翻孩子所讀的《鑒略》,——還嫌煩重,則看《歷代紀元編》,就知道「三千餘年古國古」的中華,歷來所鬧的就不過是這一個小玩藝。但在新近編纂的所謂「歷史教科書」一流東西裡,卻不大看得明白了,只仿佛說:咱們向來就很好的。

但實際上,中國人向來就沒有爭到過「人」的價格,至多不過是奴隸,到現在還如此,然而下於奴隸的時候,卻是數見不鮮的。中國的百姓是中立的,戰時連自己也不知道屬於那一面,但又屬於無論那一面。強盜來了,就屬於官,當然該被殺掠;官兵既到,該是自家人了罷,但仍然要被殺掠,仿佛又屬於強盜似的。這時候,百姓就希望有一個一定的主子,拿他們去做百姓,——不敢,是拿他們去做牛馬,情願自己尋草吃,只求他決定他們怎樣跑。

假使真有誰能夠替他們決定,定下什麼奴隸規則來,自然就「皇恩浩蕩」了。可惜的是往往暫時沒有誰能定。舉其大者,則如五胡十六國的時候,黃巢的時候,五代時候,宋末元末時候,除了老例的服役納糧以外,都還要受意外的災殃。張獻忠的脾氣更古怪了,不服役納糧的要殺,服役納糧的也要殺,敵他的要殺,降他的也要殺:將奴隸規則毀得粉碎。這時候,百姓就希望來一個另外的主子,較為顧及他們的奴隸規則的,無論仍舊,或者新頒,總之是有一種規則,使他們可上奴隸的軌道。

「時日曷喪,予及汝偕亡!」憤言而已,決心實行的不多見。實際上大

概是群盜如麻,紛亂至極之後,就有一個較強,或較聰明,或較狡猾,或是外族的人物出來,較有秩序地收拾了天下。厘定規則:怎樣服役,怎樣納糧,怎樣磕頭,怎樣頌聖。而且這規則是不像現在那樣朝三暮四的。於是便「萬姓臚歡」了;用成語來說,就叫作「天下太平」。

任憑你愛排場的學者們怎樣鋪張,修史時候設些什麼「漢族發祥時代」「漢族發達時代」「漢族中興時代」的好題目,好意誠然是可感的,但措辭太繞灣子了。有更其直捷了當的說法在這裡——

一,想做奴隸而不得的時代;

二,暫時做穩了奴隸的時代。

這一種迴圈,也就是「先儒」之所謂「一治一亂」;那些作亂人物,從後日的「臣民」看來,是給「主子」清道辟路的,所以說:「為聖天子驅除云爾。」現在入了那一時代,我也不了然。但看國學家的崇奉國粹,文學家的讚歎固有文明,道學家的熱心復古,可見於現狀都已不滿了。然而我們究竟正向著那一條路走呢?百姓是一遇到莫名其妙的戰爭,稍富的遷進租界,婦孺則避入教堂裡去了,因為那些地方都比較的「穩」,暫不至於想做奴隸而不得。總而言之,復古的,避難的,無智愚賢不肖,似乎都已神往於三百年前的太平盛世,就是「暫時做穩了奴隸的時代」了。

但我們也就都像古人一樣,永久滿足於「古已有之」的時代麼?都像復古家一樣,不滿於現在,就神往於三百年前的太平盛世麼?

自然,也不滿於現在的,但是,無須反顧,因為前面還有道路在。而創造這中國歷史上未曾有過的第三樣時代,則是現在的青年的使命!

蒙羞飄蕩的靈魂——讀《漢書‧李陵傳》

兩千多年來，李廣、李陵的命運使歷代讀史者嗟歎不已。對於李廣，人們多數是同情，對於李陵，人們則是一詠三歎、褒貶不一、感慨頗多。世代通行的法則是「文死諫，」「武死戰」，這二死是大丈夫的名節，即所謂「義」了。而李陵冒天下之大不韙，違背了這個法則。李陵兵敗投降了匈奴，他在匈奴生活了約二十年，最後死在那裡。漢朝廷殺了他的家人滅族，匈奴人最後埋葬了他，匈奴人為他哭泣。他是一個蒙羞的靈魂，一個有家不能回、飄蕩在外的靈魂。

李陵是位悲劇人物，傳記有條不紊地敘述了外界條件的不利，把他一步步推向絕境的過程。起先李陵不甘心永遠只是運送輜重的小角色，主動請戰以步兵出擊，竟取得武帝的許諾，還有了援軍。然而後來的事情則把李陵推入敗亡的深淵。五千步兵，對抗十幾萬單于的騎兵，沒有物資保障，再是路博多拒絕派兵接應，沒有了後援，又有在經歷了幾場大戰令匈奴丟盔卸甲、損兵折將到數千人之後，自己也「五十萬矢皆盡」，傷亡慘重實力大大的損失。偏偏又逢管敢為校尉所辱，投降匈奴洩漏軍中機密，導致單于大軍圍攻，陷入重圍，孤軍的李陵確是回天無力啊！李陵兵敗投降匈奴也的確是情不得已。即使這樣，他還「盡斬旌旗，及珍寶埋地中」以圖來日。班固對李陵飽含同情，不吝筆墨詳寫李陵孤軍深入、浴血奮戰的場面，並對李陵悲劇結局客觀敘述，同時又深入地刻畫出這位悲劇人物的矛盾心理和行動上的搖擺猶豫。兵敗被困時，他先是決心以死報國，可是，在生死抉擇的關鍵時刻，他卻投降了匈奴。他在匈奴地域會見漢朝使者時有心歸漢，又害怕再遭困辱，下不了決心。他受匈奴單于的指派去勸降蘇武，遭到蘇武拒絕後又自責自省，認為自己罪孽深重。他先後兩次為蘇武置酒，一次是勸降，一次是餞行，李陵或是「泣下沾襟」、或是「泣下數行」，每次都悲痛欲絕。李陵有著太多的恩怨和遺憾，他的悲劇結局既是客觀形勢所迫，又是性格因素使然。作者對李陵不溢美，不掩過，對他的不幸遭遇既有同情，對他的失節投降匈奴也包含了批評之意。

這篇傳記對於事情的來龍去脈清晰地加以敘述，對於那些帶有起始性質的事件，都特別加以強調，以引起讀者的注意。而且在平鋪直敘過程中寓含

褒貶、預示吉凶，筆法極其精密。總之此傳寫得酣暢淋漓，悲劇氣氛很重不愧為《漢書》中的名篇。

苦難錘煉藝術才華——讀《柳敬亭傳》

柳敬亭是明末著名的說書藝人，以說書久負盛名。具有民族氣節和「熱腸俠骨」。現在流傳下來的關於他的傳記就有吳偉業、周容、黃宗羲三家，吳、周、黃三人都是他同時代的著名文人和學者，而黃作是在吳作的基礎上改寫而成的。他說書的情況，一些文人詩詞更描寫得十分生動。如當時詞人曹貞吉就曾描寫他的說書是「舌下濤飛山走，似易水歌聲聽久」；汪懋麟也曾描寫他說南明興亡事「令四座，唏噓良久」。可見他說書的思想性、藝術性之高，感染力之強。黃宗羲寫的這篇傳記記敘了柳敬亭卓越的說書技藝和他的生活經歷，揭示了他達到這種出神入化境界的原因。

藝術離不開生活，生活是藝術的源泉。清人王國維在《人間詞話》中論及文學大家時說：「大家之作，其言情也沁人心脾，其寫景也必豁人耳目。其辭脫口而出，無矯揉妝束之感，以其所見者真，所知者深也。」此話用來評價柳敬亭再恰當不過了。柳敬亭一生處於明王朝滅亡的動盪不安的歲月，生活經歷坎坷、曲折而複雜，一篇短小的傳記是不能面面俱到的，作者避繁就簡抓住了三個方面作以揭示：一是作為一個犯法當死的無賴在學藝之時表現出驚人的專心致志、勤學苦練、精益求精的精神；二是他作為一個地位低賤的說書藝人竟能在從軍從政中名噪一時、身價百倍、富貴顯赫、傾動朝野；三是家破國變的慘痛離亂的生活更歷練了他高超動人的技藝。這三個方面各自獨立又密切相關，他勤學苦練的說書技藝是他日後從軍從政大獲成功的基礎，國破家亡重操舊業技藝爐火純青，又來自於長期軍政生活身經變亂、見多識廣的生活體驗。這三個方面是柳敬亭傳奇人生的亮點，作者選材精妙，潑墨集中，組材匠心，結構嚴謹。寫情狀物，繪聲繪色，歷歷如現，使人如聞其聲、如見其人、如臨其境，將柳敬亭說書技藝的高妙，襯托渲染到無與倫比，令人驚歎傾倒的地步。

門的哲思——讀《門》

　　門是人們生活中最常見的事物之一，是進出的通道，是遮風擋雨的屏障。開門和關門是日常生活中人們幾乎每天都會做的最為平常的動作。但是莫利正是從這司空見慣的事物、動作中發現了隱藏在其中的奧秘。《門》就是這樣一篇極富智慧和哲理的散文。

　　「開門和關門是人生中含意最深的動作。」這裡所謂的門不只是指進出的通道，更是指「心扉」——心靈的「門」和人生的「門」。作者在這裡張揚一種對未知世界、未來生活永遠充滿好奇、求索的熱情。門是通向外部世界和未來生活的通道。開啟一扇門，就意味著你與他人的溝通、理解、行動、接納、驚喜、友誼、溫暖、愛與親情，也意味著新的生活在展開、延伸和繼續，——只有門開著，你才能投入生存和開拓新的人生境界，因而才存在著相遇、希望、未來和可能性，才有對未知世界的探索，才有新奇、激動與成功。即使遭逢的是厄運和失敗，你也能在與它們的搏擊中得到生命力飛揚的歡喜。一段人生的展開就像一扇門的開啟，前途未蔔，但吸引著我們追尋下去。

　　作者認為「每一扇門的關閉就意味著一個結束」，有著不同程度的悲傷，是一種軟弱的自白。人們總是不斷地懷著希望開門，又絕望地把門關上。也許他對人生的理解過於悲觀了。人們對自己的過去進行總結，忘記成績、憂傷、積怨、仇恨等等，又何嘗不是關門？又何嘗不是令人欣慰的事？即便是門的開啟，如同生命中希望之花的綻放，門的關閉，象徵了生命力的枯萎，這本是自然界亙古不變的規律，又何必哀傷？我們只需要在歷史長河中留下我們的一點星光，在那扇生命之門緩緩關閉之前，綻放出我們最絢爛的光芒，做到「生如夏花之燦爛，死如秋葉之靜美」也就足夠了。

　　這篇文章以「門」作為文章的結穴點，種種人生感悟都由門、開門、關門的動作及其意義生髮出來，最終又都歸結到門上。縱談人生感悟既能做到細密精微、曲盡其致，又能落到實處（「門」）；既能鋪陳開去，又能收得攏來。舒卷開闔輕鬆自如，整個文章顯得嚴整、緊湊，給人以「秩序感」。

附：門

開門和關門是人生中含意最深的動作。在一扇扇門內，隱藏著何等樣的奧秘！

沒有人知道，當他打開一扇門時，有什麼在等待著他，即使那是最熟悉的屋子。時鐘滴答響著，天已傍晚，爐火正旺，也可能隱藏著令人驚訝的事情。也許是修管子的工人就在你外出之時已經來過，把漏水的龍頭修好了。也許是女廚的憂鬱症突然發作，向你要求得到保障。聰明的人總是懷著謙遜和容忍的精神來打開他的前門。

門有各種各樣。有旅館、商店和公共建築的轉門，它們是喧鬧的現代生活方式的象徵。還有古怪的吱吱作響的小門，它們依然在變相的酒吧間外面晃動，只有從肩膀到膝蓋那樣高低。更有活板門、滑門、雙層門、後臺門、監獄門、玻璃門……然而一扇門的象徵和奧秘在於它那隱秘的性質。玻璃門根本不是門、而是一扇窗戶。門的意義就是把隱藏在它內部的事物加以掩蓋，給心兒造成懸念。

開門的方式也是多種多樣的。當侍者用託盤端給你晚餐時，他歡快地用肘推開廚房的門。當你面對上門推銷的書商或者小販時，你把門打開了，但又帶著猜疑和猶豫退回了門內。彬彬有禮、小心翼翼的僕役向後退著，敞開了屬於大人物的壁壘般的橡木門。牙醫的那位富於同情心然而深深沉默的女助手，打開通往手術室的門，不說一句話，只是暗示你醫生已為你作好了準備。一大清早，一扇門猛然打開，護士走了進來：「是個男孩！」

門是隱秘、回避的象徵，是心靈躲進極樂的靜謐或悲傷的秘密搏鬥的象徵。沒有門的屋子不是屋子，而是走廊。無論一個人在哪兒，只要他在一扇關著的門的後面，他就能使自己不受拘束。在關著的門內，頭腦的工作最為有效。人不是在一起牧放的馬群。

開門是一個神秘的動作：它包容著某種未知的情趣，某種進入新的時刻的感知和人類煩瑣儀式的一種新的形式。它包含著人間至樂的最高閃現：重聚，和解，久別的戀人們的極大喜悅。即使在悲傷之際，一扇門的開啟也許會帶來安慰：它改變並重新分配人類的力量。然而，門的關閉要可怕得多，它是最終判決的表白。每一扇門的關閉就意味著一個結束。在門的關閉中有

著不同程度的悲傷。一扇門猛然關上是一種軟弱的自白。一扇門輕輕關上常常是生活中最具悲劇性的動作。每一個人都知道把門關上之後接踵而來的揪心之痛，尤其是當所愛的人音容猶在，而人已遠去之時。

　　開門和關門是生命之嚴峻流動的一部分。生命不會靜止不動並聽任我們孤寂無為。我們總是不斷地懷著希望開門，又絕望地把門關上。生命並不像一斗煙絲那樣持續很久，而命運卻把我們像煙灰一樣敲落。

　　一扇門的關閉是無可挽回的。至於另一扇門是不存在的。門一關上，就永遠關上了，通往消逝了的時間脈搏的另一個入口是不存在的。

破碎中蘊含的美麗——讀《破碎的美麗》

讀人如讀書，卻比讀書更難。也許有的人，表面對你赤誠關愛有加，內心卻潛藏著一股污濁的暗流。也許有的人，外表華貴，而內心深處卻充滿了空虛，舉手投足充斥著無知和愚昧。也許有的人做事談條件、講回報，而在突發事件中卻置生死於度外，拋開了自己的一切，展現了令你驚詫的另一面。讀人需要許多的技巧，甚至需要花費一輩子的功力。

喬葉《破碎的美麗》就給我們提供了讀人的獨特的視角。作者執著地相信「只有破碎的東西才是美麗的」「破碎的東西比完整的東西更為真實，更為深刻」「破碎的靈魂才最美麗」，她喜歡破敗的、陳舊的、蕭條的事物，甚至喜歡看人痛哭失聲，喜歡聽人狂聲怒吼，這並不是一種變態心理，而是作者人生經驗的總結。她把握住了生活中人們常常忽視的細節，道破讀人的天機：人們在最薄弱最不設防的時候流露出的那部分東西才是一個人自己最真實的容顏。能夠破碎的人必定真正地活過。讀著這些破碎的靈魂，就是汲取人生的夢想和真諦，就是讀著人生的美好，分享著別致的幸福和歡樂。層層迷霧散去，呈現出作者敏銳的眼光，睿智的思考。我們的疑慮消除，也不由得想到：讀別人，何嘗不是在讀自己？讀人，正是由對他人的觀照中懂得自己怎樣做人啊！

附：破碎的美麗

喬葉

有時候，我甚至相信：只有破碎的東西才是美麗的。

我喜歡斷樹殘枝枯枝萎葉，也喜歡舊寺鏽鐘破門頹牆，喜歡庭院深深一蓬秋草，石階體面斜玉欄折裂，喜歡雲冷星隕月缺根竭莖衰柳敗花殘，喜歡一個沉默的老人穿著褪色的衣裳走街串巷撿拾破爛，喜歡一個小女孩瘦弱的雙肩背著花布塊拼成的舊書包去上學。我甚至喜歡一個缺了口聽啤酒瓶或一隻被踩扁的易開罐在地上默默的滾動，然後靜止。每當我看到這些零星瑣屑的人情事物時，我總是很專注地凝視著他們，直到把他們望到很遠很遠的境界中去。

我不知道自己是不是出於一種變態心理，但我確實深深相信：破碎的東西比完整的東西更為真實，更為深刻，雖然它是那麼平常，那麼清淡，那麼落魄，甚至那麼狼狽。他們從光豔十足無可挑剔的顛峰驟然落地或是慢慢地墜下慢慢地沉澱慢慢地變形，然後破碎，然後走進我的視線中，走到輝煌已假借給別人的今天。

　　我不知道他們曾經怎樣美麗過，所以我無法想像他們的美麗。也因此，我深深沉醉於這種不可想像不可求源的美麗之中，挖掘著他們絢麗的往昔，然後，驀然回首，將這兩種生命形態拉至眼前，黯然淚下。這不可解釋的一切蘊含著多少難以訴說的風花雪月悲歡離合，蘊含著多少滄桑世事中永恆的感傷和無垠的蒼涼啊！

　　破碎的事物就這樣印滿了重重疊疊的生命的影跡，那麼沉厚，那麼綽約，卻那麼美麗。

　　同樣，很殘忍的，我相信破碎的靈魂才最美麗。

　　我喜歡看人痛哭失聲，喜歡聽人狂聲怒吼，喜歡人酒後失態吐出一些埋在心底發酵的往事，喜歡看一個單相思的人於心愛者的新婚之夜在雨中持傘默立。我喜歡素日沉靜安然的人喋喋不休地訴說苦難，一向喜悅滿足的人忽然會沮喪和失落，蒼老的人憶起發黃的青春，孤傲的人懺悔錯過的愛情。我喜歡明星失寵後淒然一笑，英雄暮年時忍痛回首，官場失意者獨品清茶，紅顏逝去的佳麗對鏡哀思。我喜歡人們在最薄弱最不設防的時候挖出自己最痛最疼的那一部分東西，然後顫抖，然後哭泣，然後讓心靈流出血來。

　　每當這時候，哪怕我對眼前的人一無所知，我也一定會相信：這個人擁有一個曾經非常美好現在依然美好的靈魂，他經歷的辛酸和苦難以及那些難以觸懷的心事和情緒是他生命中最深的印記和最珍愛的儲藏。只有等他破碎的時候，他才會放出這些幽居中已久的鴿子，並且啟窗露出自己最真實的容顏。我知道：只要他的窗子曾經打開過——哪怕僅打開一秒鐘，他就不會是一個老死的石屋了。

　　能夠破碎的人，必定真正地活過。林黛玉的破碎，在於她有刻骨銘心的愛情；三毛的破碎，源於她歷盡滄桑後一那的明徹和超脫；凡高的破碎，是太陽用金黃的刀子讓他在光明中不斷劇痛；貝多芬的破碎，則是靈性至極的

黑白鍵撞擊生命的悲壯樂章。如果說那些平凡者的破碎洩露的是人性最純最美的光點，那麼這些優秀靈魂的破碎則如銀色的禮花開滿了我們頭頂的天空。我們從中汲取了多少人生的夢想和真諦啊！

　　我不得不喜歡這些能把眼睛剜出血來的破碎的美麗，這些悲哀而持久的美麗。他們直接觸動我心靈中最柔軟部分，讓我隨他們流淚歡笑歎息或者是沉默——那是一種多麼令人心悸的快感啊！而此時，我知道：沒有多少人能像我一樣享受這種別致的幸福和歡樂，沒有多少人知道這種破碎的美麗是如何細細密密地鋪滿我們門前的田野和草場，如同今夜細細密密的月光。

　　是誰說過：一朵花的美麗，就在於她的綻放。而綻放其實正是花心的破碎啊。

用微小的顆粒感悟人生——讀《沙漠》

　　如果涉足於好山好水是生活的一種享受，那麼到沙漠中去又是一種什麼樣的生活感受呢？提到沙漠，人們便自然會想到浩瀚無垠的沙丘，歷經滄桑的生活洗煉，心中會湧起沉重和荒涼。很少有歡快跳躍的敏感，也少有浪漫豐富的想像。可法國作家紀德在他的散文《沙漠》裡卻唱了一曲悅耳、激昂的大漠之歌。在歌聲裡，你能聽出作者熱情讚頌大漠的激昂旋律、自然界變化無常令人思緒萬千的惆悵，對百無聊賴的生存境遇的感歎，以及敢於與生命挑戰的美好憧憬。

　　以博大的情懷縱觀宇宙，用微小的顆粒感悟人生，正是作者超強生活能力的顯現。

　　《沙漠》一文，真可稱得上是一幅精雕細琢的精美圖畫，作者在開篇中感歎「苦難的沙漠，輝煌的沙漠」之時，就用豐富的意象勾勒出了大漠的雄渾、悲壯和淒涼，這組圖的結構順序是：大漠中的海市蜃樓、大漠風暴中的飛沙走石，荒涼路上的累累白骨，寂寥無聲的淒淒荒漠。有生命和無生命的大漠實景的描述、作者在大漠中的所思所想及幻想中情感的抒發，使作品達到了一種高品位的人生境界。

　　文章又用詩一般的語言直抒情懷，表現出作者熱愛沙漠、熱愛大自然的強烈情感，給人留下了深刻的印象。他用「黎明、霞光、綠洲、棕櫚」來表現對自然的神往，把強烈的愛延伸到「光源」中，儘管這裡是「不毛之地；冷酷無情之地」但那狂熱的愛，緊緊追隨著大漠之魂。這優美的旋律來自作者心靈的淺吟低唱，在物質日益豐富、精神日漸窮酸的今天，這種慷慨的旋律似乎離我們很遙遠了，在某些人的生活裡甚至消失殆盡，為什麼那個時代的人會有如此強烈的愛？對荒涼的大漠也會一往深情？難道真的是生活的快節奏、重重的重壓才讓我們的這種情感消失的無影無蹤？難道時代的情感會真的會隨著社會的變遷而改變？如果我們的生活沒有了強大的支柱來支撐，如果我們的社會缺少了昂揚的主旋律，我們的生活又有怎樣的意義呢？

　　詩意的生活，來自心存美好。人生在世其實不就活的是一種心態嗎？

附：沙漠

（法）紀德

多少次黎明即起，面向霞光萬道、比光輪還明燦的東方——多少次走向綠洲的邊緣，那裡的最後幾棵棕櫚枯萎了，生命再也戰勝不了沙漠——多少次啊，我把自己的欲望伸向你，沐浴在陽光中的酷熱的大漠，正如俯向這無比強烈的耀眼的光源……何等激動的瞻仰、何等強烈的愛戀，才能戰勝這沙漠的灼熱呢？

不毛之地；冷酷無情之地；熱烈赤誠之地；先知神往之地——啊！苦難的沙漠、輝煌的沙漠，我曾狂熱地愛過你。

在那時時出現海市蜃樓的北非鹽湖上，我看見猶如水面一樣的白茫茫的鹽層。——我知道，湖面上映照著碧空——鹽湖湛藍得好似大海，——但是為什麼——會有一簇簇燈心草，稍遠處還會矗立著正在崩坍的葉岩峭壁——為什麼會有漂浮的船隻和遠處宮殿的幻象？——所有這些變了形的景物，懸浮在這片臆想的深水之上。（鹽湖岸邊的氣味令人作嘔；岸邊是可怕的泥灰岩，吸飽了鹽分，暑氣薰蒸。）

我曾見在朝陽的斜照中，阿馬爾卡杜山變成玫瑰色，好像是一種燃燒的物質。

我曾見天邊狂風怒吼，飛沙走石，令綠洲氣喘吁吁，像一隻遭受暴風雨襲擊而驚慌失措的航船；綠洲被狂風掀翻。而在小村莊的街道上，瘦骨嶙峋的男人赤身露體，蜷縮著身子，忍受著炙熱焦渴的折磨。

我曾見荒涼的旅途上，駱駝的白骨蔽野；好些駱駝因過度疲憊，再難趕路，被商人遺棄了；隨後屍體腐爛，叮滿蒼蠅，散發出惡臭。

我也曾見過這種黃昏：除了鳴蟲的尖叫，再也聽不到任何歌聲。

——我還想談談沙漠：

生長細莖針茅的荒漠，遊蛇遍地；綠色的原野隨風起伏。

亂石的荒漠，不毛之地。葉岩熠熠閃光；小蟲飛來舞去；燈心草乾枯了。在烈日的曝曬下，一切景物都發出劈劈啪啪的聲音。

粘土的荒漠，只要有一場雨，萬物就會充滿生機。雖然土地過於乾旱，

難得露出一絲笑容，但雨後簇生的青草似乎比別處更嫩更香。由於害怕未待結實就被烈日曬枯，青草都急急忙忙地開花，授粉播香，它們的愛情是急促短暫的。可是太陽又出來了，大地龜裂、風化，水從各個裂縫裡逃遁。大地坼裂的面目全非；儘管大雨滂沱，激流湧進溝裡，沖刷著大地；但大地無力挽留住水，依然乾涸而絕望。

黃沙漫漫的荒漠——宛如海浪的流沙，在遠處像金字塔一樣指引著商隊。登上一座沙丘，便可望見天邊另一沙丘的頂端。

刮起狂風時，商隊停下，趕駱駝的人便在駱駝的身邊躲避。這裡生命滅絕，唯有風與熱的搏動。陰天下雨，沙漠猶如天鵝絨一般柔軟，夕照中，像燃燒的火焰；而到清晨，又似化為灰燼。沙丘間是白色的殼壑，我們騎馬而過，每個足跡都立即被塵沙所覆蓋。由於疲憊不堪，每到一座沙丘，我們總感到難以跨越了。

黃沙漫漫的荒漠啊，我早就應當狂熱地愛你，但願你最小的塵粒在它微小的空間，也能映現宇宙的整體！微塵啊！你是從何種愛情中分離出來的？微塵也想得到人類的讚頌。

我的靈魂，你曾在黃沙上看到什麼？

白骨——空的貝殼⋯⋯

一天早上，我們來到一座座高高的沙丘腳下避日。我們坐下；那裡還算陰涼，悄然長著燈心草。

至於黑夜，茫茫黑夜，我能談些什麼呢？

海浪輸卻沙丘三分藍，

勝似天空一片光。

——我熟悉這樣的夜晚，似乎覺得一顆顆明星格外璀璨。

風雲變幻中的百態眾生——讀《殽之戰》

在中國燦若星河的文學作品中，字字珠璣、句句生輝者不在少數，而《左傳》則可稱得上是其中的珍品。《殽之戰》是《左傳》中的名篇。文學批評家金聖歎評《殽之戰》：「讀原軫語，讀欒枝語，讀破欒枝語，讀文嬴語，讀原軫怒語，讀孟明謝陽處父語，讀秦伯哭師語，逐段細細讀，逐段如畫。」（《天下才子必讀書》卷一）金聖歎此語道出了《殽之戰》兩個顯著的特點：一是文字簡潔，簡筆快言中紛繁交錯的若干事件清晰呈現，內中風雲變幻之色展露無遺；一是人物語言描寫精彩紛呈，繁多人物，無一重複，個個性格張揚，鮮活飽滿。

《殽之戰》包含了蹇叔哭師、王孫滿觀師、弦高犒師、皇武子辭客、先軫論戰、文嬴放三帥、穆公哭師等七個精彩故事。國與國的交鋒，人與人的爭執，父子親情，君臣大義，對國家的忠誠，對親人的眷戀，秦晉鄭三國內部主張間的齟齬、外交中輕重遠近利益的取捨，時代的風雲變幻，戰爭的冷酷嚴峻，內容不可謂不豐富，頭緒不可謂不繁多。但作者以蹇叔論戰為綱，漸次展開故事，粗筆寫事，工筆繪神，於是事件的大小急緩，人物的疏離親密被作者三言兩語交待得一清二楚。簡筆快言之美盡現於此。

《殽之戰》人物語言的描寫也很能代表《左傳》的語言魅力。弦高犒師的語言，彬彬有禮中是有虛有實、軟中帶硬。皇武子辭客的語言，謙卑致歉的客套中是旁敲側擊，婉轉卻不乏嚴厲地揭露了秦國的陰謀，下達了逐客之令。孟明辭謝的語言，感恩戴德中是今日僥倖生還的得意、來日報仇雪恨之快意，話中有話，綿裡藏針。語言是文學的第一要素，人的精神世界有多豐富，語言的表現就有多豐富。「借助語言可以表現運動和發展中的人的全部豐富的精神生活。」（尼古拉耶娃語）於是，當我們打開《殽之戰》，貪婪驕橫、利令智昏的秦穆公，料事如神、敢於直諫的蹇叔，性情剛烈、忠心耿耿的原軫，沉著冷靜、隨機應變的愛國商人弦高等眾多的人物便跨越千年，生動鮮活地站在了我們面前。經典之美，令人拍案叫絕，讓人回味不盡。

借文學評論之慧眼，入藝術作品之雅堂

　　同學們，我們經常會接觸到一些名著，接觸到一些音樂，接觸到芭蕾等高雅藝術，但我們又常常感到困惑：不知道這些經典為何被稱為經典，它們美在何處；我們會被經典震撼，但我們只能籠統地說它們太美了，而無法用更為具體準確的語言表達出來，使自己陷入尷尬的境地。每當此時，我們內心就會有一種熱切的渴望，一種情不自禁的呼喚：借我一雙慧眼吧，讓我學會辨析藝術之美！那麼有沒有什麼捷徑能讓我們快速達到一個較高的境地，具有一雙慧眼能去深切地感受到藝術之美呢？有，這捷徑就是文學評論。那麼什麼是文學評論呢？

　　文學評論是運用文學理論對文學現象進行研究，探討、揭示文學的發展規律，以指導文學創作的實踐活動。文學評論廣泛地涉及到小說、詩歌、散文、戲劇、繪畫、影視等方面，包括詩歌評論、小說評論、散文評論、戲劇評論、影視評論等。評論的目的是通過對文藝作品的思想內容、創作風格、藝術特點等方面議論、評價，來提高讀者的閱讀、鑒賞水平，來促進文學作品的創作和繁榮。因而我們通過廣泛閱讀優秀的文學評論就能較快地提高我們的鑒賞能力，登堂入室領略藝術之美。

　　文學評論為什麼具有這樣的魔力？

　　（一）文學評論是作家外視內省，揭示奧秘的理性思考的結晶。

　　因為文藝評論是作者在某一藝術品觸動了自身的某一種體驗、某一種認識後，利用自己深厚的文化積澱，將自己豐富的人生體驗、人格智慧、深沉博大的情懷和智者的理性精神融合在一起，凝聚而成的理性的思考，將至真至性的情思與藝術交融時迸發出來智慧的火花。因為它抽象出哲理性的思想蘊含，才散發出一種能啟人心智的理性光輝，照耀著探索美的心靈；才能夠給人歷史的、現實的借鑒與啟迪，充滿著智慧與靈性；才促使人對美進行更加深廣的思考和探求，具有啟人心智的力量。

　　如余秋雨《文學創作中的兩難結構》，文章中關於藝術作品中的未知結構和兩難結構的觀點讓人耳目一新，大有醍醐灌頂之功效。它讓我們懂得經典的永恆魅力之所在，教會我們進行更深入的思考。這篇文章揭示了文學大

師們思想的深邃性，帶我們跨越了時空的阻隔，進入到更高的審美境界。他讓我們懂得了海明威的《老人與海》、關漢卿的《竇娥冤》、王實甫的《西廂記》等雅俗共賞的一部部名著生動感人的故事中，蘊涵著的無限深意。他啟發我們讀者，不僅要把握住作品，還要積極思考，努力探究作品背後的潛藏的未知結構、兩難結構——這正是任何一部偉大作品之所以偉大、大作家之所以偉大的原因，這就是藝術的未知結構和兩難結構帶給作品偉大的藝術魅力。如果我們能夠做到這一點，我們的審美就有了一個質的飛躍。

又如余光中《散文的知性與感性》，余光中認為文章應感性、理性並重——即作家論述人情事理時固應明白透徹，而在景物描繪、情節敘述方面亦應鮮活生動，不能一味生硬刻板而露骨地推理，失之於硬；也不能是純感性的美文，失之於軟。一位真正的散文家，必須兼有心腸與頭腦，筆下才能兼融感性與知性，才能「軟硬兼施」，讓文章具有情趣或理趣。學者的散文當然也要經營知性與感性，更常出入情理之間。只有在感性方面擁有深厚功力，才算得上本色的作家。而明瞭了這層道理，我們的寫作就會在注重情感的抒發的同時，也注意理性的思考。

不同作家對不同事物有著不同的感受；即使是同一事物，不同的人看法也會不同；甚至面對同一事物，同一作家在不同時期看法也會有所不同。古人所謂「仁者見仁，智者見智」，講的就是這樣一種鑒賞規律。當我們閱讀了大量的評論後，經過比較鑒別，我們就會獲得多方位、多層面的思考，天長日久，我們就會練就一雙具有辨別力的火眼和一個會思考的大腦，能夠自己去領略藝術之美了。

（二）文學評論能使讀者登堂入室感受藝術之美，並自覺加強藝術修養。

1. 有助於拓展鑒賞者的審美視野。

廣泛閱讀文學評論有助於拓展讀者的審美視野。一般讀者在閱讀評論之前就已經存在和具備一些條件，如文學藝術的膚淺知識，如生活方面的獨特的人生經歷和閱讀經驗，他在生活中形成的人生觀、價值觀等等。這些都會融入到他對作品的理解中。不同的社會閱歷會有不同的價值取向，不同的價值取向會構成不同的審美視野，不同的審美視野會制約鑒賞活動過程中的審美評判和審美創造。讀者沒有足夠的生活閱歷，沒有形成較為正確的價值觀、

審美觀，就不可能走近作者、走近藝術，就不可能進行深刻地解讀，也就更不可能對鑒賞物件進行再創造，進而獲得審美的愉悅和享受。豐富的人生經驗有利於營造讀者廣闊的審美視野，反過來作品中的觀點也會加深他對社會生活的認識，使他獲得間接的人生社會經驗。鑒賞者的視野在這種經驗的日積月累中就會日漸開闊。

2. 有助於促進鑒賞者自覺加強文學修養。

「如果你想得到藝術享受，你就必須是一個有藝術修養的人。」你想在鑒賞中獲得理智的啟迪、獲得情感的陶冶、獲得怡神快意的藝術享受，你就得具備相應的有關不同藝術的多方面的知識修養和藝術素養。只有具備了這些修養，你才能發現、判別這個藝術品的特色、這個藝術品的藝術價值、思想價值之所在，才能準確地把握藝術品的思想內蘊和藝術涵蘊。所以廣泛閱讀文學評論，有利於促進我們自覺提高知識文化水平和藝術修養。

3. 有助於發揮文學評論的社會功效。

文學評論包含著一個作家的真情，體現了一個作家的精神追求和他對美的思考。讀文學評論就是解讀品味人類自身，包括文中的作者，也包括我們自己。當評論文章被我們的情感與認知贊同時，我們就與他們發生感情的共鳴，進而喜愛而接受作者的觀點。「其入人心也深，其化人也速。」當它獲得眾多人的認同時，就具有了特殊教育的功能，就會發揮更大的政治作用和社會功效。

總之，文學評論承載著的是作者對人生、對社會、對自然的一種獨特的審美發現和深刻體認，是具有美學價值的思想和智慧的閃光，或如蘇聯詩人馬雅可夫斯基所說，是作者們「從朦朧的火星中吹出來的明亮的思想」（《詩歌創作美學》）。讓我們抓住這火星，把它燃燒成熊熊烈火，借此照亮我們探尋美的征程。多讀文學評論吧，讓我們借助這智者的慧眼，察言體物，登堂入室，達到審美的極高境界，享受生命的快樂與崇高。

滔天濁浪排空來，翻江倒海山可摧——說說演講辭的欣賞及寫作

一場成功的演講，似一枝生花的妙筆，能化平淡為神奇；似一把削鐵如泥的利劍，能化艱難為平易。一場成功的演講，就是一支激勵心志的號角，一面感召人心的大旗。而成功的演講，又首先取決於成功的演講稿。演講稿是演講進行的依據，是演講內容形式的規範和提示，它體現著演講的目的和手段，是演講獲得成功的基本保證。

若說散文之美如幽徑漫步，在於作者對一沙一世界的獨特感悟思考，在於作者對紛繁社會人生的冷靜觀照，在於作者對人們司空見慣、熟視無睹的細微之美的挖掘；那麼演講稿之美則如錢塘觀潮，滔天濁浪排空而來之時觀者情不能自已，它能即時地強烈地震撼聽者，最大程度調動聽者的情感，使聽者心潮起伏，血脈賁張，產生內心的共鳴，進而有所行動。「雲驅蛟蜃雷霆鬥，水擊鯤鵬渤瀉空」，演講稿感情色彩濃烈，極富鼓動性和感召力。馬丁・路德・金的《我有一個夢想》的演說，作者的情感如出膛之彈，似噴井之油，如江海洶湧，似急風掃雲。語言鏗鏘有力、擲地有聲、豪氣沖天，向世人發出了對種族隔離政策的戰鬥宣言，熱切呼喚平等自由的到來，表達了黑人兄弟鬥爭的堅強決心，大大鼓舞了人們的鬥志，起到了號召黑人為實現自由與平等、為爭取公民權而共同鬥爭的積極作用，加快了美國的自由民主進程。

演講稿之美還在於有的放矢，具有鮮明的針對性。演講者往往針對人們普遍關注的某種有意義的事物或問題，面對一定場合的聽眾，通過口頭語言直接發表自己的意見和看法。問題不同、場合不同、物件層次不同，則演講稿的內容不同，選擇的形式不同，運用的語言也不同。《巴爾扎克葬詞》就是雨果面對前來參加自己的好友、法國批判現實主義大師、文學巨匠巴爾扎克的葬禮的人們發表的悼詞，他高度評價了巴爾扎克在文學上的偉大貢獻，也談及了自己的生死觀。恩格斯《在馬克思墓前的講話》是為馬克思寫的悼詞，他高度讚揚馬克思在科學領域和無產階級革命中的偉大貢獻。兩篇文章的體裁相同，都是悼詞，但悼念的人物不同，內容風格完全不同。

演講之美還在於它的語言「上口入耳」。所謂「上口入耳」，指一篇好

的演講稿對演講者來說要易說能講；對聽講者來說應好聽易懂。因此演講稿的語言要求生活化、口語化、大眾化。如《美麗的微笑與愛》，德蕾莎修女從平常的生活和人的最細微的感情出發，闡述她自己所堅持的信念，感情真摯，她所描述的都是平常的事情，語言非常樸素平易，「窮人是非常好的人」，「愛從家庭開始」，「我們不需要槍炮彈藥來進行破壞或者帶來和平——我們只需要團結起來，彼此相愛，將和平、喜悅和活力帶回家庭。這樣，我們將能戰勝世界上現存的一切邪惡」，就像一位慈愛的長者與你面對面的談話，正是這種平易樸素的語言，傳達出一種蘊含於平常中的不同尋常的情感力量，震撼我們的心靈，讓我們感受到孕育於平凡中的偉大。

當然演講稿之美也離不開鮮活的思想、巧妙的形式和演講者的激情。演講是用於公眾場合的一種宣傳形式，它要用思想、感情、事例等來曉喻聽眾，打動聽眾，征服聽眾。一篇優秀的演講稿必然有鮮明的觀點、精闢的見解、深刻的思想，有嚴密的邏輯、靈活的形式、精彩的語言，也必然要有演講者燃燒的激情，這樣才能打動聽眾，讓聽眾對所宣講的觀點心悅誠服地接受，也才能讓演講起到應有的社會效果，達到演講的目的。

一篇演講稿通常包括開場白、主幹、結束語三大部分。

開場白是演講稿的開頭。猶如戲曲舞臺上的亮相，演講稿開頭的好壞很大程度上決定了演講的成敗。有經驗的演講者都十分重視並精心設計演講稿的開頭，千方百計地使它像「鳳頭」一樣光彩照人，像「爆竹」一樣的振聾發聵。一般在開頭部分就要亮出演講的精彩主題。開場白有多種多樣的形式，如開篇入題、借題發揮、提問設問、引用比興警語等等。萬變不離其宗，不論哪一種開頭，都要求有吸引力，有較強的鼓動性。總原則是切題和鎮場。如麥克阿瑟的《責任・榮譽・國家》，作者以一個看門人平常的問話，點出西點軍校在普通人心中的地位，說明它至高無上的榮譽，喚起了學員們的自豪感、榮譽感，自然而然地引導到演講的題目——「責任・榮譽・國家」上來，為後文揭示軍人要擔當責任勇於犧牲，保衛國家的主題奠定了基礎。

主幹是演講稿的主體、正文。演講稿的主體必須圍繞主題安排結構、確立標題、組織材料、完善修辭。它要求主旨鮮明、材料充實、有血有肉，要求結構層次清晰，具有嚴密的邏輯性，各層次之間要注意過渡、連接。它的

結構一般為比較式、並列式、遞進式。它要求感情充沛，具有強烈的感染力、說服力，能把演講推向高潮。如《在馬克思墓前的講話》第二段所寫「這個人的逝世，對於歐美戰鬥的無產階級，對於歷史科學都是不可估量的損失」一句，將馬克思逝世這一事件放在國際工人運動和社會科學發展的廣闊背景中來考察，從理論和實踐兩個方面評價馬克思的偉大貢獻，是全文的總綱。後文分為兩個大的方面，以翔實的材料談馬克思的偉大貢獻：一個是他對無產階級革命實踐的偉大指導作用，一是他在社會科學理論上的偉大創建。脈絡清晰，邏輯嚴密，喚起人們對馬克思的無限敬仰之情。

結束語，它往往是對演講的主要內容進行小結或提出希望。要求簡潔有力、耐人尋味，能引起觀眾的聯想和思索，有餘音繞梁之感。這樣的結尾能夠使聽眾精神振奮，並促使聽眾不斷地思考和回味；可以採用歸納法、引用詩句、比喻、呼喚等方法結尾。美國作家約翰‧沃爾夫說：「演講最好在聽眾興趣到高潮時果斷收束，未盡時嘎然而止。」這是演講稿結尾最為有效的方法。在演講處於高潮的時候，聽眾大腦皮層高度興奮，注意力和情緒都由此而達到最佳狀態，如果在這種狀態中突然收束演講，那麼保留在聽眾大腦中的最後印象就特別深刻。如麥克阿瑟的《責任‧榮譽‧國家》：

「我的生命已近黃昏，暮色已經降臨，我昔日的風采和榮譽已經消失。它們隨著對昔日事業的憧憬，帶著那餘暉消失了。昔日的記憶奇妙而美好，浸透了眼淚和昨日微笑的安慰和撫愛。我盡力但徒然地傾聽，渴望聽到軍號吹奏起號時那微弱而迷人的旋律，以及遠處戰鼓急促敲擊的動人節奏。

我在夢幻中依稀又聽到了大炮在轟鳴，又聽到了滑膛槍在鳴放，又聽到了戰場上那陌生、哀愁的呻吟。

然而，晚年的回憶經常將我帶回到西點軍校。我的耳旁迴響著，反覆迴響著：責任，榮譽，國家。

今天標誌我對你們的最後一次點名。但我希望你們知道，當我死去時，我最後自然想到的一定是你們這支部隊——這支部隊——這支部隊。

我向你們告別了。」

在這段結束語中我們真切地感受到了一個身經百戰的老將軍內心深處的情感波瀾：往日戰鬥中的輝煌、風采，對軍旅生涯的依戀不捨，人生遲暮的

悵惘，對西點軍校的深厚感情等等。這是一個老兵的自豪、執著，是他對未來軍人的期待、激勵，是他對軍人價值的理解。他鏗鏘有力的話語如餘音繞梁，三日不絕，麥克阿瑟的濃烈、樸素而真摯的感情令人回味無窮。

　　總之，演講稿是文學作品百花園中的一朵奇葩，感情充沛，文辭優美，感召力強。在多元化、資訊化的今天，學習演講這種文體，將有利於展示自我的風采，有利於增進人與人之間的溝通和交流，使我們的社會生活更加和諧美好。

振葉以尋根　觀瀾而索源——傳記文學的鑒賞方法

靈魂是有聲音的，這聲音經過記傳者的解讀，將數千年前的聲音下載到了今天，又經過我們讀者的解讀融進我們的魂靈裡，成為我們人生道路上的燈。這就是記傳文學獨有的魅力。杜甫說「讀書破萬卷」，這「破」就是指要讀懂文章。劉勰在《文心雕龍·序志第五十》中說：「振葉以尋根，觀瀾而索源。」這裡的「根」和「源」，就是指文章的主旨和中心，他所說的「振」和「觀」，就是對文章進行全方位、多層次的探究。「振葉」、「觀瀾」的目的是「尋根」、「索源」，因此，我們要讀「破」傳記文學，必須在「振」和「觀」上下功夫。「振」和「觀」就是要知道「樹」為何物，「瀾」有何特色，把握準確方能探到「根」與「源」。

一、什麼是傳記文學

記載人物經歷的作品稱傳記，其中文學性較強的作品即是傳記文學。傳記文學一般採用散文的形式和手法，有的和小說接近。這種文體在中國有悠久的傳統。古代傳記文學大體上包括兩類，一類是歷史傳記文學即史傳文學，一類是雜體傳記文學即雜傳文學。司馬遷是第一位史傳作家，他的《史記》中的「本紀」、「世家」、「列傳」，幾乎都是優秀的傳記文學作品，一些歷史人物傳記具有強大的藝術魅力。司馬遷開創的以人物描寫為中心的「紀傳體」，成為以後歷代正史的標準文體。班固的《漢書》，陳壽的《三國志》，範曄的《後漢書》，沈約的《宋書》，李延壽的《南史》、《北史》，歐陽修的《新唐書》等，都包含一些較出色的史傳文學篇章。雜體傳記文學包括史傳之外的一切具有傳記性質的作品，如碑誄、傳狀、自傳等。秦漢時期即已出現這類作品，但它的發達興盛，主要在唐代以後，至明清尤盛。雜傳作家有韓愈、柳宗元、歐陽修、王安石、宋濂、顧炎武、黃宗羲、戴名世、全祖望等。雜傳作品往往能道正史所不能道，作家的感情和傾向也更鮮明強烈，有許多優秀篇章。專門成集的有《列女傳》、《聖賢高士傳》、《高僧傳》、《明儒學案》、《國壽錄》等，更多的作品則編入各家的文集中。

二、傳記文學的基本特徵是：

1. 人物的真實性。

傳記文學是以歷史上或現實生活中的人物為描寫對象，所寫的主要人物和事件必須符合史實，不允許虛構。在局部細節和次要人物上則可以運用想像或誇張，作一定的藝術加工，但這種加工也必須符合人物性格和生活的特定邏輯。在這一點上，它有別於以虛構為主的小說。中國幾千年的歷史變革，出現過許多不同類型的人物。既有推動歷史向前發展的偉人，也有逆歷史激流而上的罪人，並有出身、地位、經歷、思想、性格等方面的不同。這些人物在歷史上起過一定作用，有過一定影響，就會在歷史上留了他們的影子。作者為這些人樹碑立傳的目的就是要抑惡揚善，「表彰以勸世道，貶斥以戒人心」，兩千多年以來，傳記作者把崇高的榮譽給予那些熱愛祖國、不畏強暴、視死如歸的英雄，同時對奸臣逆子也進行了無情地誅伐與鞭打。一切優秀的人物傳記在內容表達上都力求真實，忠於歷史，忠於事實，並且是非明斷，褒貶準確。

2. 人物的時代性。

優秀的傳記作者由於做到了「其文直，其事核，不虛美，不隱惡」，所以留在傳記中的人物都具有時代的特色。例如同是處於封建社會中的知識份子，由於時代不同，傳中所表現出的特點是不相一致的。《五柳先生傳》中的五柳先生（即陶淵明），他那種「不戚戚於貧賤，不汲汲於富貴」的精神，與他那個時代知識份子特點——尚清談和以清高自愉相一致的；而袁宏道的《徐文長傳》則是一篇奇人的傳略。盡人皆知，明代社會黑暗，特務橫行，文字獄大興，知識份子「動輒得瘋」，所以徐文長的一生只能是從不得志到瘋，從瘋到坐牢至死。他的悲劇是社會造成的，是時代的悲劇。以上二例，傳主同是文人，由於時代不同，他們的性格不同，遭遇者不一樣。

3. 高度的藝術性。

傳記文學要運用多樣的藝術手法來刻畫人物，人物塑造力求個性化、形象化。傳記文學主要是寫人的，所以它要求刻畫出人物鮮明的個性，塑造栩栩如生的人物形象，它常用白描等手法刻畫人物。讀優秀的人物傳記，猶如參觀羅漢堂。眾多泥塑，面目不一，神態各異。一些傳記所以達到這麼高的

水平，是由於傳記家們懂得和善於處理人物的共性與個性的辯證關係的結果。一部《史記》之所以備受歷代文人墨客的推崇，主要原因就是它運用了多種多樣的藝術手法，刻畫了許多感人至深的人物形象。

4. 記事的概括性、完整性。

在傳記文學中，傳主的生平經歷一般都較完整，便於讀者從總體上把握人物(如《史記》)。但一些小傳(如「逸事」等)，由於受材料、篇幅的限制，不可能表現人物一生完整的經歷、事蹟，往往通過典型的事例，以小見大，較概括地來表現人物性格某一方面或某幾方面。在這一點上，它有別於只寫人物一事數事、突出性格某一方面的報告文學、人物特寫等。

5. 通俗性。

傳記一般要求作者在形式表達方面寫得簡明易懂，容易被讀者接受。語言風格多樣化，如介紹科學成就的，語言可以簡明、平實、樸素；描述傳主多種才能與生活情趣的，語言可以生動活潑、文雅詼諧等，富於文學色彩。

三、如何鑒賞傳記文學

1. 整體把握的原則。

閱讀文章要首先從整體出發、弄清文本大意，明白中心主旨，把握傳主特點。第一步，整體領會文本內容，理清作品陳述的基本事實，弄清文段寫了傳記主人公哪些事，體現了人物的什麼性格、品質特點；第二步，區分出作者評論的成分，弄清作者的主要觀點和基本傾向是什麼。第三步，弄清作品按什麼順序組織材料，傳主的生活經歷是如何貫穿起來的，把握文本的結構思路。

2. 客觀評價的原則

傳主與時代、與他人的聯繫是理解傳記的經緯。要準確地把握人物的個性特點就要遵循知世論人、知人論事、事中見人的原則。首先要關注傳主所處的時代背景、社會背景、家庭生活背景等眾多因素，這樣才能更深刻、更好地理解傳主。其次，要理解各種人物關係網中的傳主，因為傳主的交際交往是影響他也是組成他人生經歷的重要方面，通過傳主與他人的關係去理解傳主是閱讀傳記的一條通道。再次，理解傳主要結合具體的事實，傳記本身

的特徵之一就是真實性，思考分析傳記時亦須堅持實事求是的原則，分析人物性格或評價判斷，都必須在文本中找到相關的事實作為依據，用事實說話，不能憑空妄下判斷或憑臆想作推斷。

3. 掌握知識、冷靜分析的原則

閱讀傳記文學要求有一定的文言文功底，具備初步的賞析、評價一篇文章的能力。讀完一篇傳記，我們就要知道如下的問題：

①這篇傳記的主人公什麼是形象，這個形象有什麼個性特點，塑造他的典型意義何在。

②塑造形象方面作者用了什麼技巧。人物的動作、語言、心理有什麼特點，是否通過對比互襯，明暗交錯的手法刻畫了人物，細節描寫是否細膩逼真。這裡的技巧包括表達方式、表現手法、修辭手法和人稱使用等。

記敘方面：倒敘、順序、插敘、補敘等

{ 按描寫的對象分：人物描寫、環境描寫、細節描寫
  按描寫角度分：正面和側面描寫
  按筆法繁簡分：白描和細描

抒情方面 { 直接抒情（直抒胸臆）
          間接抒情（情景交融、寓情于景、托物言志、寓情於事、寓情於理

佈局謀篇方面：起承轉合、過渡照應、銜接、詳略、繁簡、主次、線索、順序、點面結合、以小見大等

修辭手法：比喻、排比、比擬、借代、誇張、對偶、反問、反復、頂針、設問等

表現手法還包括：想像、聯想、鋪墊、襯托、類比、象徵、幽默諷刺、欲揚先抑等

③文章在結構上有什麼特點。如選材上有什麼特點，是否前後照應，詳略得當。情節是否曲折生動，對表現人物有何作用。

④語言表達上風格如何，表達效果如何。

以上分析，就是「振葉」「索源」的過程，這是讀破文章的前提。牢記劉勰「振葉以尋根，觀瀾而索源」的閱讀秘訣，反復誦讀、品味、思考，形成良好習慣，才會有深入的思維和準確的判斷能力。

東輝西映，各有千秋——中西方小說閱讀鑒賞

一、中西方小說的發展概說

中國的小說在魏晉南北朝時還是作為史的志怪志人小說，到了唐代才成為文學創作。唐代經濟繁榮，文化發展，文人的思想也開闊起來，生活的穩定、富裕也使人們產生了消遣的興趣，這時傳奇應運而生，如李朝威的《柳毅傳》、陳鴻的《長恨歌傳》等。宋代興起了話本，經過文人加工後許多傳說就變成了話本小說和演義小說，如《三國演義》《水滸傳》等。明時文人的獨立創作出現了，其代表作是《金瓶梅》，它開始了中國小說寫平凡人和生活的道路，體現現實主義傾向。清代的《紅樓夢》更是中國古代小說達到頂峰的標誌。「五四」時的中國小說家繼承了中國小說創作的優良傳統，又借鑒西方小說的寫法，為小說創作開闢了新路。

西方的小說最初是與歷史緊密相連的，例如古希臘的《荷馬史詩》《伊索寓言》，已具有講求虛構的特點，但仍不是文人的創作。西方小說在中世紀的發展近乎停滯。文藝復興帶給了西方小說生機，人文主義小說，既反封建也定下了未來的西方小說將以記敘凡人凡事為主的基調。例如西班牙賽凡提斯的《堂吉訶德》等。經歷古典主義小說、啟蒙主義小說、浪漫主義小說後，西方產生了現實主義小說和批判現實主義小說。它著力描繪典型人物和典型生活現象，反映生活的本質。

二、中西方小說的創作方法

1. 形象塑造

中西方小說在淵源、哲理意蘊、章法結構等方面自成一家、各展風采，但是它們的發展都經歷了重故事敘述、輕人物描寫的過程，隨著中外小說的發展，作品逐漸轉變為努力塑造血肉豐滿、性格鮮明的人物典型了。由於受不同民族傳統文化的制約和影響，中外小說在人物描寫上也呈現了不同的表現方法和藝術風格。

中國傳統小說注意人物行動、語言和細節的描寫，善於在矛盾衝突中展示人物形象，但塑造出來的人物性格單一，缺少變化，缺乏立體感。中國古典小說在人物描寫上善於寫動態和動作化細節。這種動態的細節敘述使得中國古典小說能夠以近乎白描的手法迅速地勾勒出人物最有特徵的神韻。《紅樓夢》王熙鳳的出場綜合運用了外貌、動作、語言等方面的正面描寫，還利用了賈母的介紹和黛玉的心理描寫進行了側面烘托，再加上寫其細節的動態過程和動作特徵，把一個能說會道、乖猾伶俐、工於心計、善於張揚和逢迎的少婦形象刻畫得極為逼真，充分體現了作者高超的藝術手法。高曉聲的《陳奐生上城》開篇對上城路上的陳奐生的描寫也是注重細節的動態過程和動作特徵，產生了敘述節奏快、外觀特徵強的審美功能。相對西方小說來說中國傳統小說中人物的心理描寫少，這與中國小說在發展階段長期處於話本地位有關，它深受「說書藝術」的影響。說書要求聽覺語言能迅速和順暢地在聽眾的腦海裡轉化為鮮明的形象，敘述材料多選人物的行為動態和動作個性的細節便成了必然。這就是中國古典小說描寫人物多從過程敘述中突出動態和動作細節而缺失內在細緻豐富的心理描寫的原因，這樣塑造出來的人物性格單一，缺少變化，讀來覺得缺乏立體感。如《林教頭風雪山神廟》中只有通過人物的對話及動作引出矛盾衝突。但同時中國古典小說也形成敘述節奏快，人物描寫質感強的特點，不僅可讀性強且具有可聽性。

　　西方小說較多注重人物的心理描寫，善於挖掘人物內心的潛意識，可以寫出豐滿、變化、立體感強的人物性格。特別是19世紀下半葉以後的西方批判現實主義小說，大多從人物的心理、意識中提煉人物的情感細節，形成明顯的寫人物深層意識和深層心理動機的藝術特徵。這種特徵與西方社會、文化的傳統密切相關。16世紀，隨著文藝復興和啟蒙運動的開展，新興資產階級登上了政治舞臺，他們提倡人文主義，衝破神學束縛，追求個性解放，這時出現了以描寫現實生活和刻畫各階層的人物形象為內容的人文主義小說，表達了要求自由、平等、博愛的思想。他們的這些思想在小說創作上體現出分析人的心理動機抒發情緒的創作特徵。心理描寫和心理分析是西方小說塑造典型人物的重要方式。例如法國作家司湯達的《紅與黑》、巴爾扎克的《人間喜劇》、俄國文豪托爾斯泰的《安娜·卡列尼娜》以及萊蒙托夫的《當代英雄》等批判現實主義傑作都採用這種創作方法塑造出栩栩如生的人物形象。

2. 情節結構

在中西不同的文化薰陶下，中西古典小說的情節結構也各有不同的特點。中國古典小說大多是採用客觀視角來串連敘述小說情節。其好處首先是作者可以迅速地抓住情節主幹推進故事發展，介紹背景、描述故事場面都很簡潔；其二可以引導讀者進行鑒賞，由敘述者對故事、人物進行審美評價；其三敘述者可把小說人物內心揭示給讀者看，還可以自由進出人物的內心。在結構上中國古典小說講究情節的連貫，較之西方小說情節更加曲折，故事更為完整。它按照故事發生、發展的時間順序從頭敘來，將重要的細節和場面串起來。在結構上不僅講究情節的完整，而且通常結尾還會出現「大團圓」的結局。

西方小說創作常常圍繞人物來進行構思、選材、組材，形成創作原則，這是因為西方啟蒙主義和浪漫主義興起，提倡突出個性、強調人的主觀情感。尤其現代實用主義心理學、佛洛德的心理分析學的盛行，促使西方小說中的人物描寫探究人的潛意識和深層心理。為了這種需要，小說常常按敘述人特定的意圖改造、重建小說中藝術時空的敘述架構。這樣的情節結構使西方小說創作雖然沒有大團圓之類的圓滿結局，但也產生了奇異多彩的審美效果。

3. 語言風格

中國傳統小說語言由於受話本影響而簡練生動，它吸收了民間藝人語言，同時繼承了古代散文的優良傳統，常常寥寥數語便能勾勒出事件、人物和精彩的場景。西方小說內容豐富翔實，其中包含著作者廣博的知識、深入的思考，涉及社會的方方面面，因而內容豐富翔實，語言極富哲理，人們可以從中獲得許多領域的知識。例如巴爾扎克的《人間喜劇》中包含大量19世紀法國國內狀況的介紹。中西方小說有這樣不同的特點，也與中西方的美學觀念不同有一定關係。

在個性化明顯的小說語言中，我們看到當代小說正刷新著傳統的小說語言，如卡夫卡的《變形記》等。當代小說正是以從語言到情節到人物主題等內容與形式的所有方面的革新，向讀者提供著新的審美文本。

情到真處文自美——古代抒情散文鑒賞

散文是文字產生後出現的最適於使用的文學形式。與中國古典詩歌一樣，中國古代散文也歷史悠久，成就斐然。

《尚書》中出現的生動的敘事說理和比喻筆法，可看做是中國散文的開端。春秋時期，伴隨著社會的巨大變革，散文出現了勃興的局面，出現了優秀的歷史散文和諸子散文，構成了中國散文史上的第一個黃金時代。這一時期的散文，內容上融文史哲於一體，作者也不是專門的散文家，但結構嚴整，文句精粹，光彩煥發，風致優美，對後代散文發展產生了極為深遠的影響。

兩漢時期，在封建大一統的廣闊社會背景下，不僅散文的品種在前代基礎上更加繁多，而且文質相生，異彩紛呈。優秀作家們將直接的實用性與審美的藝術性有機地統一在一起，創作出了大批反映現實、抒發理想的優秀作品。賈誼、晁錯等作家針砭時弊、筆鋒犀利的政論散文，司馬遷、班固的秉筆直書、愛恨分明的史傳散文，形成了中國古代散文的又一個黃金時代。尤其是司馬遷的偉大巨著《史記》，不僅以無與倫比的史學成就被公認為「史家之絕唱」，而且在文學領域裡開創了中國傳記文學的先河，並一舉登上無人企及的高峰，令漢代散文愈加散發出璀璨的光輝。

兩漢之後，散文走向駢化，駢體文成為官方文章正體，散文受到壓抑變得無足輕重。但駢文片面追求形式，文風輕浮奢華，雖有妙文奇句，但終難取得令人嘆服的成就。在駢文顯露出種種弊病之後，文壇出現了兩次大的反駢、復古的革新運動，這就是中唐韓愈、柳宗元領導的古文運動和北宋歐陽修主盟的古文運動。

韓柳古文運動，上承先秦兩漢質樸優美的散文，高舉復古旗幟，向六朝駢體文發起猛烈的攻擊。他們以自己傑出的文學理論和豐碩的創作實績，在文壇上建立了「摧陷廓清」之功，造成了大觀的古文大潮。

北宋前期，作為文壇盟主的歐陽修，繼承中唐古文運動的復古革新精神，以更成熟、更具科學性和前瞻性的散文革新理論以及令人矚目的散文創作成就，掀起了北宋的「古文運動」。加上王安石、曾鞏和「三蘇」的積極應和，使「古文」創作達到了更高的水平，古文運動取得了全面勝利並澤及元明清

各代。

元明清三代，新興的戲曲、小說呈現出勃勃生機，散文處於江河日下局面，但仍有一些經世致用、文風樸實的好文章。晚清時期，一些啟蒙思想家、改良主義者都寫過不少揭露黑暗現實，鼓吹進步政治主張的散文。梁啟超的《少年中國說》洋溢著改革現實的熱情，他所開創的「平易暢達、雜以俚語」的新文體，有力地衝擊了傳統散文，解放了明清文體，為「五四」的白話鋪平了道路，使散文的發展進入了一個新的歷史階段。

抒情散文是其中的一個主要組成部分。它注重表現作者的思想感受，抒發作者的思想感情。這類散文有對具體事物的記敘和描繪，但通常沒有貫穿全篇的情節，其突出的特點是強烈的抒情性。它或直抒胸臆，或觸景生情，洋溢著濃烈的詩情畫意，即使描寫的是自然風物，也賦予了深刻的社會內容和思想感情。優秀的抒情散文感情真摯，語言生動，還常常運用象徵和比擬的手法，把思想寓於形象之中，具有強烈的藝術感染力。

在閱讀中要體會作家的人生追求和胸襟懷抱，進步的社會理想和積極的人生態度，理解散文作品對自然、社會和人生的深入思考，學習用現代的正確觀點和思想方法來分析作品的內涵和思想傾向，認識其意義和局限。可從各種管道搜集相關資料，適當聯繫作家的生平和思想、作品寫作的具體背景，以及前人對作品的品評，來加深理解。

配合必修5第二單元，精選了7篇補充閱讀文章，這些文章時代不同，文體不一，所抒發的感情也各有不同：有傾吐長期以來鬱積在內心的痛苦和憤懣的《報任安書》，有表達對愛情的熱烈追求，體現對生活無限熱愛的《閒情賦》，有表達深深懷念與追想的《洛神賦》，還有思鄉懷土中包含著作者因功名不遂而產生懷才不遇之情的《登樓賦》，有送別寬慰友人寄寓懷才不遇之情的《送孟東野序》，有通過五色斑斕的風俗畫傳遞作者那種孤高自賞的生活情調和清雅脫俗的審美情趣的《西湖七月半》，有「語語從肺腑流出」表達悲痛悽愴之情的《祭妹文》。這些作品的語言或典雅華麗，氣韻靈動；或沉鬱頓挫，令人盪氣迴腸；或娓娓道來，質樸自然。所有這些，都是古人真情實感的自然流露，至今讀來仍能感人肺腑。

閱讀這些作品，具有擴展和豐富我們精神生活的價值。並且從這些不同

時代的作品中，我們又看到人們在不同歷史條件及個人具體遭遇下的生活情景與人生嚮往，以及由此生髮出來的喜怒哀樂、恩仇好惡。通過這些文章的品讀，還可以增加我們的文化知識，並在文章寫作、詞語運用方面獲得某些益處。

　　本單元的學習要能夠運用已有的文言語感、文言知識和古代文化常識，借助工具書和今人注釋，進一步提高文言文閱讀能力，順暢地將古代散文翻譯成現代白話文。

　　對那些富於情韻、語言優美、朗朗上口的作品，應反復誦讀，直至背出，在涵詠中體驗其思想和藝術魅力。積累優秀散文中的名言佳句，提高自己的文學素養，增強語言表達能力。

課下心語

青春美好，歌聲永恆

高考離學生越來越近了，每一次考試，都是對學生的一次檢驗。學生越來越在意成績。這是高三第二次月考之後，題目有一定難度，成績不甚理想，學生普遍有被打擊之感，試卷已講評了一節課，這一節課學生表情比較嚴肅，大部分眼睛注視著我，可情緒較低，思維也似乎停滯了，課上得較沉悶，每講一道題，我似乎感覺到有的學生眼淚都快掉下來了，心似乎隨著我的講課越來越沉重，心思也開始往外遊走了，沒有了往日課堂的活力。安靜的課堂，部分學生憂鬱的眼神，低下的頭，讓我內心不安。高三的課堂容量很大，不能有一分鐘的耽誤，課堂進度很快，也許換一個老師不覺得有什麼異常，但我自己上完卻很不舒服。第二節講評課前我就想：先不講課，要幫孩子們分析一下得與失，找一找普遍問題存在的原因，更重要的是鼓舞士氣。鬥志比知識的掌握更重要，這是多年班主任的經驗。

上課鈴一響，王春雷同學站在了講臺上，今天是他的演講。《這世界需要你》是他演講的題目，內容是他們這個年齡朦朧的愛，懵懂的成長。PPT上打的一定不是他自己所寫，似乎是一首首歌的歌詞，他把歌詞串起來了。音樂的旋律縈繞在教室，這些歌我並不熟悉，但我知道它表達了他或者他們的心聲。隨著音樂，隨著一首首歌，PPT上的文字翻飛，下面學生們的表情活潑起來了，演講結束了，學生們似乎意猶未盡。我驚詫於歌曲的奇妙功用，於是提議全班同學一起唱首歌。王春雷與大家商量，就唱了許嵩的《素顏》。我第一次聽這首歌，學生們一起唱著，那麼整齊，令我陶醉，我仔細看著教室裡的每一個學生，每一張熟悉的臉，學習好的、不好的，性格活躍的與內向的，劉技鑫——年級的前幾名的學生，陶一銘、劉亦聰對語文沒有什麼感覺的這些似乎沒有什麼文藝細胞的純理科男，都情不自禁地投入進來了，沒有指揮，大家跟著音樂那麼專注地唱著，步調一致，旋律是那麼悠揚，充滿著青春的朝氣，那麼動人，深深地感染著我，打動著每一顆心。

我仿佛回到了中學時唱全國獲獎的十五首歌曲的時候，回到了同宿舍伴著收音機裡《每週一歌》節目唱歌的大學時代，回到了下班後學生們在辦公室給我唱音樂專場的時候，回到了當班主任每年「一二九」歌詠比賽的時候……歌聲中塵封的記憶一一清晰地鮮活地閃現在眼前，我相信，他們也一

定如此。考試的沉重不見了，自信又回到了他們臉上、心裡，我無需為他們打開心結，歌聲已讓他們放下了包袱，走出了陰影。並不高昂的歌聲飛出了教室，在校園裡回蕩。在教學秩序井然的校園裡格外嘹亮。

這一節課上得特別順利，學生又恢復了往日的活潑和可愛，成為了課堂上的主宰。

學生情緒轉變的紐帶是音樂，它讓人體驗到了生活的美好，讓人忘記了不快。我想如果一個人能夠經常地體驗到這種由音樂帶來的快樂和愉悅，他一定會感受到生命的美好，生活的美好，他的生命力一定會變得更加強大。相反，如果一個人不能在自己的生活中感受到快樂和美好，自然就會用一切消極的情緒看待問題，世界對他來說是灰暗的，他當然就會感到人生沒有意義，生活百無聊賴。所以培養學生的自我療傷能力，使他學會如何擺脫生活中的憂傷情緒，學會經得起生活的種種打擊甚至讓他擁有自愈自救的力量非常重要。隨著生活節奏加快，人在生活中承受的壓力逐漸加大，這種積極面對壓力，懂得自救、自我擺脫的能力遠比一個人的學習能力更重要，可以說是一個人在社會上立足的必須。

海頓說：「藝術的真正意義在於使人幸福，使人得到鼓舞和力量。」貝多芬說：「音樂是比一切智慧、一切哲學更高的啟示。誰能滲透我音樂的意義，便能超脫尋常人無以自拔的苦難。」他們都告訴我們音樂能夠影響人的情緒，能影響人的心理，甚至能夠讓人拋棄消極情緒，使人內心產生一種向上的力量，能夠鼓勵人以堅忍不拔之精神去戰勝困難。

以前我課堂上的音樂只是出現在詩歌教學中，只是作為營造氛圍、烘托氣氛激發興趣的輔助手段，從未想到過音樂的教育功能。今天是學生告訴我音樂不僅僅是好聽，它還可以緩減壓力、放鬆心情，甚至能激發學生熱情，激發他們的創造力。音樂不僅是可以表達情感世界的外衣，同時也是認知世界的催化劑。

音樂折射出學生的內心世界，歌聲打開了學生的心門，溝通了我們彼此的心靈。它也日後一定能成為我調節學生情緒的重要的教育手段。以學生所愛不露痕跡地改變他們，引領他們積極地面對生活，何樂而不為？感人的歌聲留給人的印象是久遠的，甚至是永恆的。我相信：許多年後，學生們恐怕

記不起我們上課所講的知識，但一定會記得我們今天課堂上的歌聲。當他們再聽這首歌曲的時候，當他們遇到類似的情緒低谷的時候，當他們回憶起高中的美好年華的時候，一定會再次輕輕唱起這首歌，會回憶起人生美好的那一瞬間，會有一種新的力量油然而生。

　　美好的歌聲在特定的條件下會穿越時空，沉澱在人心裡，紮根在靈魂的深處。

行走在心靈的原野上

　　教師每天與學生打交道，教學工作永遠是繁重的，從事這樣看似重複的工作，且將從事幾十年，自然會有一種職業倦怠。若要杜絕自己的倦怠情緒，教師必須從中找到自己的樂趣。我認為它的樂趣不僅僅是教的樂趣。

　　與文本的心靈對話，常讀常新，每教一遍會有不同的感悟，每個年齡階段對同一文本會有不同的認識，自然有樂趣。但更多的樂趣在於它是與一個個鮮活的學生的心靈對話。知識的傳播遠沒有與心靈的碰撞富有挑戰性。行走在教育教學的旅途，學生的心靈就像是姿態各異的風景，「年年歲歲花相似，歲歲年年人不同」，每年打交道的學生不同，風景也會迥異。行走在心靈的原野上，時時感受著心靈的衝擊，你永遠無法預測下一站風景，這是教育教學的最大魅力所在。

　　教師工作的特殊性就在於它不僅僅是一項技術活，不是單純要求教師的教學藝術精湛，一個優秀的教師自身首先應該是一個場，磁力無窮，富有感召力，充滿活力，使他的學生自覺不自覺地被吸引，潛移默化耳濡目染也成為一個內涵豐富而優秀的人，一個優秀已成為一種習慣的人。這個場就是教師人格魅力。

　　我認為教師的人格魅力首先表現在永遠的主動性。羅素說三種單純而極度強烈的激情，支配了他的一生：對愛情的渴望，對知識的追求，對人類苦難不可遏制的同情。他的三種激情裡愛是根基。而教師的人格魅力的根源同樣在於愛的基礎的主動性。這種主動精神是一個教師熱情不隨歲月褪色的恒動力，是一個教師之所以成功的基石。它使一個平凡的教師不為利益所動，甘心駐守三尺講臺的清貧，寧願再苦再累而以學生們進步為快樂、以學生的成長為責任。他會從看似古板無樂趣可言的閱讀中尋找到精神的寄託，自得其樂。他是不求任何功利的行者，而不是苦行僧。他行走，自己成長，也促進他人的成長。他是個快樂的人，也會為他人帶來快樂。他的主動性會感染他人，會喚起學生的主動性。

　　我相信有著主動性的教師，會是一個具有創造力的教師。他會有不斷探究的好奇心，會有將他所做的事力爭完美，在追求完美的過程中發揮出自身

的潛能，激發他人的潛能，創造性地解決所遇到的問題。他會堅持，當面對障礙與困難也不放棄，有著執著的精神，韌的精神。

我相信有著主動性的教師，無疑會有著不懈的追求，業務上他會孜孜以求，深入鑽研，不僅僅學識淵博，更會有靈活的教學方法，他的課堂會是充滿活力和民主思想的課堂，每一個學生都會努力張揚個性，表現自我，具有成功感，充滿活力。學生的學習會對他終身發展受益。

我相信有主動性的教師會是學生的良師益友。他善於把握教育的時機，以他人最樂於接受的形式不知不覺使人受到教益。會是同事的良好合作者，他自身具有凝聚力，會形成較大的團隊，團結帶動周圍的人一起做事情。他具有博大的胸襟，不計個人的得失，懂得引領和合作，能發揮團隊的作用，創造佳績。

我願意著這樣一個主動者，以一顆愛心行走在心靈的原野上，盡情地欣賞，向遠處深情的凝望。

學生如腳，教育如鞋

　　打算遠足的人必定要準備充足的裝備，衣物、證件、背囊、洗漱用品等等，尤其會選擇自己舒適的鞋子。有經驗者絕不會選擇一雙新鞋，更不會選擇外表漂亮的鞋。給自己找好輕便合腳舒適的鞋，就是給了自己輕鬆享受快樂時光的自由和幸福。否則旅途的行走就會把腳磨出一個又一個水泡，那時每走一步都是受罪，都是折磨，美麗的風景會黯然失色，了無情趣。因此經驗豐富者決不肯將漂亮作為挑選鞋子的首要標準。

　　我們的教育教學與之何嘗相似。學生如腳，教育如鞋。我們總是不自覺的拿自己認知的教育加之學生，好比拿著同一雙鞋，套在不同的學生身上，結果自然事與願違。學生或者口服心不服，或者會為自己辯解，根本不把我們的苦口婆心當回事，我們自身常常很受傷，就像沒有穿合適鞋子而行走得傷痕累累的腳。

　　學生如腳，就是要把學生真正放在主體中心地位上，就是要關注學生的差異性，教育者要瞭解每一個學生，這是教育具有針對性產生良好效果的前提。教育要讓每一個學生縱向進步，即與自身相比，在原有程度上提升。我們不僅僅要關注整體的提升，更要關注個體的成長，不能讓某些個體的進步遮蔽了另一些個體的停滯或退步。這才是我們的理想教育。

　　教育如鞋，就是讓教育真正為學生服務，要有多樣化的鞋子——多樣化的教育，才能適合不同的腳——個性化的學生。未來教育必將更加注重發展學生的個性，沒有人的個性的存在，就沒有個性化的思維，就沒有創造性人才的產生。所以教育最大的挑戰是「差異」，我們千萬不能將學生的個性抹殺了，要像保護瀕臨滅絕的物種一樣小心翼翼地保護這可貴的個性。未來教育不能僅僅是現代技術的革命，教育的變革永遠不應像工業革命一樣機械化生產，而應像現代手工作坊的精心定制，既精緻又不失個性，是先進教育思想教育理念、靈活的教育方法、現代的教育手段、新鮮活潑的教育內容綜合的藝術品。所以我們如何既保護好孩子們的個性，又引導他們健康積極向上的成長。對每一個老師來說是都是必須面對亟待解決的難題。

沃土與大樹

他飽受文革的衝擊，作為「反革命分子」被揪鬥、停發工資、被關押，被送往「黑幫勞改隊」，被下過監獄，孑然一身，有著淒涼的晚景，卻不選擇自殺、投湖或懸樑。而是忍受了常人不能忍受的寂寞與孤獨，保持著溫潤如玉的君子之風，倔強地活在自己芬芳世界裡，一直到生命最後。

是什麼支撐著他？

陋室裡的物理、書籍，室外的天空，內在的深邃的精神！

這就是精神的強度！

有了這種精神的強度，他成為一棵參天大樹。他是清華大學物理系的創始人，中國研究磁學的第一人，中國近代物理學的奠基人。有了這種精神強度他更是化為一片沃土，從他的門下走出了79位院士，楊振寧、李政道、王淦昌、錢偉長、錢三強、王大珩、朱光亞、周光召、周培源、鄧稼先、陳省身等人都曾是他的學生，華羅庚也曾受到他的提攜，23位「兩彈一星」功勳獎章的獲得者中，有半數以上曾是他的學生。他就是桃李滿天下，堪稱「大師的大師」——葉企孫。

有了精神強度的人，宛如空谷中溪水邊的幽蘭，在藍天白雲之下靜靜的綻放，高潔而不染纖塵。即使在最孤獨柔弱無助的時候，他們也會倔強地生長，不會凋落；即便處在人生的低谷，他們心中依然有理想的閃電，照亮茫茫的黑夜。倘若在顯赫萬眾敬仰之際，它們更不會張揚，榮辱名利早已置身於後，內心純粹依然從容地行走在追求真理的大道上。固然生命脆弱，但有著精神強度的人會自覺增加生命的寬度，擴張生命的厚度，會努力讓自己的生命富有張力和活力，如充滿力量的水流，會衝破重重阻撓奔向理想的目的地。

有精神強度的人，是夜晚湛藍的天空中熠熠閃耀的星辰，顯現出動人的光芒，會打動震撼人的心靈。

教師的工作平凡、辛苦，現實生活中又存在著諸多的誘惑，常常動搖著我們的理想。每一位老師、每一位省學科帶頭人都應該成為這樣一個有精神強度的人。自覺追求精神高尚，追求專業的發展與進步，以強大的精神力量

拒絕誘惑，克服重重困難，克服職業倦怠，讓自己長成參天大樹，成為精神世界充實的人。更應該化作一片沃土，為國家全力培育棟樑之材，積極帶動青年教師共同進步與成長，讓我們教育教學的天地充滿著勃勃生機，讓我們的隊伍越來越壯大。

專題學習——語文素養提升的催化劑

今天非常高興的聽了深圳新安中學語文特級教師吳泓老師的《如何進行一個專題的學習》的報告，覺得收穫很大，很精彩，甚至有意猶未盡之感。覺得學習達到了目的。不枉這次學習。感受最深的有以下幾點：

1. 閱讀是知識廣博的前提，是思維能力提升的必要手段，是學生獨立思考，創造力發展的前提。沒有大量的閱讀，就沒有審視事物的獨特的眼光，更沒有敏銳的觀察力和深刻的思考力。閱讀不僅僅提升了學生，更是對教師提出了更高的要求。否則教師是難以駕馭課堂，難以指導學生。

2. 語文課真的是應該這樣教。平常的語文課，教師教得辛苦，學生學的是教師嚼過的饃，很難有自己的見解。我們教師常常感覺不到教學相長的樂趣。吳老師的教法，我認為是教師與學生的共同成長的途徑，是應該大力提倡和推廣的。這樣的做法解放了教師，提升了學生，值得效仿。

3. 學校的管理者通常是把教案的書寫、聽課記錄的完善、作業批改量等瑣碎工作作為衡量教師工作品質的標準，以高考成績作為教師教學能力的標杆。總覺得沒有這些框框教師就會偷懶，就無法考量。這種管理理念是多麼落後！若能真正解放思想，讓教師真正去探究教育教學，探究各種行之有效的方法，教師的工作就會變得正真精神愉悅的創造！這種教學的變革，是必須解放思想為前提，解放教師為前提。

4. 學無止境，教無止境。終身學習，才能將教育教學這看似單調的工作變得豐富多彩，才能使我們具有創造力，使我們的工作具有非同一般的意義。

給學生必要的成長空間和時間

　　小樹需要時間和空間才能成材，學生需要一定的時間自我成長，才能真正長大，教師自身經歲月的磨礪，才能形成教育的智慧。這是本次學習的最深體會。本學期學習了《教師心理健康與心裡諮詢》《中小學教師心理問題及其對策研究》《教師職業道德解讀與實踐導行》對學生教育方面又有了新認識。

　　我以前一直是一個以嚴著稱的教師，當了18年班主任，凡事追求完美，對學生也極其嚴格。畢業多年的學生來學校看我，到辦公室門口總還有惴惴不安的感覺，似乎還有我追逼交作業的壓力。也還記得學生私下裡說我的眼睛極富有射殺力，讓他們害怕。自己工作繁重，也會常常給自己許多的壓力，有些不良情緒不自覺的會流露出來，影響了他人。本學期偶然又帶了一個平行班，學生習慣較差，問題較多。與另一個優秀班級形成巨大反差，一時很不適應。我邊學習，邊實踐，邊思考，邊改變。我不僅懂得教師的職業壓力該如何調整和釋放，也學會了寬容對待學生。懂得了心態的健康和陽光比學習成績更重要，過程比結果更重要，生命比優秀更重要。每個學生都是個性的獨立存在，學生的成長有一個相當長的過程，教師要學會耐心等待學生的成長。知道教師不能過於強勢，應學會示弱，教師不是完美無缺的，學生就會有了親近感，他們犯錯誤時如果得到的不是批評，是微笑，是善意的關懷，教育效果往往出乎我們的意料。

　　嚴而不厲，寬而不縱，把握好度是關鍵、是學問。熱愛學生是前提，真誠溝通是橋樑。當教育之愛成為普照彼此心靈的春暉，師生之間愛的能量就會在交換與互動中不斷裂變，釋放能量，產生一個個教育的奇跡。

教師應追求教育的大境界——觀張思明報告有感

張思明從教育的最低點做起，孜孜以求、從不懈怠、刻苦自勵的精神一直感染著我，內心久久不能平靜。很久沒有聽到這麼好的報告了，此次學習能享受這樣的教育資源真是有幸！我情不自禁與同事們分享我的感受，只遺憾太大，無法下載。

有人說一個人四十歲前應該用加法，學習各種有用的知識，不斷強大自己，像攀登高山一樣，努力取得一個又一個勝利，這是立足社會之本。獲得一定的資本，你才能活得好、立得穩、過得自在；四十歲以後應該用減法，當一個人取得了一定成就，奠定了一定的業務能力基礎後要懂得急流勇退，鞭打快牛是各單位司空見慣的現象，隨著身體素質滑坡，量力而行才能保全自己。我們看到我們的周圍一些教師評了職稱之後，就喪失了鬥志，產生了職業倦怠，業務滑坡，得過且過，逍遙自在過日子，教書育人成為謀生的手段。我自己雖然努力不輟，也取得了一點成績，時常也會有懈怠之心。反思對比，的確是五十步笑百步啊！聞道百，以為莫己若者，我之謂也！對比張思明的確羞愧難當！

學無止境，教無止境。仰之彌高，鑽之彌深。是學養深厚的張老師給我的真切感受。幾年前曾聆聽過於漪老師的報告，令聽者動容。為她為人的真誠、追求的執著、勤奮自勉而打動。響鼓也要重錘敲啊！榜樣已經在前面，還有什麼理由退縮？有什麼理由停滯不前呢？

一個人的心有多大，舞臺就有多大。沒有教育夢想和希望，就沒有希望的理想教師。教師的追求動力決定了一個教師的教育境界層次，決定了他的影響力，也決定了他最後的教學成就。愛學生、愛語文、愛教育事業，就要永遠擁有教育的自覺，永遠不停止前行的腳步！

讓課堂與外界生活有一座橋

　　語文的外延是生活，陶行知先生說過：「生活即教育。」生活是一部打開的書，內容豐富鮮活而厚重，語文學習是一項充滿情感體驗和情趣的活動。讓學生用自己的眼睛、耳朵感受大千世界，學會思考社會、人生，是語文學習一項必不可少的任務，語文課是一門非常獨特的課，具有工具性，更有人文性。它培養的不僅僅是語文能力，更重要的是讓學生學會思想和如何真實地看待這個世界，它關係著學生的思想品質的形成，關係著學生的終身發展。所以語文課就是要與外界生活之間搭一座橋，讓學生坐在課堂裡而關心天下事，讓學生們能家事國事天下事事事關心。讓學生課堂所學與外界的生活聯繫起來，懂得知識不是死的，而是鮮活的，可以解決生活中問題的道理。這樣的語文課才是讓人有期盼的語文課，有無窮魅力、有吸引力的語文課。

　　為拉近課堂與生活的距離，我採取了如下方法：

　　1. 開展課前五分鐘演講。讓學生就近期發生在身邊的新聞事件、近日讀到的文章、書與大家分享，有理有據地談談自己的看法。也可以是最想與大家分享的感悟。然後學生們自由點評。要求他們做到觀點鮮明，論據有力，表達流暢，言簡意賅。我精心設計、印製了表格，每天一位元學生提前填好，做好演講準備。（可避免學生隨意性，讓學生認真對待，養成良好的做事習慣。）該同學演講時，其他同學拿出稿紙，記錄事件、文章脈絡等關鍵資訊，為自己點評找好切入點，列出點評的簡要提綱。之後是學生的點評。學生可以從演講內容、形式等進行點評。對新聞事件的人與事、原因及後果、實質與影響、對演講的形式和手段等（可用多媒體）進行點評，還可以提出修改的建議。教師注意引導和深化，注意學生思維能力是否嚴謹，觀點是否正確，論據是否能有力證明觀點等問題。經過二個月的訓練、規範，學生們開始注意觀察生活，關心生活，看報紙的人多了，談論實事的人多了，無聊的話題少了。我每半個學期還進行評獎，把優秀演講稿評出來發獎狀和獎品，並推薦到校報發表，學生們還獲得了稿費，雖然微不足道，但那份喜悅是無與倫比的。演講促進了課堂的教學，那熱情感染著每一個人，常常啟動了課堂，給了我許多的靈感，學生們學習語文的積極性也更高了。

2.及時加入與課文相關的課外閱讀或思考題。讓學生們有較廣闊的視野，視野決定了思維的深度，教師的深度決定了學生的高度。這些文章和思考題給學生全新的世界，讓他們對文本有了不同的認識，對生活有了不同的認識，學會了把書本與我們的生活連結，不再覺得語文課可有可無，我課堂不見打瞌睡、做別科作業的現象，學生們由上課不發言，到全班積極踴躍搶著發言，甚至下課還與我討論、爭辯，課間出現學生們意猶未盡，自己依然在討論的喜人景象。

語文中展現了多面的生活和人生，讓學生們感受到了生活有無限的可能性、和複雜性，當我們老師給學生們打開了這樣的世界，教會他們如何面對、如何思考、如何對待之後，我們的學生就會給我們無限的驚喜，這就是教育，而不僅僅是教書。

讓學生心嚮往之

「高山仰止，景行行止。雖不能至，然心嚮往之。」這是司馬遷對孔子的讚譽之語，從中看出他內心深深的敬仰之情。一個優秀教師給學生的影響也會如此。「雖不能至，而心嚮往之」這種教育的力量、教育的影響應是我們教育者共同的目標和追求。可以想見，產生了這樣的影響力後，學生的未來會成為怎樣的人。梁啟超的一次演講讓聽者二十多年後歷歷在目，不僅僅在於演講者的名氣，更在於他的學問，他的人品和熱心腸。

那麼，一個教師的魅力來自哪裡？我認為首先來自於一個教師為人處世的高尚的品德修養，其次來自於他的優秀的專業素養、高超的教學藝術。兩者相互支撐、相輔相成，缺一不可。

一個人的品德修養是一個人立足社會的根本，沒有師德的人無法在社會上立足，無法在三尺講臺上站穩，更無法使學生信服。「尊其師，信其道」，自然之理也。

教師工作的特殊性決定了教師的教學工作不僅僅是個人的行為，不僅僅會影響其自身，必然會對學生的認知世界、思想行為等產生一系列的影響。

儘管不同學校的學生的素質不同，但問題都會存在。好的學校來自學生自身、學習壓力、學生之間的關係等方面的問題較多，一般學校，學生家庭、學生學習的習慣、外界環境的影響等問題較多。例如我現在所帶的一個班，班級裡一半是借讀學生，學習習慣較差，經過了文理分科，好的學生被拔走了，剩下的學生喪失了前行的動力，破罐破摔。第一次上課，我就感到上課沒法正常講課，如果學生都不學習，教師如對牛彈琴，怎麼上課呢？這種狀況必須改變，我才能有以後舒心的日子。我採取了如下措施：一、想法設法樹立自信心。二、打造自己的課，注意方法的傳授，授之以漁。使之獲得成就感，鞏固自信心。三、尊重學生，以身作則，嚴格要求。四、關心愛護，加強過程監督、指導到位，注意反復。現在這個班由年級的最後，三次考試，上了三個臺階，躍到了年級中游，培養了領頭羊，擴大了領頭學生人數，班風班貌有了較大改觀。

不同的學生需要教師調動教育的智慧採取不同手段對待，要想取得良好的效果，前提是教師做人與教學讓學生信服。

國家圖書館出版品預行編目（CIP）資料

讓教育走進靈魂深處：借鑑中國教育的成長歷程 / 劉躍紅 著. -- 第一版.
-- 臺北市：崧燁文化，2019.07
　　面；　公分
POD版

ISBN 978-957-681-897-4(平裝)

1.教育 2.文集

520.7　　　　　　　　　　　　　　　　　　　　108011294

書　　名：讓教育走進靈魂深處：借鑑中國教育的成長歷程
作　　者：劉躍紅 著
發 行 人：黃振庭
出 版 者：崧燁文化事業有限公司
發 行 者：崧燁文化事業有限公司
E-mail：sonbookservice@gmail.com
粉 絲 頁：　　　　　網　址：
地　　址：台北市中正區重慶南路一段六十一號八樓 815 室
8F.-815, No.61, Sec. 1, Chongqing S. Rd., Zhongzheng Dist., Taipei City 100, Taiwan (R.O.C.)
電　　話：(02)2370-3310　傳　真：(02) 2370-3210
總 經 銷：紅螞蟻圖書有限公司
地　　址：台北市內湖區舊宗路二段 121 巷 19 號
電　　話:02-2795-3656 傳真:02-2795-4100　網址：
印　　刷：京峯彩色印刷有限公司（京峰數位）

本書版權為西南師範大學出版社所有授權崧博出版事業股份有限公司獨家發行電子書及繁體書繁體字版。若有其他相關權利及授權需求請與本公司聯繫。

定　　價：450 元
發行日期：2019 年 07 月第一版
◎ 本書以 POD 印製發行